# 映画になった恐怖の実話 II

TRUE STORY MOVIES

鉄人ノンフィクション編

鉄人文庫

映画「ミザリー」より

# 映画になった恐怖の実話Ⅱ

目次

## 第1章 残虐

## 第2章 真相は闇の中



## 第3章 衝撃

## 第4章 驚愕

## 第5章　歴史の暗部

映画になった恐怖の実話Ⅱ

▼本書は弊社刊「映画になった恐怖の実話」（2021年9月発売）を再編集し文庫化したものです。
▼本書掲載の情報は2024年6月現在のものです。
▼作品解説に記された西暦は初公開年、国名は製作国を表しています。
▼本書掲載記事の大半が映画の結末に触れています。悪しからずご了承ください。

# 第1章 残虐

映画「アルファ・ドッグ　破滅へのカウントダウン」より

上／劇中の逮捕シーン。左が主犯の男を演じたマーティン・シーン。右の女性が恋人役のシシー・スペイセク。映画「地獄の逃避行」より。下／1956年、交際を始めた頃のスタークウェザー（左。当時18歳）とキャリル（同13歳）

# 地獄の逃避行

## スタークウェザー＝フュゲート事件

FILMS

2ヶ月弱で11人を亡き者にした殺人カップル

１９７３年公開の「地獄の逃避行」は無軌道に殺人を繰り返す青年と恋人女性の道行を描いたクライム・ロードムービーだ。後にクエンティン・タランティーノ、オリバー・ストーン、デヴィッド・フィンチャーなど名だたる監督に影響を与えたとされる本作は１９５０年代後半、アメリカで老若男女11人が恋人同士のカップルに殺された惨劇を題材にしている。実際の事件は映画とは比べ物にならない残虐非道なものだった。

映画の舞台は１９５０年代後半のサウスダゴダ州。清掃員の仕事に就く25歳の青年キット（演：マーティン・シーン）が路上で声をかけた15歳の女子高校生ホリー（演：シシー・スペイセク）と恋仲になるも、彼女の父親は〝身分の違い〟を理由に交際を反対。ホリーをあきらめきれないキットは父親を銃殺し、その後２人して車で逃亡、殺人を重ね、最終的に逮捕される。

対して実際の事件は１９５７年11月、ネブラスカ州の州都リンカーンで発生した。犯人のモデルになったのは当時19歳のチャールズ・スタークウェザーと14歳の少女キャリル・フュゲート。彼らは友人の紹介で１９５６年に知り合い恋人関係になった。

主人公を演じたマーティン・シーンとは異なり、スタークウェザーは身長１６０センチ程度の小男でガニ股、近眼。さらに吃音《きつおん》だったこともあり学生

**地獄の逃避行**

1973／アメリカ／監督：テレンス・マリック●「天国の日々」(1978)「シン・レッド・ライン」(1998)「ツリー・オブ・ライフ」(2011)などで知られるテレンス・マリック監督の劇場デビュー作。日本では未公開ながら、多くの文学、映画、音楽などに影響を与えた作品として評価は高い。

時代はイジメの対象になっていた。が、ただやられているだけでなく、しばしば暴力を爆発させ、それが原因で高校を中退。キャリルと出会った頃は映画「理由なき犯行」（1955）の主人公ジムの格好を真似てジェームズ・ディーンを気取っていた。

とはいえ、仕事は新聞倉庫のしがない従業員。キャリルの両親に交際に猛反対され、さらに父親の車で彼女に運転を教えている際に事故を起こし実家を追い出されてしまう。学歴も資格もない自分が貧困から抜け出すには何か大きなことをするしかない。スタークウェザーの野心は、犯罪で具現化される。最初の犯行は1957年11月30日。ガソリンスタンドでキャリルの誕生日プレゼントを購入したところ金が足りず、邪険に追い返した男性従業員のロバート・コルバート（当時21歳）を翌日射殺した。が、通りがかりの犯行と目され彼に嫌疑が向けられることはなく、これが惨劇の始まりとなる。

年が明けた1958年1月21日。22口径のライフルで武装したスタークウェザーはキャリル宅を訪ね彼女の母親ベルダ（同36歳）と継父のマリオン（同58歳）を銃殺したうえ、さらに彼らの子供でもある2歳の幼女ベティを撲殺。3人の死体をニワトリ小屋と納屋に隠した後、2

▲惨劇の舞台となった
キャリル・フュゲートの自宅

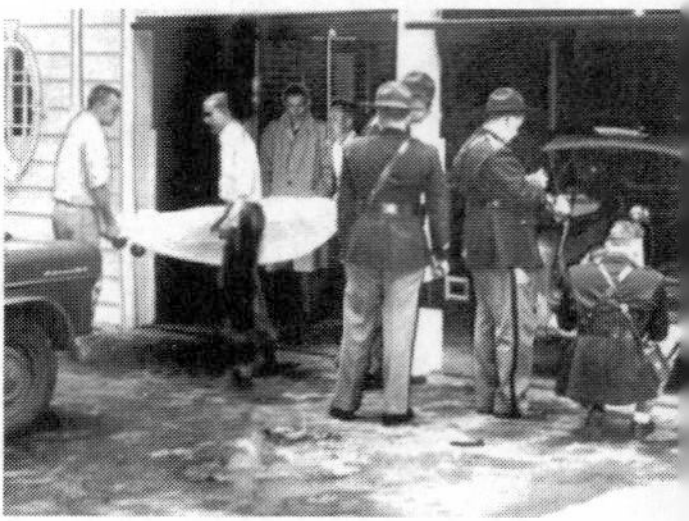
▲主人、妻、メイドの3人が殺されたラウアー・ウォード邸から運び出される遺体

▼犠牲者11人(死亡順)。上段左からロバート・コルバート、ベルダ・バートレット(キャリルの実母)、マリオン(キャリルの継父)、ベティ(キャリルの義妹)、オーガスト・メイヤー。中段左からロバート・ジェンセン、キャロル・キング(ロバートの恋人)、クララ・ウォード、キャロル・ラウアー・ウォード (クララの夫)、下段左からリリアン・フェンクル(ウォード家のメイド)、マール・コリソン

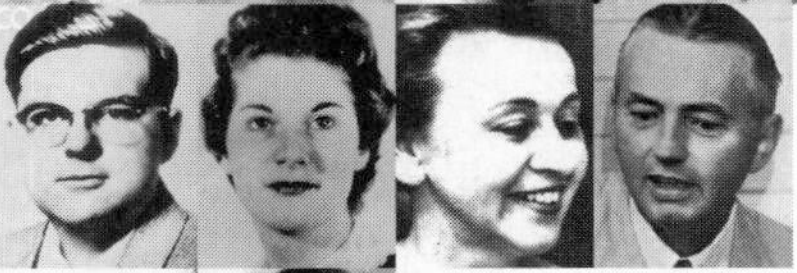

人は6日間、家に滞在する。その間、訪ねてきた親戚にはキャリルが顔を出し「家族はインフルエンザにかかっている。誰も家には入れてはいけないとお医者さんに言われた」と追い返した。その態度を怪しんだ親戚が後日警察に通報、捜査員が駆けつけ3人の遺体を発見したものの、キャリルの姿はどこにもなかった。警察は彼女の交際相手のスタークウェザーが事件に関与しているものと見て行方を追う。

劇中のヒロインは惚れた弱みで彼氏の犯行を黙認しているような印象を受けるが、キャリルの場合は家族3人を殺害したスタークウェザーの狂気に、対抗する思考を失っていた。そして、言われるまま、警察が訪ねて来る2日前に家を出て車で逃亡。その後の1週間で未曾有の殺人劇を起こす。まずは故障した車を修理するため近所に住むオーガスト・メイヤー(同70歳)宅を訪れ、彼を射殺したうえで現金100ドルと拳銃と馬を強奪。その足で恋人同士のロバート・ジェンセン(同17歳)とキャロル・キング(16歳)を銃殺し、

彼らが乗っていた車を奪う。現場は血まみれで、キャロルはレイプされた挙げ句、半裸でロバートの上に横たわっていたという。さらに、身を休めるために2人は街で一番の金持ちのキャロル・ラウアー・ウォード（同47歳）宅に押し入り、彼と妻のクララ（同46歳）、そしてメイドのリリアン・フェンクル（同51歳）を殺害する。

街は完全にパニックに陥っていた。商店街はシャッターを降ろし、外を歩くのは自警団だけ。スタークウェザーの首には1千ドルの賞金がかけられた。

2人がウォードから奪った車で街を抜け出し、ワイオミング州境に近づいたとき、ラジオから彼らの乗った車両が指名手配中であるとのニュースが流れた。そこでスタークウェザーは新たに車を奪うべく、車内で昼寝をしていたセールスマンのマール・コリソン（同34歳）を射殺。そのとき、保安官の乗ったパトカーが現場に到着し、キャリルは「スタークウェザーに殺される！」と叫び投降した。が、スタークウェザーは時速160キロで逃走。応援に駆けつけたパトカー3台とカーチェイスを展開した挙げ句、ワイオミング州ダグラス付近で身柄を拘束される。1958年1月29日のことだ。

劇中の主人公2人は逮捕されるものの、殺人に加担していない女性はその後、釈放され、恋人の罪を軽減すべく、弁護士の息子と結婚したように語られている。が、現実は全く違う。

強盗・殺人などの罪で起訴されたスタークウェザーとキャリルの裁判は1958年2月から始まった。前代未聞の事件に全米が注目するなか、法廷で「40年生きるより、俺を愛してくれるヤツと1週間過ごす方がマシだ」と言ってのけたスタークウェザーは審理が進むに連れ若者たちのカリスマとなり、ファンクラブまで結成された。が、5月23日、陪審員が出した評決は有罪・死刑だった。

一方、キャリルは、スタークウェザーに家族を人質に取られたため彼の言いなりになっただけで、自分は被害者だと弁明した。しかし、新聞社が『キャリルは2人殺した』というスタークウェザーが書いた留置所の落書きをすっぱ抜き、さらには改めてスタークウェザーが、キャロル・キングとメイドのリリアン・フェンクルを殺害したのはキャリルであると証言したため、陪審員は彼女の共犯を確信する。判決は終身刑だっだ。

スタークウェザーは1959年6月25日、ネブラスカ州立刑務所の電気椅子で処刑された（享年20）。最期の言葉は「電気椅子のベルトが緩すぎる」だったという。

キャリルは投獄の後、模範囚として暮らし、17年間の服役を経て1976年6月、32歳で仮釈放を許された。出所後はテレビで無罪を訴える一方、長年用務員として働き2007年に機械工の男性と結婚。2020年2月、恩赦の申請は棄却されたものの、2024年6月現在、81歳で存命である。

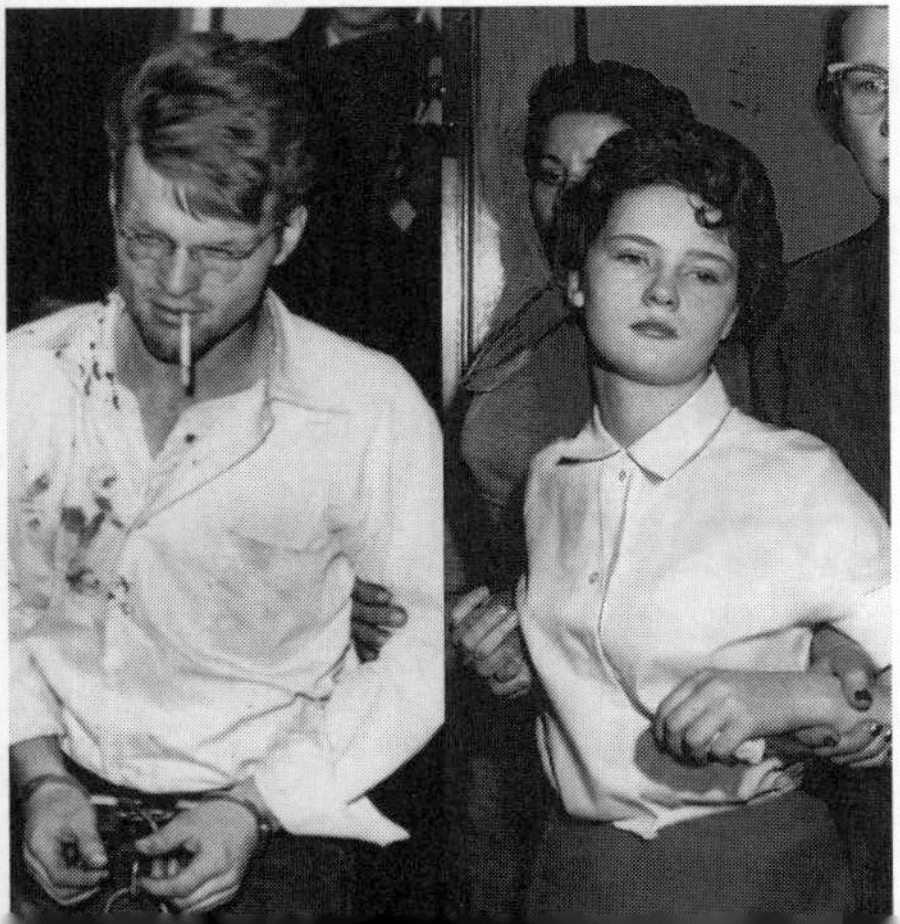

◀逮捕・連行時のスタークウェザー（左）とキャリル。スタークウェザーのシャツは警察との格闘で血痕が付着している

# ミザリー

## 恐怖の主人公アニーのモデルになった准看護師

# 60人余りの幼児を葬った死の天使、ジェニーン・ジョーンズ事件

▶恐怖のキャラ、アニー・ウィルクスを演じたキャシー・ベイツ。映画「ミザリー」より

◀アニーのモデルになったジェニーン・ジョーンズ本人

FILMS

人気作家のポール・ジェルダン（演：ジェームズ・カーン）が雪道で事故に遭い、瀕死の状態を元看護師の中年女性アニー・ウィルクス（演：キャシー・ベイツ）に救われる。ポールのベストセラー小説『ミザリー』の熱狂的愛読者だった彼女は彼を自宅に招き入れ手厚く介護するが、そこでポールが書き上げたシリーズの最新作でヒロインが出産により死亡することを知るや態度を豹変。主人公を殺さないよう原稿の書き直しを命じたうえに、ポールに心理的・精神的拷問を加え始める——。

　1990年のアメリカ映画「ミザリー」は人気作家スティーヴン・キングの同名小説を原作とした傑作スリラーで、物語はあくまでフィクションである。が、キャシー・ベイツが演じ同年のアカデミー主演女優賞に輝いた元看護師アンには実在のモデルがいる。1970年代から1980年代にかけて、自身が担当する60人余りの乳幼児を殺害した疑いがある准《じゅん》看護師ジェニーン・ジョーンズ。劇中の役名「アニー」は、ジョーンズのミドルネーム「アン」に由来している。

　映画の中盤、監禁されたポールがアニーの外出中、彼女のアルバムを発見し、過去にアニーの周囲の人々が謎の死を遂げ、さらに彼女に新生児の殺人容疑で逮捕歴があったことを知るシー

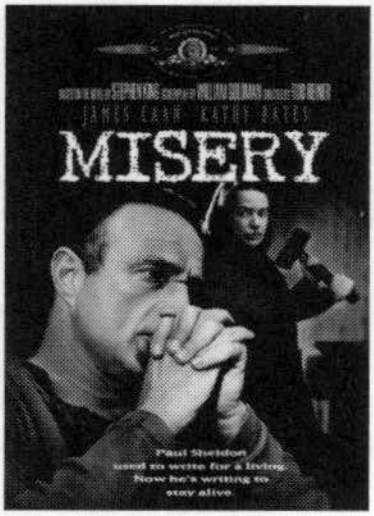


**ミザリー**

1990／アメリカ／監督：ロブ・ライナー●偏執的ファン心理が狂気へと変化する様を描いたスリラー映画の傑作。主人公アニーを演じたキャシー・ベイツが1990年度のアカデミー賞&ゴールデングローブ賞の主演女優賞をダブル受賞した。劇中内の小説のヒロイン名「Misery」は、直訳で「哀れ・惨めさ・悲嘆」の意。

▼性格が急変化するキャシー・ベイツの芝居が特筆もの。映画「ミザリー」より

▼ジョーンズが50人以上の幼児を殺害したとされるベア郡立病院（現ユニバーシティ・ヘルス・システム）

ンが描かれる。自分の大ファンであるアニーの正体は恐怖のシリアルキラー。実際、モデルとなったジョーンズも、医療従事者でありながら故意に患者などを殺害する「ヘルスケア・シリアルキラー」、通称〝死の天使〟と呼ばれていた。

ジョーンズは１９５０年７月、テキサス州サンアントニオで生まれ、ほどなくナイトクラブのオーナー夫妻に養子として引き取られた。16歳のときに弟がパイプ爆弾で自ら命を絶ち、翌年養父も末期がんで死亡。１９６８年に高校時代の恋人と結婚し、子供を１人もうけた後、劇中のアニー同様、１９７４年に離婚した（その後１９７７年に復縁し、さらにもう１人が生まれている）。

特別、変わったプロフィールの持ち主とは思えないが、ジョーンズは高校卒業後、美容師を

経て看護師学校に入学。資格を取得し、1978年からテキサス州のベア郡立病院（現ユニバーシティ・ヘルス・システム）の小児集中治療室で准看護師とし働き始める。勤務態度は極めて真面目だった。

ところが、まもなく同病院で異常な事態が起きる。ジョーンズの勤務中に、彼女が看護していた赤ん坊が相次いで亡くなったのだ。ジョーンズが子供たちの死に関与している疑いは濃厚だった。当時はまだ定義づけもなかったが、ジョーンズは他者に危害を加えたうえで健気に看病する姿を他人に見せることによって周囲の同情をひき、自己満足を得る精神疾患「代理ミュンヒハウゼン症候群」を患っていたらしい。

ちなみに、このとき病院側は患者の家族から訴訟を起こされることを恐れ、ジョーンズを含めた准看護師全員を解雇。また、当時の公式記録が破棄されたため犠牲者の正確な数はわかっ

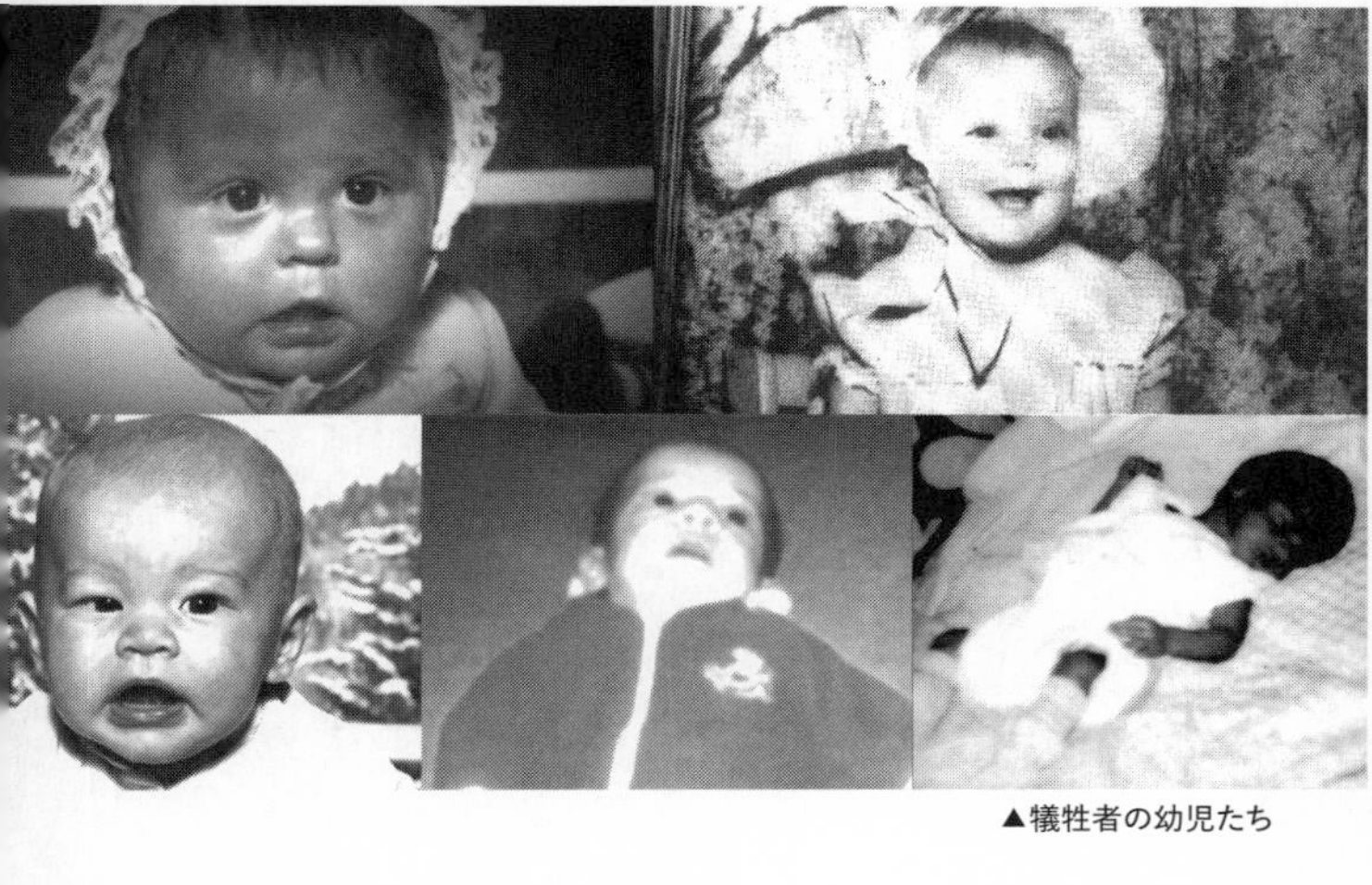
▲犠牲者の幼児たち

ていないが、ジョーンズは在籍していた4年間で50人以上の子供を殺《あや》めたとも言われている。

1982年、ジョーンズは生まれ故郷に程近いテキサス州カーヴィルに移り、小児科の開業病院に勤務。ここで6人の子供へ毒を盛り死に至らしめたとされる。医師の証言によれば、自分とジョーンズしか入ることのできない薬品庫で、穿刺《せんし》（血液や体液、細胞などの採取のために、体外から血管、体腔内、内臓に針を刺すこと）の痕が残るサクシニルコリン（筋弛緩剤）の瓶を発見。中身は満量に見えたが、後の調査で水で薄められていたことが判明した。サクシニルコリンは投与すると全身の筋肉が弛緩して心停止・呼吸不全・窒息を引き起こすことになるが、そのたびにジョーンズは極めて適切に蘇生術を施していた。

1982年9月、生後15ヶ月の女児がジョーンズにより予防接種の注射を受けた直後に呼吸困難に陥り、緊急治療のために病院へと運ばれる途中で死亡した。その際、彼女は自らも救急車に乗り込み、献身的に看護。搬入先の病院でも自分が責任者であるかの如く振る舞い、的確に指示していたという。しかし、被害女児の遺体からサクシニルコリンが検出されたことで、ジョーンズは1983年5月に逮捕。翌年2月に99年の禁錮刑、また同年の10月にはヘパリン（抗凝固薬）による4ヶ月の男児殺人未遂で60年の禁錮刑判決が言い渡された。

その後、テキサス州ゲイツビルにある女性専用刑務所に収監されたが、刑務所の過密を防ぐために作られた過去の州法（模範囚の刑期を実質的に3分の1にするもの）により、ジョーンズは2018年3月に満期釈放となることが決まっていた。これを阻止すべく、テキサス州検察は２０１７年３月、ベア郡立病院に勤務していた１９８１年12月に致死量の抗てんかん薬を投与して11ヶ月の乳児を殺害した罪で彼女を追訴。公判でジョーンズは罪を認め、２０２０年２月に終身刑を下された。

劇中のアニーは甲斐甲斐しくポールの世話をする一方で、自分の思いどおりに事が運ばないと、人が変わったように容赦のない虐待を加えている。その造形は、原作者のキングがジョーンズの事件を知って創り上げた恐怖の産物である。

▼1984年2月、裁判所に出廷するジョーンズ（右から2人目）

▲2020年2月、ジョーンズ（当時69歳）は新たに立件された殺害罪で素直に犯行を認めた

# 十階のモスキート

## 映画公開の翌年警官を含む2人を殺害し死刑に

▲劇中の逮捕シーン。映画「十階のモスキート」より
◀主人公のモデルになった廣田雅晴(1984年7月の逮捕時)

# 元京都府警巡査部長、廣田雅晴事件

FILMS

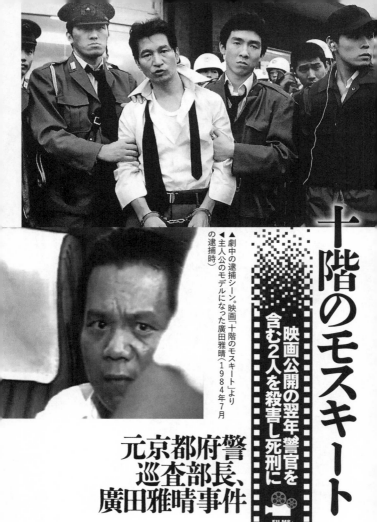

１９８３年公開の「十階のモスキート」は、離婚した現職警官が慰謝料やギャンブルの借金に追われた挙げ句、ついには郵便局強盗を働くまでの過程を描いた破滅の人間ドラマである。企画・脚本・主演を務めた内田裕也が、本作のモデルにした実在の人物がいる。元京都府警の巡査部長・廣田《ひろた》雅晴《まさはる》（１９４３年生）。劇中のとおり廣田は現職警官でありながら競艇や競馬で作った借金の返済に困り、１９７８年、35歳のとき京都市内の郵便局に押し入り逮捕されるが、その名が世間に広まったのは映画公開翌年の１９８４年、京都府警の男性巡査と消費者金融の男性を殺害した、いわゆる「京都・大阪連続強盗殺人事件」。廣田はこの事件で死刑判決を受け、２０２４年６月現在も大阪拘置所に収容中の身にある。

映画の舞台を京都ではなく千葉県としたのは、廣田が１歳から同県山武《さんぶ》郡成東《なるとう》町（現・山武市）で育ったからだ（生まれは大阪市）。地元の高校を卒業後、石川島造船化工機（東京都江東区）に就職したが高所での作業を嫌い、１年余りで退社。都内で電気溶接工や司法書士事務所事務員として働いた後、関西へ。製麺業従業員として働いていた21歳のとき、京都・五条通で職務質問を受けた警察官が体格の良さと実直な性格を気に入り、警察官への転

**十階のモスキート**

1983／日本／監督：崔洋一●ロックシンガーの内田裕也が「水のないプール」（1982）に続き企画・主演を担当した崔洋一の監督デビュー作。作品タイトルはマンションの10階に住む主人公を蚊（モスキート）に捉えた内田の発言に由来する。内田は、廣田が郵便局強盗で服役、出所直後に殺人事件を起こした際、「（1978年の事件は）社会との関わりでいえば、連合赤軍事件以来のショックだった」と述べている。

職を勧めて1964年に京都府警の採用試験を受け合格。翌年9月、九条警察署（現・南警察署）警ら課に配属され、下殿田《しもとのだ》派出所の勤務となった。1967年に結婚、3人の子供に恵まれる（劇中では、子供は小泉今日子演じる娘1人だけ）。1971年に巡査部長昇任試験に合格し、翌年には外勤幹部として峰山《みねやま》警察署（現・京丹後警察署）に赴任し、3年後の1974年に京都市内の中心署である西陣署の外勤課に配置換えとなった。この間、年間勤務優秀で本部長賞誉、署長褒章を複数回受賞しており、警察官としては順調なキャリアを積み重ねていた。

映画で主人公の運命が狂い出すのは、離婚による慰謝料や養育費の支払い、そのために手を出したギャンブルや消費者金融への借金返済が原因のように描かれている。しかし、実際は廣田は離婚しておらず、競艇も以前から1人で休日に楽しんでいた。

そんな廣田に予想外の事態が起きるのは1977年3月のこと。西陣署勤務から十二坊《じゅうにぼう》派出所勤務に異動命令が出たのだ。廣田はこれを屈辱的な左遷と受けとめ、パトロール中に出会った知人に対し「寝ずに勉強して巡査部長になったのに交番勤めとはバカにしている」と不満を漏らしたそうだ。以降、彼は西陣署長を恨むようになると同時に、同僚から教わった競馬にのめり込んで多額の借金を抱え、その返済のために仕事を休み消費者金融を回るようになった。

この後、劇中の主人公は制服姿で拳銃片手に郵便局に入り発砲、数十万円を奪ってから警察署に1人で居るところを同僚警官らに逮捕されることになっている。が、ここも事実とは異なる。廣田は非番だった1978年7月17日、西陣署の拳銃保管庫から同僚が保管していた実包5発入りの拳銃1丁を窃盗、4日後の21日午前11時45分頃、京都市下京区の路上をバイクで通りかかった近畿相互銀行京都支店の店長代理の男性（当時32歳）めがけて1発発砲し現金を奪おうとしたが、風防ガラスを貫通したのみの未遂に。その直後の12時10分頃、南区東九条の札ノ辻《ふだのつじ》郵便局に強盗目的で押し入り、窓口係職員の女性（同45歳）に銃を突きつけて金を出すよう迫ったものの、相手が悲鳴を上げたため、拳銃で頭を殴りつけて1週間の怪我を負わせ、自転車で逃走する。

西陣署は廣田が事件当日、署の外勤室で数分間1人になり、拳銃を保管庫から自由に取り出せる状態にあったことなどから廣田を重要参考人として取り調べ、23日に窃盗容疑で逮捕。翌日、懲戒免職処分とし、さらに26日に郵便局での強盗傷害容疑で再逮捕した。

廣田は逮捕後も容疑を否認し、強盗事件が起きた21日当時の行動について「新聞を買いに出た」「子供を散歩に連れて出た」とアリバイを主張していたが、約1千400万円にも及ぶ借金について追及されると犯行を全面自供。裁判で懲役7年の判決を受け、加古川刑務所に収容される。服役態度は真面目で1984年8月30日に出所。満期より2年早く塀の外に出られたのは、同房者に対し「西陣署に仕返ししてやる」と漏らしていたことなどから、復讐のため意図的に真面目に服役していたものと推測されている。

事件を報じる新聞

出所後、廣田は家族とともに滋賀県大津市内のホテルで一泊し、翌日8月31日に京都駅で妻から仮出獄前に用意させていた現金20万円を受け取り、実母とともに新幹線で東京に向かった。同日午後、千葉保護観察所に出頭し、今後の生活については「就職先が決まるまで、しばらく母親の農業を手伝いたい」「実家で農業の手伝いをしながら仕事を見つけ、京都に住む妻子を呼びたい」などと話していたそうだ。しかし、本心は全く違った。

9月2日夜、母に「明日は仕事を探しに行く」とウソをつき、翌3日に新幹線で京都へ。上京《かみぎょう》区千本通沿いの金物店で包丁やボウガンなどを購入した後、拳銃を奪うべく、幾度か「放置バイクがある」などと虚偽の申告をして警察官をおびき出そうとしたが、失敗に終わった。

かくなるうえは警官を殺害し銃を強奪するよりない。決意を固めた廣田は9月4日昼12時40分頃、北区紫野北《むらさきのきた》の船岡山《ふなおかやま》公園正門付近の公衆電話から、かつて勤務していた十二坊派出所に電話し、応対した男性巡査（同30歳）を騙しておびき出した。13時頃、同公園に現れた巡査を包丁で襲い全身16ヶ所をめった刺しにしたうえ、実弾5発入りの拳銃を奪って背中に発砲、殺害。その後、大阪へ移動し、16時頃、都島《みやこじま》区の消費者金融に強盗目的で押し入り、カウンター越しにピストルを突きつけ「金を出せ」と要求。対応した従業員の男性（同23歳）が「冗談でしょ？」と言ったところ、容赦なく射殺し現金約60万円を奪い逃走した。

捜査の結果、被害男性の司法解剖の際に摘出された銃弾が京都で奪われたピストルから発射されたものであることが判明し、警察庁は事件翌日の5日に2つの事件を警察庁広域重要指定事件に指定。また、目撃証言から浮上した犯人とみられる男が、船岡山近くの映画館に姿を見せた際、館内で飲んだ清涼飲料水の瓶に付いていた指紋が廣田の指紋と一致したことから、捜査当局は廣田を事件の重要容疑者として全国に指名手配する。

逮捕は翌日5日夕方。奪った金でソープランドやピンクサロンで遊んだ後、千葉の実家に立ち寄ったところを先回りしていた警察官に拘束される。その日の朝、廣田は西陣署の交換台に「署長を出せ、廣田や」と電話をかけていた。相手が「どちらの廣田さんですか?」と聞き返したところ、「あほ! 探してるとちゃうんか。京都にはおらん。千葉におるんや」と怒鳴ったそうだ。

元警察官が起こした前代未聞の事件に世間の注目が集まるなか、廣田は公判で無罪を主張したが、一審、控訴審ともに判決は死刑。1997年12月19日、最高裁が上告を棄却し刑が確定した。それから17年半、廣田の死刑は未だ執行されていない。

▲新幹線で東京から京都へ護送される廣田。質問した記者に襲いかからんばかりの勢いで京都府警への怒りをぶちまけた

# 英イプスウィッチ
# 売春婦連続殺人事件

## ロンドン・ロード ある殺人に関する証言

### 「サフォークストラングラー」と呼ばれたシリアルキラー

FILMS

▲殺人事件でイメージダウンした街の復興に情熱を注ぐ市民たち。映画「ロンドン・ロード ある殺人に関する証言」より

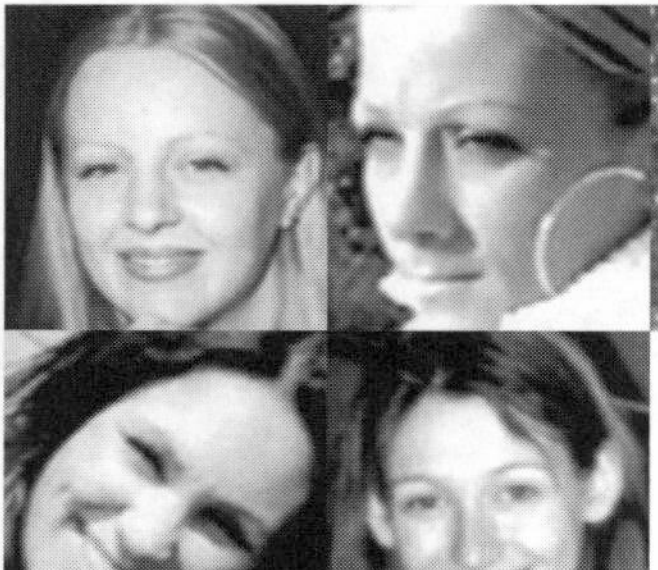

▲被害者の女性。上段左からジェンマ・アダムス、アネリ・アルダートン。タニア・ニコル。下段左からアネット・ニコルズ、ポーラ・クレネル

2015年の映画「ロンドン・ロード　ある殺人に関する証言」はイギリスのイプスウィッチで実際に起きた売春婦連続殺人事件を題材に、イメージダウンした街の再興を目指す住民の姿をミュージカルで描いた風変わりなサスペンスである。劇中には犯人の姿や犯行の様子、裁判過程など直接的な描写はないが、実際の事件は残酷極まりないものだった。

事件の舞台となったのは、ロンドンから北東に約130キロ離れたサフォーク州の州都イプスウィッチ。この人口約20万人の街の誇りが、地元のサッカークラブ、イプスウィッチ・タウンFC（1878年創立）である。同クラブは2001―02シーズンでイングランドサッカーの頂点、プレミアリーグで5位の好成績を収めた後、長らく2部リーグで低迷。2018―19シーズンには3部に降格したものの、2022―23シーズンに2部に昇格すると快進撃を続け、2023―24シーズンは2位に入り23年ぶりのプレミアリーグ復帰を果たした。劇中で描かれるように、外部から人が流入しだしたのは2001―02シーズンの活躍がきっかけで、それに伴い売春婦も集まり始めた。

昔から治安の良い街として安心して暮らしていた住民たちは彼女たちの姿に子供への悪影響を心配した。とはいえ、大きな迷惑を被っているわけ

**ロンドン・ロード**
**ある殺人に関する証言**

2015／イギリス／監督：ルーファス・ノリス●イギリス郊外の街イプスウィッチで2006年に起きた売春婦連続殺人事件を題材にした英国ロイヤル・ナショナル・シアターの舞台（2011年初演）を、同作の演出を手がけたルーファス・ノリスのメガホンで映画化したミュージカル。登場人物の台詞は全て、実際に事件に遭遇したイプスウィッチの住民の証言に基づいている。

でもない。ところが、２００６年、住民たちの不安は最悪の形で現実化する。

同年12月2日、イプスウィッチの小さな村ヒントルシャムを流れる川で、11月から行方不明になっていた当時25歳の女性ジェンマ・アダムスの全裸遺体が発見された。検死の結果、性的暴行は受けていないものの窒息死であることが判明。10代後半からヘロイン中毒になり、薬物を手に入れるために売春を働いていた女性だった。

以降、12月8日にタニア・ニコル（当時19歳）、10日にアネリ・アルダートン（同24歳）、12日にアネット・ニコルズ（同29歳）と、ポーラ・クレネル（同24歳）の殺害遺体発見。全員がドラッグ中毒の売春婦で、性的暴行は受けておらず、窒息死が直接の死因だった。ちなみに、アネリとアネットの遺体は発見時、十字架に磔《はりつけ》にされたかのような姿勢になっていたという。

わずか10日間に5人の売春婦の遺体が発見されるという前代未聞の事態に街が騒然となるなか、サフォーク警察は犯行手口が似ていることから、殺害は同一人物によるものと断定。12月19日、売春婦が数多く出没していたイプスウィッチの繁華街ロンドン・ロード地区に住むスティーブ・ライト（同48歳）を殺害容疑で逮捕する。

ライトは１９５８年、憲兵である父と看護師の母の間に、4人兄妹の次男としてサフォーク州のアーピンガム村で生まれた。１９７４年に高校を中退した後、船のコックの職に就き20歳で結婚し息子を授かったものの１９８７年に離婚。直後に再婚した女性との結婚生活も1年も持たなかった。その後、トラックの運転手、バーテンダー、公営住宅の管理人などで生計を立てていたが、ギャンブルと飲酒で大きな借金を作り１９９４年に車の中で一酸化炭素中毒、２０００年に薬物の大量摂取で二度の自殺を図るもいずれも失敗。２００１年に窃盗を働き逮捕され、有罪判決を受けた。

２００４年にイプスウィッチへ引っ越しフォークリフトの運転手に。当時、街に溢れんばかりにいた売春婦漁りに没頭し、後に彼女らは大柄なライトを「背中の白いゴリラ」と呼び、彼が行為時にタイトな女性服を着てかつらを着用する性癖があったと述べている。

上／ライト(左)が20歳のとき結婚したアンジェラ。彼女は後に、ライトのことを乱暴で独占欲が強かったと語っている。 下／事件当時、ライトが住んでいたイプスウィッチのロンドン・ロードの自宅アパート。ここに街娼を呼び込み絞殺したものと思われている

そして、２００６年10月から12月にかけて５人を殺害。逮捕の決め手は、被害者３人の遺体から検出されたＤＮＡが過去の窃盗で逮捕された際に採取したライトのＤＮＡと一致したことにくわえ、５人全員の遺体からライトの車や自宅、衣服のものと一致する繊維が見つかったことだった。

動かぬ証拠が出揃っているにもかかわらず、ライトは公判で無罪を主張した。しかし、2008年2月に下った判決は仮釈放なしの終身刑（その後、自ら控訴を取り消し2009年2月に刑が確定）。事件を受け、イプスウィッチの売春婦たちは激減し、彼女らに同情を寄せる声がある一方、劇中に登場する市民が言うように「売春婦は不快な存在だった。彼女らが死んでくれて嬉しい。犯人には感謝している」との意見も多数聞かれてそうだ。

映画では一切描かれていないが、実はライトには他にも多くの殺人事件への関与が疑われている。

彼が最初の妻と離婚する前年の1986年7月、ロンドンの不動産屋に勤務する当時25歳の女性スージー・ランプルーが行方不明になった。ライトは当時、彼女と同じ不動産屋に勤務しており、失踪との関連性を疑われたが、証拠は見つからず、結局スージーは行方のわからぬまま1994年に死亡が宣言された。

また1992年から2002年にかけてイングランド東部ノーフォーク州の州都ノリッジで4人の売春婦が殺害された事件も長らく未解決とされていたが、2006年のラ

▶スティーブ・ライトのマグショット（2006年12月19日）

イトの逮捕を受け警察は再捜査を実施。ライトが当時、ノリッジでパブを経営し、日常的に売春婦を買っていたことから殺害への関与を追及したものの、起訴に値する証拠が得られなかった。

さらにライトは1999年、サフォーク州のナイトクラブから帰宅途中に当時17歳の少女ヴィクトリア・ホールが殺害された事件に関与したとして、2021年7月に収監中のHMロング・ラーティン刑務所で逮捕されている。ただ、こちらはまだ起訴・公判の情報は伝わっていない。

ライトが実際、何人を殺害したのかは定かではない。が、世間は、1888年から1891年にかけて少なくとも5人の娼婦を殺害した正体不明の「ジャック・ザ・リッパー」（切り裂きジャック）や、1975年から1980年の6年間にイングランド北部で売春婦を中心に13人の女性を殺害したピーター・サトクリフ（1946−2020）の異名「ヨークシャー・リッパー」になぞられ、ライトのことを「サフォーク・ストラングラー」（サフォークの絞殺魔）と呼称している。

▲1986年に失踪したまま行方がわからないスージー・ランプルー（上）、1999年に殺害されたヴィクトリア・ホール（下）の事件にもライトの関与が疑われている

# 愛なき森で叫べ

## 被害者同士が虐待・殺害・死体処理をしたこの世の地獄

# 戦慄の北九州監禁連続殺人事件

FILMS

上／劇中の詐欺師・村田（演：椎名桔平）の造形は事件の主犯・松永太にインスパイアされている。映画「愛なき森で叫べ」より。下／鬼畜にも劣る犯行を働いた松永太（左）と緒方純子

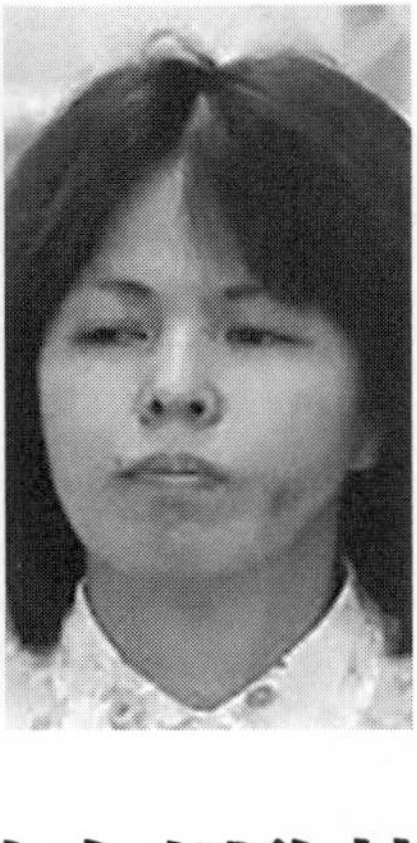

2019年より配信がスタートしたネットフリックスのオリジナル映画「愛なき森で叫べ」は、愛知県から上京したシン（演：満島真之介）と自主映画制作の仲間が、冷酷な天才詐欺師・村田（演：椎名桔平）に言葉巧みに犯罪の片棒を担がされ、やがて親族をも巻き込む殺し合いに発展していく様を描いた戦慄のサスペンスだ。本作は、実際に近親者など7人が殺害された「北九州・監禁連続殺人事件」をモチーフとしている。

事件が発覚したのは、2002年3月6日、当時17歳の少女A子さんが福岡県の北九州市小倉北区のマンションから祖父母宅に逃げ出したことがきっかけだった。少女は長年にわたり松永太《まつながふとし》（1961年生、当時41歳）と、内縁の妻・緒方純子《おがたじゅんこ》（1962年生。同40歳）に監禁され、自分の父親が彼らに殺されたと証言。翌日、松永と緒方が逮捕され、事件が拷問と虐待によってマインドコントロールされた被害者たちが互いに殺害、死体処理を行うという日本犯罪史上最も残虐非道な凶悪犯罪であったことが判明する。

事件の首謀者、松永が緒方に接触したのは1980年の夏。高校の同級生ながら在学中はろくに話したこともなかった彼女が、自分の妻と同じ名前だったことから関心を持ち、電話をかけた。「在学中に君から借りた50円を返したい」と。映

**愛なき森で叫べ**

2019／日本／監督：園子音●自主映画を作る若者たちとその家族が、言葉巧みな詐欺師に洗脳され、互いが互いを殺し合うようになる様を描いたNetflixオリジナルのスリラー。2002年に発覚した北九州・監禁連続殺人事件がモチーフになっている。

画で、村田が自主映画仲間の美津子（演：鎌滝えり）を取り込むのに使った台詞は、この実話に基づいている。

旧家のお嬢さんだった緒方は最初こそ警戒していたものの、1982年に体の関係を持ち、松永が妻帯者であることを知りながら交際を続ける。松永は、緒方の実家が広い農地を持つ資産家であることを聞き出し、金儲けに彼女を利用しようと企んでいた。

劇中に、村田が自分のコンサートを企画し肉体関係のあった大勢の女たちの前で歌うシーンがあるが、これも実際にあった出来事だ。1982年のクリスマス、松永は1千100人のキャパのホールで、緒方や身重の妻、他に関係のあった女性ら50人を招いてコンサートを実施した。当時、父から引き継いだ布団会社の経営が順調だったこともあり、数百万円の開催資金は松永の持ち出しだったそうだ。

妻と別れ、自分と結婚するという松永の言葉を信じ、関係を続けていた緒方が、不安になって叔母に相談したのが1984年頃。それが両親に伝わり、興信所を使って松永の身上調査を行ったり、家に呼んで娘と別れるよう説得するが、逆に口の巧い松永に言いくるめられてしまう。どころか、この一件で松永の緒方への態度は豹変し、「おまえのせいで俺の人生はめちゃくちゃだ」と、彼女への殴る蹴るの虐待が始まった。竹刀《しない》で喉ぼとけを殴り老婆のようなしわがれ声にし、踵落としで太ももをザックリえぐり、胸と太ももにタバコの火と安全ピン、墨汁で「太」と自分の名前を刻印した。

当然のように、緒方の母親は娘の身を案じた。しかし、松永は、劇中の村田が虐待されていた美津子を心配する母親を口説いたように、緒方の母親を呼び出し、強引に肉体関係を持ち、自分の味方につけたという。

松永は、原価3万円の布団を25万で売りつける詐欺的商売を行っており、弱みを握った元同級生や知人を無理やり社員に引き込んでは身内に売りつけさせていた。さらに成績が上がらないと日常的に暴力をふるったが、ここで松永が使用した手段が劇中にも出てくる「通電」である。電流を流した2本の金属棒を焼跡が残るほど体に押し付ける鬼畜の所業だ。偶然、布団会社の社員が感電したのをヒントに、松永は事あるごとに剥き出しの電線を用い虐待する。もっとも、劇中で描かれるように自分は指示するだけで、通電は社員同士で行われた。

一方、松永は数多くの女性を愛人にして、彼女たちの名義で金融機関に金を借りさせ、会社

▲被害者が監禁されていた北九州市のマンション

# 事件関係図

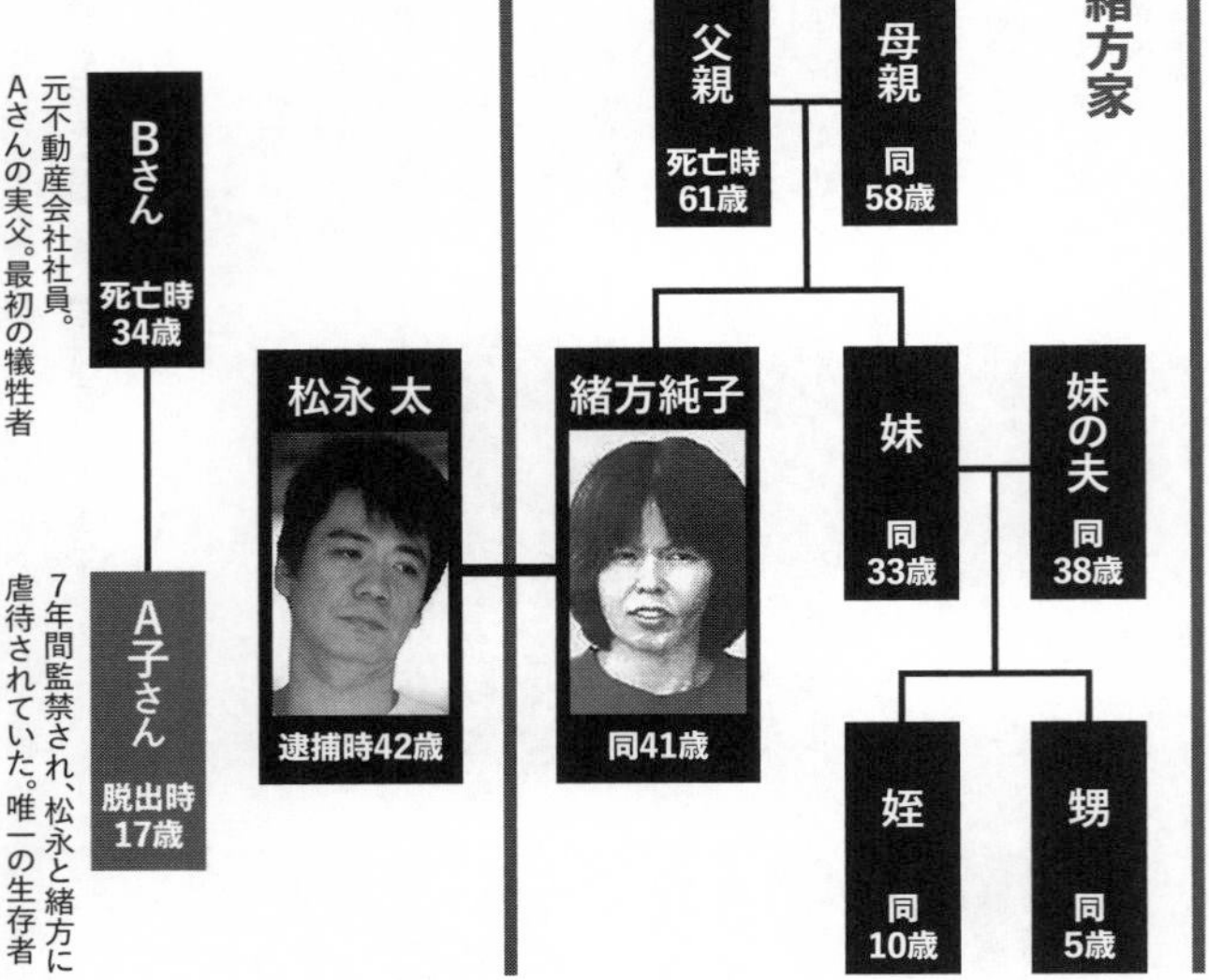


の運用資金に充てていた。女性たちの中には2千500万もの債務を背負わされたり、自殺した者もいたそうだ。

そんな松永の動向は警察もマークしており、1992年7月に詐欺罪と脅迫罪で指名手配したが、松永と緒方、そして最後まで残っていた男性社員の3人は、いったん石川県に逃亡し、ほとぼりの冷めた同年10月、拠点の北九州に舞い戻る。

当時、貢がせていた女性が亡くなったため、松永は次のターゲットとして不動産会社に勤める男性社員Bさん（死亡当時34歳）さんに狙いを定める。Bさんが金に弱いことを見抜いた松永は儲け話を持ちかけ事務所を借りさせ、彼が会社から帰ると事務所で酒盛りをしながら過去の悪事を聞き出した挙げ句、「娘に性的虐待をした」「会社の金を横領した」など嘘の『事実確認書』を書かせ、脅迫・虐待を開始する。

　こうしてBさんを完全に支配下に置いた松永は、Bさんと内縁関係にあった女性を別れさせ、彼の１人娘のA子さん（同10歳）を緒方が預かる形にして毎月、養育費16万円を要求。さらに親族・知人から１千万円以上を借りさせた。やがて会社を辞めたBさんが松永たちのマンションで同居するようになると虐待を加速。１９９６年2月、Bさんは衰弱死する。食事を満足に与えず、通電を繰り返すなどしたのが原因だった。松永が恐ろしいのは、娘のA子さんにも虐待に加担させていたうえ、遺体処理を緒方とA子さんに命じたことだ。

　劇中に自主映画制作の仲間を殺害後、松永が考え出した死体処理法を忠実に再現しているシーンがある。具体的には、首を切断して血抜きしたうえで、包丁やノコギリで各部位を細かく切断。鍋で煮込んで肉と骨を分離させた後、肉をミキサーで細かくしてペットボトルに入れて近くの公衆便所に流し、骨は細かく砕いて船から海に投棄するというものだ。松永はこの手口で、人間を跡形もなく消し去っていた。

　松永は常に金づるを探していたが、１９９７年になると困窮。金を作れと執拗に要求して虐待を受けていた緒方は同年4月7日に行方をくらます。自分で働き送金しようと、湯布院《ゆふいん》温泉（大分県）のスナックに勤め始めたのだ。しかし、子供のことが心配で自宅に電話をかけたところ、松永が自殺したという。驚いた緒方が葬儀に駆けつけると、松永本人が登場。彼女を呼び寄せるための芝居だった。

もっとも松永は緒方がいなくなった際に、福岡県久留米市に住む緒方の父親（同61歳）と母親（同58歳）、妹（同33歳）とその夫（同38歳）、姪（当時10歳）、甥（同5歳）の6人を北九州の松永宅に呼び寄せ、同居を強要していた。そして、両親に娘（緒方）が殺人に関与したことをネタに資産を吐き出させる。また、緒方の母親、妹と強引に肉体関係を結び、そのことを家族に公表して夫婦・親子間を分断。さらに通電による虐待を繰り返し、

▼松永が人心をマインドコントロールし支配下に置く様は劇中でも見事に再現されている。映画「愛なき森で叫べ」より

互いに対する不信感と恐怖で一家を支配する。映画では、村田がシンの仲間や美津子の家族をマインドコントロールし、狂気に駆り立てていく様が描かれるが、現実はそれ以上だった。

1997年12月、松永の指示を受けた緒方が父親の乳首に通電している最中に死亡する。遺体は緒方と母親、妹夫婦、姪の5人が処理した。翌1998年1月には、松永が母親に通電を続けたところ、精神に変調をきたして奇声を上げるように。そこで、松永に指示されて妹が母親の足を押さえつけ、妹の夫が電気コードで首を絞めて殺害する。遺体は緒方と妹夫婦、姪の4人が解体した。続けて2月には妹の様子がおかしくなり、娘が足を押さえ、夫が電気コードで首を絞めて殺害。4月になると妹の夫が食事制限のうえ、通電を繰り返されて衰弱。松永が眠気覚まし剤とビールを飲ませ死に至らしめた。

殺人の歯車は止まらない。松永は、大人になったら復讐されるかもしれないと、5歳の甥の殺害を指示。緒方と姪が電気コードで絞殺しA子さんが足を押さえていた。その後は姪への虐待が加速し、10歳の彼女が2歳児用おむつが履けるほどやせ細ると、松永は家族のところに行こうと説得。6月、自ら弟が殺害された場所に横たわるって目を閉じたという。その首に緒方とA子さんが電気コードで首を絞めて殺害。こうして緒方一家の6人が完全にこの世から消えてしまった。

映画は、シンが女性2人を殺害した後、村田がどこへともなく姿を消して終わる。が、現実の松永は、その後も女性を騙し金を引っ張るなどしているうち、2002年になってA子さんが監禁先から脱走。ようやく悪夢の時間が終わりを迎える。

殺人、傷害致死、監禁致傷、詐欺、強盗などの罪で起訴された松永と緒方の裁判は2003年5月から始まった。物的証拠がないため、頼りは生存者であるA子さんと緒方の証言のみ。松永は全て緒方の犯行と無罪を主張、緒方は松永に強要されたと殺意を否定した。しかし、福岡地裁小倉支部が下した判決は両被告ともに死刑。控訴

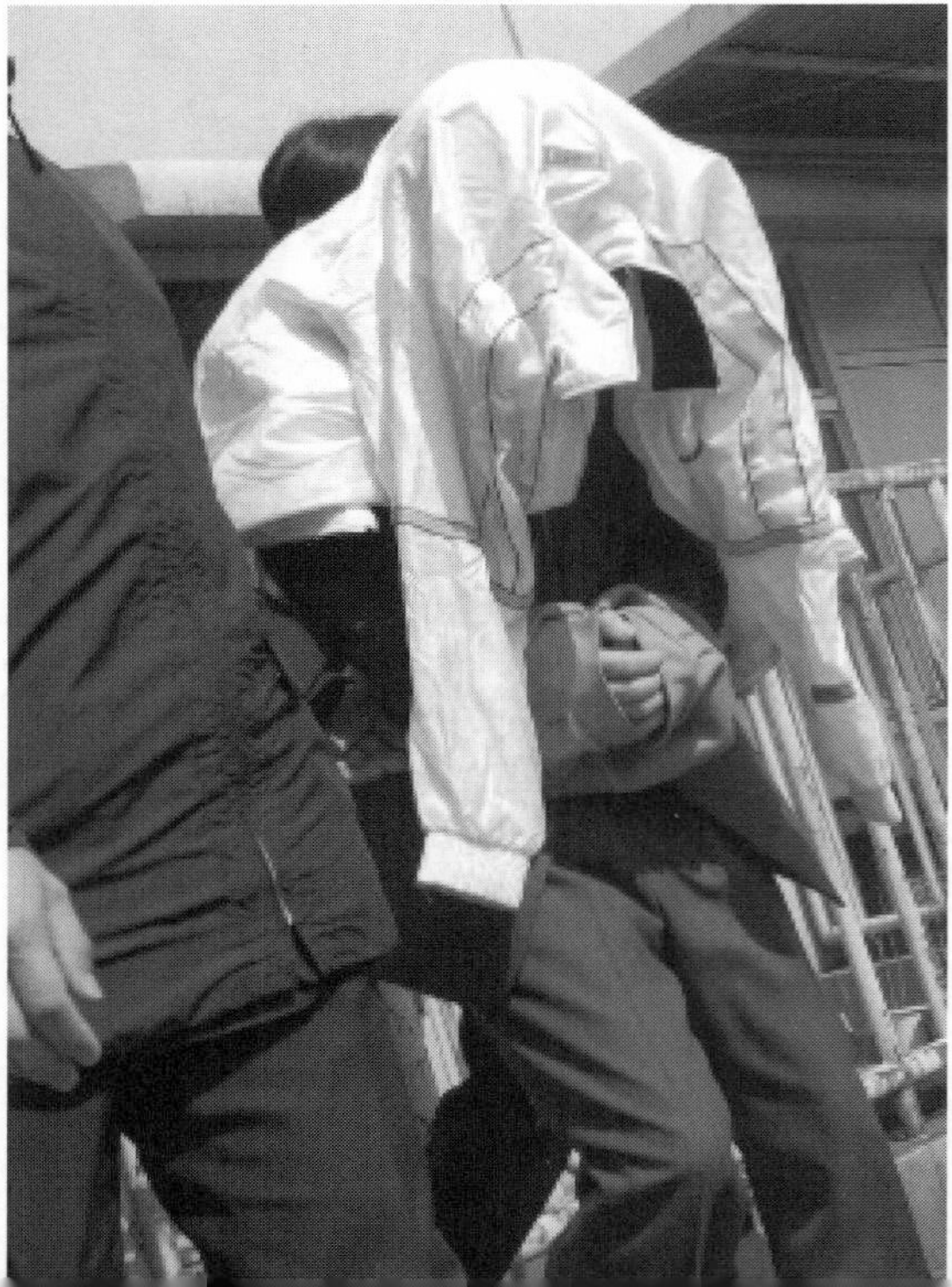

▶逮捕時の松永

殺人容疑 2被告逮捕へ

小倉の少女監禁

海底で骨片発見

県警 父か被告のめい?

▲殺人罪での再逮捕を報じる西日本新聞（当初の容疑は監禁致傷罪だったが、後に海底から被害者の骨片が発見された）

審で緒方は無期懲役に減刑されたものの松永の死刑は変わらず、最高裁もこれを支持し刑が確定した（２０１１年12月12日）。

その後、緒方は福岡拘置所から佐賀県の麓《ふもと》刑務所に移送され服役。松永は同拘置所に収容されたまま、執行の時を待っている（２０２２年10月現在未執行）。監禁されていた被害者で唯一の生存者であるA子さんは事件後、児童養護施設に送られ、そこで出会った男性と県外で結婚し子供を２人授かったと伝えられている。

▼犯人リョウを演じた金井史更(上)と女子高生ユメノ役の菜葉菜。映画「YUMENO」より

▼惨劇の舞台となった市川市内のマンション。被害者一家はこの建物の806号室で平穏な暮らしを送っていた

# YUMENO

## 19歳の男が、以前に強姦した女子高生の家族を惨殺

FILMS

# 市川一家4人殺害事件

映画「YUMENO」はヤクザに追われる青年と、青年に両親を殺された女子高生、父親を亡くし母親の住む街を目指す小学生3人の迷走する道行きを描いたロードムービーだ。本作は1992年に19歳の少年が千葉県市川市で一家4人を殺害した実際の事件を基に作られた。

映画の舞台は北海道・東苫小牧《ひがしとまこまい》。ホステスに手を出したことからヤクザに賠償金200万を支払うよう強請《ゆす》られた19歳の青年ヨシキは、ある日、自転車で夜道を走っていた女子高生ユメノを車ではねたことをきっかけに男女の関係となる。その後、ユメノが持っていた生徒手帳から知った彼女の住むマンションに金目的で侵入。騒いだ両親をナイフで刺殺し、ユメノに遺体遺棄の処理を手伝わせるが、その現場を小学生リョウに目撃され、やがてヨシキ自身も2人に殺されてしまう。筋書きは残虐だが、映画には居場所のない3人が心を通わせる場面もあり、そこまで陰惨な印象は受けない。しかし、題材となった事件の内容は筆舌に尽くしがたい残虐なものだった。

犯人・関光彦《せきみつひこ》は1973年1月に千葉県千葉市で生まれた。中学時代から喧嘩に明け暮れ、遊ぶ金欲しさに置き引き、かっぱらいなどを繰り返し、高校中退後、親族が経営するウナギの加工・販売会社で働きながら市川市内のフィリピンパブに足繁く通

**YUMENO**

2005／日本／監督：鎌田義孝●厳冬の北海道を舞台に、成り行きから無関係な一家を殺害してしまった1人の男と、家族を殺された女子高生、さらには2人と行動を共にすることになる少年の奇妙な逃避行を描く。

うようになる。1992年2月6日、行きつけの店からホステス1人を無断で連れ出し船橋市の自宅アパートに軟禁。2日後、泣きながら店に戻ったホステスから事情を聞いた店側は、外国人ホステス斡旋業者を介して暴力団に関の「落とし前」を依頼する。2月12日夜、東京・六本木の全日空ホテルに呼び出された関は、複数の暴力団員からホステスを誘拐し店に損害を与えたことを厳しく咎《とが》められ、200万円の賠償金を支払うよう迫られた。拒めば、自分に危害が与えられることが明白な状況は劇中でも描かれるとおりだ。

恐怖に怯える関の頭に浮かんだのが女子高生A子さん（当時15歳）である。暴力団に呼び出される18時間ほど前の2月12日の午前2時頃、関は市川市の路上を自転車で走っていたA子さんに自分が運転するクラウンで背後から衝突した。彼女はシャープペンシルの芯が切れたことから、近所のコンビニエンスストアで替芯を購入し、自宅に帰る途中だった。

関は怪我を負ったA子さんに優しく声をかけ、救急病院へ同行。治療が終わった後「自宅まで送ろう」と車に乗せるや態度を豹変させ、折りたたみ式ナイフを取り出し頬を切りつけ「黙っておれの言うことを聞け」と脅迫。震える彼女を自宅アパートに連れ込み、二度強姦した後、A子さんのバッグから現金を奪い、その中にあった生徒手帳から彼女の住所・氏名・保護者名などを知ることになる。A子さんは早朝、関が外出した後、自分でヒモを外し、ゴミ箱に捨ててあった生徒手帳を拾い、1人で帰宅した。

その後、数件恐喝などを働いたものの金を工面できなかった関は、住所を入手したA子さん宅に侵入し、現金や預金通帳を奪うことを計画する。家族の在宅状況を探るべく、時間を変え

◀関が住んでいた千葉県船橋市本中山の自宅アパート。ここにフィリピンパブのホステスや、被害者一家の女子高生が連れ込まれ強姦されていた

てA子さん宅に電話をかけたり、現地マンションの防犯カメラなどを確認。2月下旬から3月頭にかけて、マンション住民が、髪を赤く染めた大柄な男が建物周辺をうろついている姿を何度も目撃していた。

1992年3月5日16時頃、関は公衆電話からコレクトコールをかけ誰も出ないことを確認したうえで、16時30分頃、A子さん一家が住む市川市の江戸川河口近くに建つマンション8階の部屋に押し入る（玄関は施錠されていなかった）。無人と思い込んでいた部屋には祖母（同83歳）が寝ていた。予想外の事態に関は祖母を蹴り上げ現金8万円を奪い、首をビニール製コードで絞めて殺害。その後、居間内で金品を物色していたところ、19時過ぎにA子さんが母親（同36歳）と一緒に帰宅したため、冷蔵庫の上にあった柳刃包丁を突きつけ、母親を刺殺した。19時15分、保育園の保母に連れられて妹（同4歳）が帰宅すると、A子さんに命じて食事の準備をさせ、3人で夕食をとる。食後、家族の惨殺体が横たわる傍らで「時間潰し、気分転換」と称してA子さんを全裸にして強姦。その最中に帰宅した父親（同44歳）から現金16万円と預金通帳を奪ったうえで、背中を包丁で刺して殺害した。

関はさらに金を奪うべく、翌6日午前1時頃、妹を部屋に残したままA子さんと車で外出。市川市行徳《ぎょうとく》駅前にあった父親が経営する出版社の事務所（劇中ではミサイルの部品を作っている会社）にA子さんを1人で向かわせる。彼女は寝泊まりしていた社員の男性に「ヤクザが来ていて、お父さんの記事が悪いとお金を取りに来ている。お金が必要だと言うので私が取りにきた」と説明。預金通帳7冊と印鑑を受け取り事務所を後にした。恐怖に支配されていたのか、助けを求める様子は一切なかった。しかし、その行動を不審に感じた社員が警察に連絡し、午前1時30分頃、警察官とともにA子さん宅を訪問。チャイムを鳴らしたものの応答はなく部屋の電気も消えていたため、不在と思い現場から引きあげる。

その頃、A子さんは関に連れ込まれた市川市内のラブホテルで執拗にレイプを受けていた。マンションに戻ったのは午前6時30分頃。寝室で眠っていた妹が目を覚ましたことで、関は妹に泣き叫ばれることを恐れ6時45分頃に包丁で刺殺。これに怒ったA子さんにも切りつけ全治2週間の怪我を負わせる。

午前7時30分頃、前出の社員から電話が入った。応対したA子さんは「おはよう」と言ったきり押し黙り、社員が「脅している奴が部屋にいるのか」と尋ねると小声でうなずいたため、社員は改めて警察に通報。午前9時半頃、葛西《かさい》南署員が現場に駆けつけ、隣室のベランダを伝って窓から部屋に入った。このとき関はA子さんに包丁を持たせ、さも彼女が犯人かのように装い逃走を図っていた。しかし、室外に出たところで警察官３、４人と格闘となり部屋に連れ戻される。現場は血の海だった。

銃刀法違反で現行犯逮捕された関は当初、犯行を否認し、A子さんに誘われ部屋に行ったら４人が死んでいたなどと供述していたが、後に犯行を自供。強盗殺人罪などで起訴される。関は犯行時19歳と１ヶ月。未成年であれば極刑は免れると確信していたようだが、一審、控訴審、上告審ともに判決は死刑。２００１年12月３日、最高裁で刑が確定し、東京拘置所に収監されてから16年後の２０１７年12月19日、絞首刑に処された（享年44）。

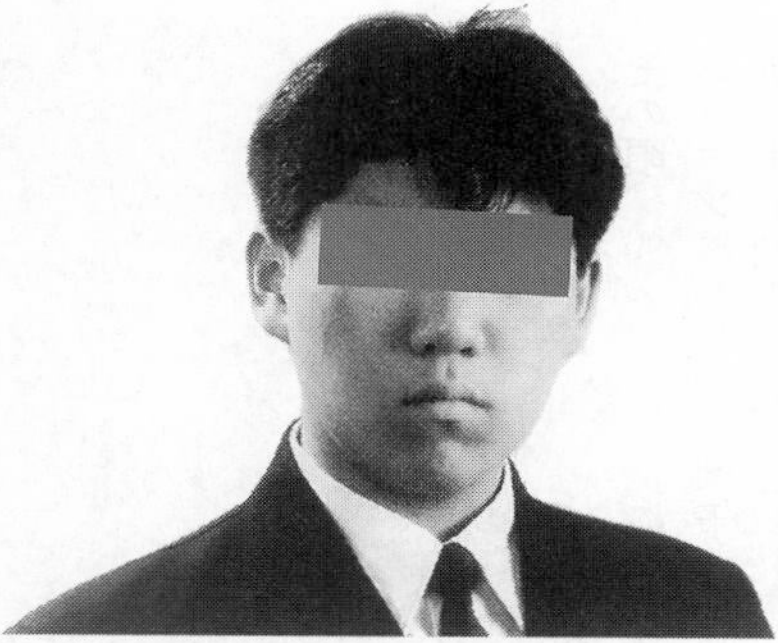

犯人の関光彦。犯行時19歳1ヶ月の未成年だった

一方、１人だけ生き残ったA子さんは事件から１年後、熊本にある母方の実家に引き取られ、ＰＴＳＤ（心的外傷後ストレス障害）に苦しみながらも高校に通い、卒業後は以前からの目標だった美術系の大学へ進学。２００４年にかねてより交際していた男性と結婚し、現在はヨーロッパで暮らしているそうだ。

# アルファ・ドッグ 破滅へのカウントダウン

## 麻薬取引をめぐる金銭トラブルの犠牲になった15歳

▲劇中の誘拐シーン。映画「アルファ・ドッグ　破滅へのカウントダウン」より

▲右が誘拐・殺害されたニコラス・マーコウィッツ本人（劇中の役名はザック）。彼を演じたアントン・イェルチン（左）は2016年6月、27歳の若さで事故死した

# ニコラス・マーコウィッツ誘拐殺害事件

FILMS

２０００年８月、米カリフォルニア州の山脈で当時15歳の少年、ニコラス・マーコウィッツが殺害された。原因は実の兄が関連していたドラッグの借金トラブルで、彼は完全な犠牲者だった。２００６年のアメリカ映画「アルファ・ドッグ　破滅へのカウントダウン」はニコラスの誘拐から殺害までの３日間を忠実に再現した実録サスペンスである。

舞台はカリフォルニア州ロサンゼルスから約50キロ離れたクレアモント。このアメリカ有数の教育都市とも呼ばれる街で、２０００年夏、麻薬ディラーの父（演：ブルース・ウィリス）を持ち本人も麻薬の売人であるジェシー・ハリウッド（事件当時20歳）とベンジャミン・マーコウィッツ（同22歳）の間でトラブルが発生したのが事の始まりである。もともと２人は同じ麻薬密売グループの仲間だったのだが、ベンジャミンがドラッグの売却代金約３万６千ドル（当時の日本円で約３６７万円）を客に踏み倒されたことに、グループのボスであるハリウッドが激怒。ベンジャミンの借金として近日中に本人が全額を返済するよう命じる。

しかし、何日経ってもベンジャミンが金を用立てる様子はなく、ハリウッドの怒りはエスカレート。グループに属するジェシー・ラゲ（同20歳）、ライアン・ホイト（同

**アルファ・ドッグ**
**破滅へのカウントダウン**

2006／アメリカ／監督：ニック・カサヴェテス●2000年、米カリフォルニア州で実際に起こったニコラス・マーコウィッツ誘拐殺人事件を題材としたクライムサスペンス。題名の「アルファ・ドッグ」は犬の世界の専門用語で「自他共に認める群れの先頭」という意味。公開時、主犯格の男の判決が下されていなかったことから日本での公開は見送られ、現在、DVDや動画配信サービスで視聴可能。

20歳)、グラハム・プレスリー(同17歳)、ウィリアム・スキッドモア（同20歳）らも彼に同調し、裏切り者としてベンジャミンへの憤りを募らせるようになる。

2000年8月6日13時過ぎ、話をつけるため、ハリウッドがラゲ、スキッドモアを連れベンジャミンの自宅に向かっている途中、道を1人で歩くベンジャミンの弟ニコラスを発見する。なんでも、両親とケンカして家を出てきたのだという。そこでハリウッドは咄嗟に思いつく。借金のカタにニコラスを誘拐してしまおうと。そこに深い考えはなく、あくまで脅しのつもりだった。

実際、ニコラスも強く抵抗することなく彼らの車に乗り、劇中で描かれるように、その後2日間、ラゲの友人宅で麻薬やアルコール、ビデオゲームなどを楽しんだ。その場に居合わせた

▶上が麻薬密売グループのリーダー、ジェシー・ハリウッド本人(役名はジョニー)。演じたエミール・ハーシュは2007年のショーン・ペン監督作「イントゥ・ザ・ワイルド」で主演を務めている。
◀ハリウッドに多額の借金を背負っていたニコラスの兄ベンジャミン本人(上。役名はジェイク)と、演じたベン・フォスター

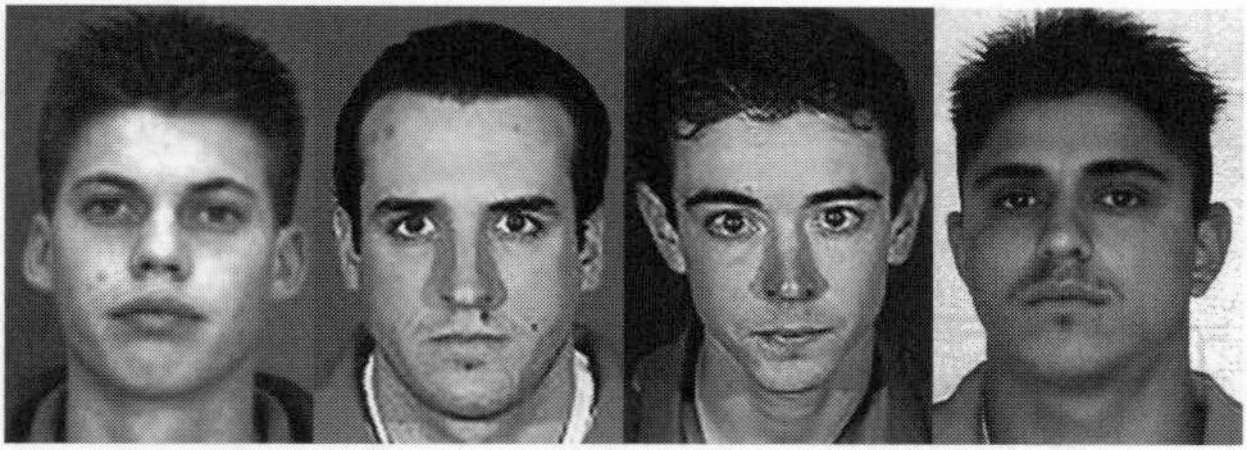

▲犯人グループ。左からジェシー・ラゲ（役名フランキー。以下同）、ライアン・ホイト（エルヴィス）、グラハム・プレスリー（キース）、ウィリアム・スキッドモア（ディコ）

他の人々が後に証言したところによれば、ニコラスがあまりにも彼らと馴染んでいるため、誘拐されているとは想像もしなかったそうだ。当のニコラスも自分が誘拐・監禁されているなどという気持ちはほとんどなく、逆に犯人グループにシンパシーを感じていたらしく、「バスで家に帰っていい」というラゲの言葉に「帰らないよ。だって僕たちは仲間だろ」と返答したそうだ。

行き当たりばったりの誘拐計画が一変するのは2日後の8月8日。現在の状況に不安を覚えたハリウッドが、父の知り合いの弁護士に電話で事情を説明したところ、誘拐罪で逮捕・起訴されれば終身刑の可能性もあり、それを回避するには、すぐさまニコラスを家に帰し両親と示談するしかないと忠告を受ける。

事の重大さを知ったハリウッドがここで弁護士の助言に従っていたら悲劇は起こらなかっただろう。しかし、彼はニコラスを解放すればベンジャミンから激しい報復を受けた挙げ句、全員が逮捕され終身刑になるものと確信。仲間に対してニコラスの殺人命令を下す。

8月9日夜、パーティに参加した後、ホイト、ラゲ、プレスリーの3人がニコラスを車で連れ出し、カリフォルニア州ゴリータのサンタイネス山脈で下ろす。この時点でもニコラスは自分が殺害されるとは夢にも思っておらず、ラゲが手を後ろ手に縛り、ガムテープで口を覆ってもなお「ウソだろ？　仲間じゃなかったのか？」と言ったそうだ。しかし、時すでに遅し。ホイトがハリウッドから渡されていた銃から弾丸を9発放ちニコラスを殺害。プレスリーが事前に掘っていた穴に遺体を埋め、全員が現場を立ち去った。

4日後の8月12日、遺体発見。警察は目撃証言などから殺害に立ち会った3人と、スキッドモアを逮捕する。下った判決は、実行犯のホイトが第一級殺人罪で死刑（サンクエンティン州立刑務所に収監され２０２４年6月現在未執行）、ラゲが殺人ほう助罪で終身刑、プレスリーが第二級殺人罪により不定期刑、スキッドモアは誘拐と強盗の罪で懲役9年に処された（プレスリーは２００７年、スキッドモアは２００９年に釈放されている）。

一方、殺人を指示した主犯格のハリウッドは事件後、カナダを経由してブラジルのリオデジャネイロに逃亡。偽名を使い英語教師の職に就き5年間を過ごしていたものの、ＦＢＩの最重要指名手配リストに載っていたことに加え、逮捕につながる情報に5万ドルの報奨金がかけられていたことなどから、２００５年3月にブラジル当局が身柄を拘束。アメリカで起訴され、２００９年に誘拐と第一級殺人罪で仮釈放のない終身刑を言い渡された。

▶ニコラスの遺体発見現場の岩に刻まれた彼の記録

▲逃亡中のハリウッドの手配書を手にするニコラスの母スーザン本人。劇中ではオリヴィアに名前が変更され、シャロン・ストーンが演じた

◀映画公開から2年後の2008年、裁判に出廷した際のハリウッド。2022年10月現在、カリフォルニア州サンディエゴのリチャード・J・ドノバン矯正施設に収監中の身にある

映画の終盤、シャロン・ストーンが演じたニコラスの母親スーザン本人が登場して語るように、事件のそもそものきっかけを作ったニコラスの兄ベンジャミンは、無惨に殺された弟の葬儀に参列しなかったそうだ。卑劣にも、その時点でまだ逮捕されていなかった犯人グループに自分もまた殺害されることを恐れ身を隠していたらしい。また、スーザンは息子の死後、絶望のなかでアルコールとドラッグ依存に陥り、手首を切るなどして12回もの自殺を図り病院に搬送されるも、死にきれなかったという。

悲劇としか言いようのないニコラスの死にマーコウィッツ一家は犯人一味とその家族を提訴。2003年、裁判所は1千120万ドル（当時の日本円で約13億3千万円）の支払いを命じる判決を下したと伝えられている。

# スノータウン

## 小児性愛者、同性愛者、知的障害者らを次々と魔の手に

## 豪スノータウン男女12人猟奇殺人事件

▲主犯ジョン・バンティング役のダニエル・ヘンシャル(右)と、彼に支配され事件に加担するジェームズ・ブラサキスを演じたルーカス・ピッタウェイ。映画「スノータウン」より

▲ジョン・バンティング(右)と
ジェームズ・ブラサキス(左)本人

１９９９年５月20日、オーストラリア・南オーストラリア州スノータウンにある貸し倉庫内で、８人の男女の惨殺体が発見された。警察の捜査で他にも４人の犠牲者がおり、一連の犯行は小児愛者や同性愛を忌み嫌う男たちによるもので被害者の大半が犯人の近親者や隣人、知人であることが判明した。

２０１１年の映画「スノータウン」はオーストラリアの犯罪史に刻まれる男女12人猟奇事件を題材としたスリラーで、日本では未公開ながら同年のカンヌ国際映画祭批評家週間特別審査委員賞に輝いた傑作である。

映画の主人公は１９９１年12月当時12歳（劇中では16歳の設定）だったジェームズ・ブラサキスなる少年である。住まいはオーストラリア南部アデレード郊外の田舎町スノータウン。シングルマザーのエリザベス・ハーベイ（同44歳）の次男で、下に弟が２人（１人は障害者）、他にトロイ・ユード（同13歳）なる異母兄がおり、劇中でも描かれるようにジェームズはトロイから日常的に性暴力を受けていた。

また、ジェームズを含む３兄弟は隣人の小児性愛者の男からも裸でポラロイド写真を撮られるなど性的虐待の被害に遭っていたが、当時のスノータウンでは性的異常者が普通に暮らし、それ

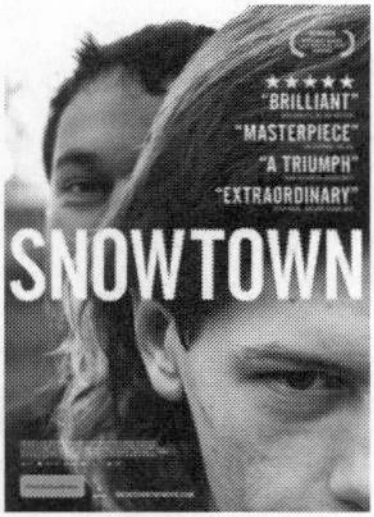


**スノータウン**

2011／オーストラリア／監督：ジャスティン・カーゼル●オーストラリアで1992年から約7年間にわたって起きた「スノータウン男女12人猟奇殺人事件」を映画化した実録スリラー。監督も事件が起きた地域の出身で、配役には演技経験のない地元の人間を多数起用した。

が住民の世間話のネタになっていたそうだ。

　同年秋、スノータウンに事件の主犯ジョン・バンティング（当時32歳）が越してくる。映画では描かれないが、彼は8歳のとき友人の兄に性的暴行を受けて以来、小児性愛者や同性愛者に対する強い憎悪を抱き、20代で食肉工場で働いていた際、動物の屠殺の喜びに覚えるようになった男だった。

　雄弁でサービス精神旺盛なジョンはほどなくエリザベスと男女の関係になり、彼女の自宅で暮らし始める。そこに出入りしていたのが後にジョンの共犯となる隣人のロバート・ワグナー（同19歳）とマーク・ヘイドン（同32歳）である。

　ジョンは、ジェームズらに食事をふるまい、生き方を説き、大きな信頼を得る。そして彼らが隣人に性的虐待を受けていたと知るや、カンガルーの死骸を容赦なく隣家の玄関に投げ込み転居に追い込む。ジェームズにとっては頼りになる父親的存在。言い方を変えれば、ジェームズは完全にジョンに支配されてしまう。変態は悪。ヤツらに生きる

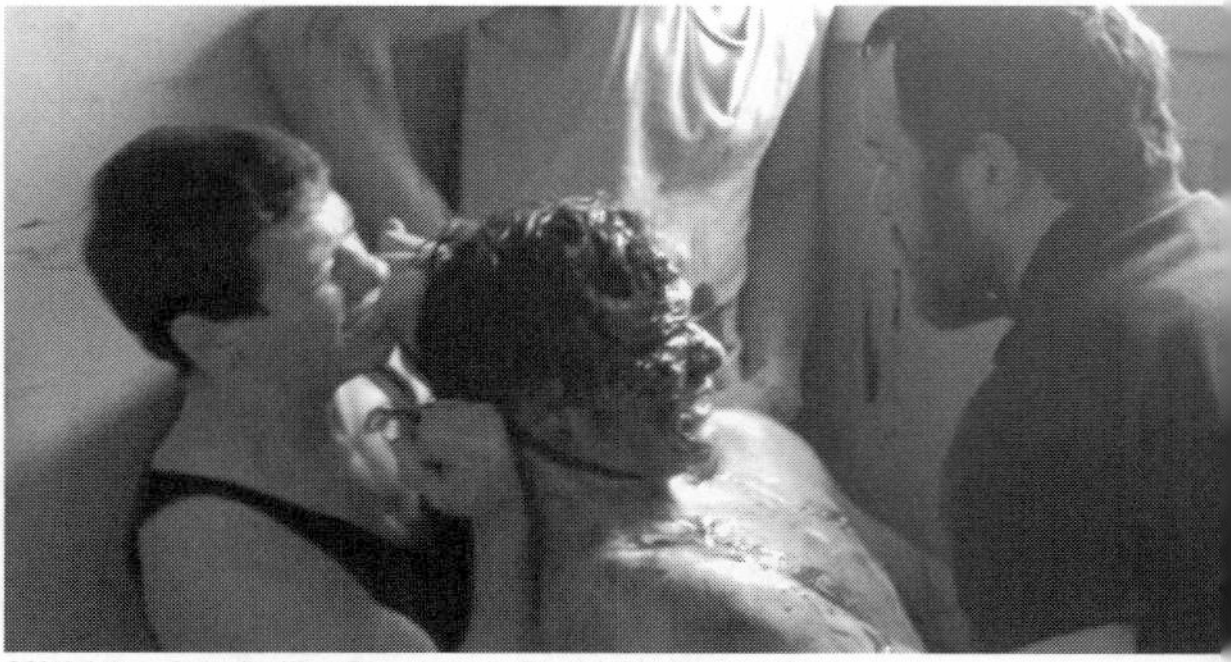
▶自分に性的虐待を働いていた異父兄をジェームズが殺害する劇中シーン。映画「スノータウン」より

◀犠牲となった12人。下段の右端がジェームズの異父兄で1998年8月に殺害されたトロイ・ユード

資格はない。ジョンのカリスマ性を帯びた持論はしだいにロバートやマークも魅了していった。

劇中に詳しい説明はないが、最初の殺人は1992年8月31日。当時22歳だった同性愛者の青年がハンマーで頭を殴られ殺害される。ジョンの単独犯だった。2年後の1994年8月、青年の遺体が発見されテレビ番組が報じたとき、ジョンは大いに喜んだという。

その後、ジョンに取り込まれるようにジェームズや母親のエリザベス、隣人のロバート、マークが犯行に加担する。1995年12月、レイ・デイヴィスなる男性（同26歳）を殺害しエリザベスの自宅の裏庭に死体を遺棄。レイはジョンの元恋人であるスーザン・アレン（同46歳）の幼い孫娘に性的暴行を働いていた人物だったが、そのスーザンも1年後の1996年12月に殺害され、遺体を11個に分解、ビニール袋に入れられレイと同じ場所に埋められた。ジョンらは彼女の死後、その年金を詐取し続けたという。

ジョンを中心とした殺人集団の犯行は以降も止むことはなく、1997年9月に女装癖のある小児性愛者マイケル・ガードナー

(同19歳)、翌10月にロバートの元交際相手のゲイ男性バリー・レーン（同42歳）が絞殺される。レイン殺害は指先とつま先、陰茎と睾丸を生きたままペンチで握り潰されるという残酷なもので、死体はカーペットに巻かれ、酸に満ちた樽に漬け込まれた。

1998年4月にジェームズのヘロイン仲間であるキャビン・ポーターが絞殺された4ヶ月後の同年8月、ジェームズの異母兄のトロイ・ユード（同21歳）が魔の手にかかる。前記したように、トロイはジェームズに以前性的暴力を働いていたが、この頃になってようやく忌まわしき過去を告白。聞かされたジョンの怒りは頂点に達し、ロバートともに鋼板とジャッキハンドルでトロイを殴打し、猿轡《さるぐつわ》をかませたうえでバスルームへ連れて行き、彼の指先とつま先と陰茎、睾丸を締めあげ、ジェームズへの猥褻行為の謝罪を強要する。この下り、劇中では長年一緒に暮らしてきた異母兄が拷問される様子に耐えきれなくなったジェームズが最後、トロイの首を締め上げ窒息死させるように描かれているが、実際はジョンとロバートが生きたままの状態でトロイをナイフで解体、遺体の残骸は酸の入った樽に漬け込んだ。

翌9月、ジョンらは知的障害者のフレデリック・エリオット（同18歳）を呼び出し、陰茎と肛門に電極を差し込んだり、鼻や耳、陰茎をタバコの火やライターで炙ぶるなど陰惨な拷問を加えたうえで殺害。ちなみに、フレデリックの母親ジョディは当時、ジョンと愛人関係にあったが、拷問を行う前にジョンはフレデリックに「家を出る。捜さないでほしい」など母親宛の伝言をテープレコーダーに録音、死んでいないよう偽装し、彼の福祉年金を横領した。

彼らはその後、10月にジョンの隣人である知的障害者のゲイリー・オドワイアー（同29歳）、

11月にフレデリックの母親ジョディの妹でマークの妻エリザベス・ヘイドン（同37歳）、12月にジェームズの友人で同性愛者の疑惑のあったデイヴィッド・ジョンソン（同24歳）が殺害する。映画はデイヴィッドが自身が欲しがっていたパソコンを餌にジェームズにおびき寄せられる場面で終わるが、この後、ジョンとロバートによって刺殺。２人は遺体をバラバラにし、その一部を食したという。

オーストラリアの警察当局は１９９４年頃からジョンの周辺で行方不明者が続出していることを疑い捜査を続けていたが、１９９９年5月に8人の遺体が発見されたことで、同月21日にジョンらを殺人罪などで逮捕。映画のクレジットで示されるとおり、裁判でジョンとロバートに仮釈放なしの終身刑、ジェームズに26年間保釈なしの終身刑（２０２５年に再判決が下る予定）、マークに7件の殺人ほう助罪で25年の懲役刑、エリザベスにも殺人ほう助で有罪が下ったが収監されることなく２０１１年に死亡した。

▲逮捕・連行時。左からマーク・ヘイドン、ジョン・ハンティング、（1人置いて）ロバート・ワグナー

▶主人公の警察署長を演じたフランシス・マクドーマンド。夫は本作監督のジョエル・コーエン。映画「ファーゴ」より



# ファーゴ

## 夫が妻を殺害、遺体を粉々にして湖に遺棄

FILMS

◀ヘラ・クラフツ本人。失踪時39歳だった

## ヘラ・クラフツ ウッドチッパー殺害事件

多額の借金を抱えた男が妻の狂言誘拐を企んだことで、数々の殺人事件が起きる様を描いたコーエン兄弟の出世作「ファーゴ」。本作の冒頭で「この物語は実話である。この映画で描かれた出来事は1987年にミネソタ州で起こった。生存者の要望により氏名は変えられている。亡くなった方へ敬意を表すため、それ以外は全て起こった通りに語られている」という文章が示される。が、実際に該当する事件はなく、実話とした一文は話題作りのための演出と受け止められてきた。

しかし、映画公開から14年後の2010年に発売された「ファーゴ　DVDスペシャルエディション」の中で、本作は実際の事件がモチーフになっていることが明らかにされた。1986年、コネチカット州で起きたヘラ・クラフツ殺害事件。映画の最後に犯人の1人が共犯の男を殺害し遺体をウッドチッパー（木材粉砕機）で刻んでいたように、本事件の被害者も殺された後、ウッドチッパーで遺体を完全に消滅させられた可能性が高いと推測されている。

パン・アメリカン航空（1991年閉業）の客室乗務員だったヘラ・ニールセン（1947年、デンマーク生）が、10歳年上のイースタン航空（1991年閉業）のパイロット、リチャード・クラフツと結婚したのは1979年、

**ファーゴ**

1996／アメリカ／監督：ジョエル・コーエン●1987年の米ミネソタ州ミネアポリスを舞台に、狂言誘拐が巻き起こす悲喜劇を描いたブラックコメディ。脚本はジョエルと弟イーサンの共同執筆。第69回アカデミー賞で7部門の候補となり主演女優賞（フランシス・マクドーマンド）、脚本賞を獲得した。

彼女が32歳のときだ。2人はコネチカット州ニュータウンに新居を構え、二男一女を授かる。母となって以降もヘラはメイドを雇い、客室乗務員の仕事を続けた。

傍からは幸せそうに見えた一家だが、夫婦の関係は最初から破綻していたのも同然だった。リチャードは根っからの女好きで、独身時代も複数の客室乗務員の女性と交際。ヘラもその1人だったが、彼女が妊娠したため、仕方なく籍を入れたようだ。実際、結婚後もリチャードの遊び癖は直らず、浮気をめぐる夫婦喧嘩は日常茶飯事。時に暴力も振るわれたことでいよいよ離婚を決意したヘラは1986年9月、弁護士を雇い、証拠集めのため探偵に夫の行動を調査させる。と、後日、探偵よりリチャードが客室乗務員の女性の家で密会、接吻している写真が提出された。

1986年11月18日、ヘラは西ドイツ・フランクフルトからの長いフライトを終え、同僚の客室乗務員2人とタクシーを相乗りし自宅に戻った。同僚の2人は彼女が車を降りるとき、ため息まじりに「ここはリチャードの家」と口にしたのを聞いたが、以来、ヘラはこつ然と姿を消してしまう。

▲事件が起きた1986年に撮影されたクラフツ一家。左から長男アンドリュー、次男トーマス、夫リチャード、長女アンドリュー、妻ヘラ

その夜は街が吹雪に襲われ、翌朝から地域の除雪車が稼働するなど大変な状況のなか、リチ

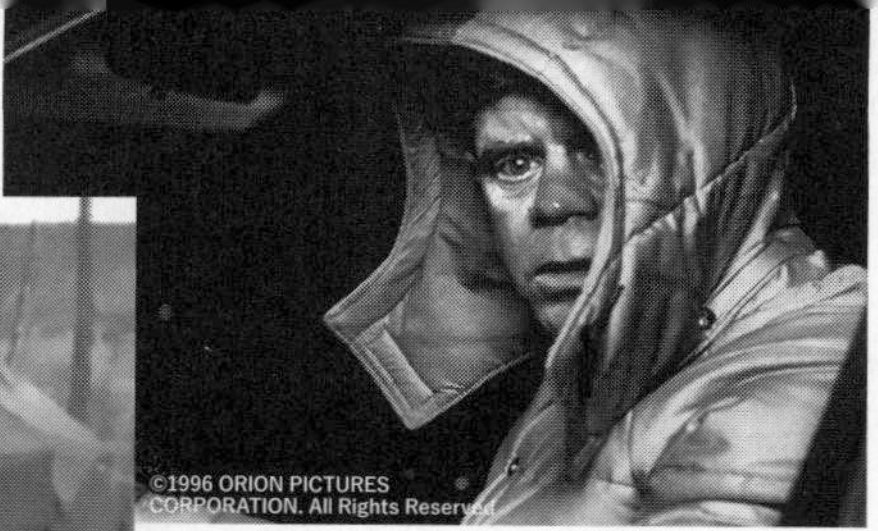


©1996 ORION PICTURES CORPORATION. All Rights Reserved

▲劇中で妻の狂言誘拐を企む夫ジェリーを演じたウィリアム・H・メイシー。映画「ファーゴ」より
◀ヘラの歯や骨の破片、血痕などが見つかったゾア湖のほとり。警察は現場にテントを張り、収集品を分析した

ャードは子供たちを自分の姉に預けに出かけた。さらに翌日20日、ヘラが出勤して来ないため同僚が自宅に電話をかけると、夫のリチャードは不審な説明を繰り返した。曰く、妻はデンマークの母の元を訪れている、カナリア諸島に旅行に出かけた云々。同僚たちは明らかにリチャードの言動が疑わしいと感じた。というのも、ヘラは行方不明になる前、同僚たちに「何か自分の身に起こったときは、事故だと思わないで」と伝えていたからだ。

それから10日以上が過ぎてもヘラは姿を見せず、リチャードが妻の失踪を警察に連絡する様子もない。そこで同僚たちは行方不明から2週間後の12月1日、警察に通報。不審点を細かに説明したが、地元警察は捜査に乗り気ではなかった。リチャードがパイロットの傍ら、ニュータウンではボランティアで治安官、近隣のサウスベリーではパートタイムで警察官を務めていたからだ。

最終的に郡検事が事件をコネチカット州警察に送致し、捜査が始まったのは12月下旬。警察は12月26日、リチャードが

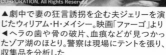

子供たちとフロリダで休暇を過ごしていた最中、彼の自宅を捜索する。結果、主寝室の床からカーペットの一部が取り除かれていることが発見され、ベッドの側面にも血痕が付着しているのが見つかった。また、ヘラの失踪前後のリチャードのクレジットカード明細から、彼が冷凍機や羽毛布団、ウッドチッパー、チェーンソーなどを購入していたことが判明。さらに聞き込み調査により、ヘラが失踪した翌日に除雪作業していた男性から「近くのゾア湖の岸にウッドチッパーを乗せたトラックが停まっていた」との目撃証言が寄せられた。すぐさま、警察が現場を確認すると、多くの木材チップが散乱するなか、歯、赤色のマニキュアが塗られた指の爪、骨の破片、2千660本の脱色した金髪、ヘラと同じO型の血液などが発見され、鑑定の結果、現場の歯はヘラの治療履歴と一致すると法医学者が断定。さらに、ゾア湖の底から見つかったチェーンソーにヘラのDNAと一致する毛髪や血液が付着していたことも判明した。

こうした状況から警察は、リチャードがヘラを鈍器のようなもので殴打し、これによりカーペットに血液が付着。その後、数時間、遺体を冷凍機の中に入れ凍結させたうえで、遺体をチ

▼ピーター・ストーメア演じる誘拐犯ゲアが、ウッドチッパーで共犯の男の遺体を処理する劇中シーン。映画「ファーゴ」より

エーンソーで切断し、ウッドチッパーに入れて粉砕し、湖に遺棄したものと推定した。動機は離婚をめぐるトラブルと睨んだ。

1987年1月13日、コネチカット州検視局は鑑定結果などを証拠に、ヘラの死亡証明書を発行。それからまもなく自宅で逮捕されたリチャードは取り調べで犯行を全面的に否認した。が、検察はリチャードを殺人罪で起訴する。

遺体なき殺人事件で陪審員に有罪の評決を下させるため、検察は裁判開始前にブタの胴体をウッドチッパーで粉砕する実験を行った。こうして生じたブタの骨の破片の形状はヘラの骨の破片と同様で、リチャードがウッドチッパーで妻の遺体を処分したという仮説を補強。果たして、1988年5月から始まった裁判は、陪審員の1人が有罪にせず、審議の場を退出して戻ってこようとしなかったため評議不一致に終わる。

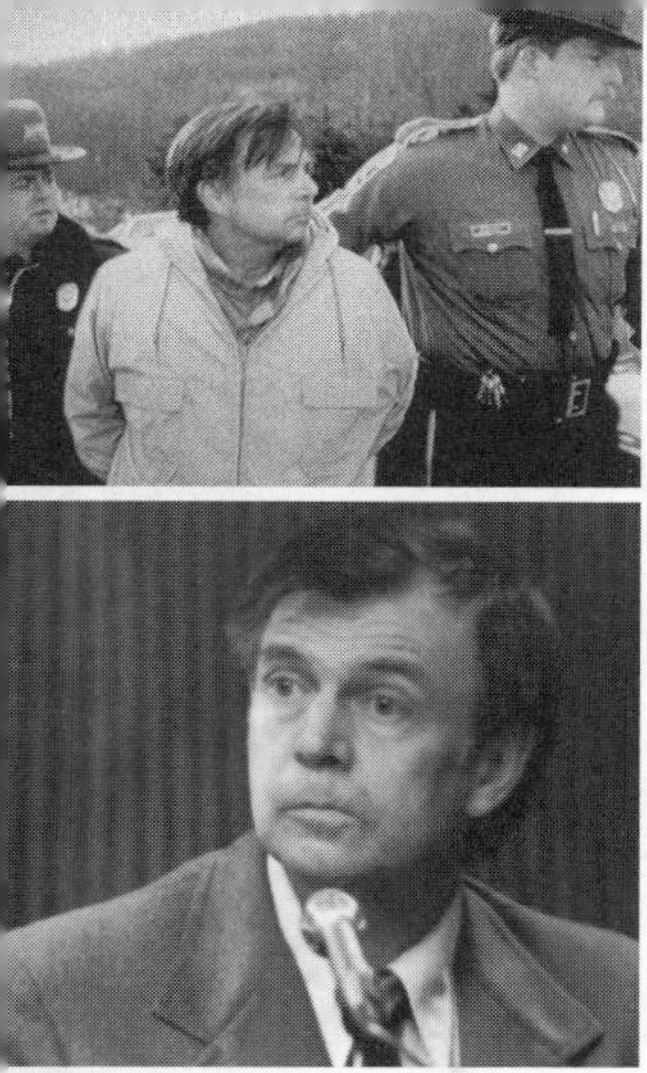
▲逮捕、公判時の夫リチャード

しかし、2度目の裁判で有罪評決が下り、1989年11月21日、リチャードに懲役50年が言い渡された。ちなみに、遺体がない状況で殺人の有罪判決が下った事例は、これが初だった。

ネットの情報によると、2020年1月時点で、リチャードは釈放されており、コネチカット州ニューヘイブンにある社会復帰施設で暮らしているそうだ。

第2章

# 真相は闇の中

映画「渇き。」より

# 13日の金曜日

## 正体不明の白マスクの男がカップルを魔の手に

FILMS

▶キャンプ場に集う若者たちが惨殺される映画「13日の金曜日」

TOM MURDERS THAT
TERRIFIED TEXARKANA

the necessary names for inves-
on. It was part of the process
ting every tip, however slight,
e hunt to find the phantom.
ently all eyes turned to the
Standing ... one of the
colorful, and most spectacular-
cessful, officers of the law in
as—M. T. (Lone Wolf) Gon-
, captain of Company B of
exas Rangers. He is a stocky
of medium height. He wore a
pressed Palm Beach uniform
tan shade. Atop his head
big tan Stetson. His coat was
the style of an Eisenhower
except a little longer, and at
ps protruded the bulges of his
utomatics. He wore one dia-
studded belt to hold his pants
nd another diamond studded
o hold his pistols. From his
pel gleamed the diamond cen-
e of his Shriner's emblem. His
fully-tailored trousers ex-
to his hand-made, high-
Texas boots. ... mouth
ted a good cigar, lighted at the

A MAN STEPPED TO THE SIDE OF THE CAR. HE WORE A WHITE MASK WITH HOLES CUT FOR HI
AND MOUTH, AND HE POINTED A PISTOL AND A FLASHLIGHT THROUGH THE WINDOW OF THE CAR.

▲事件を報じる新聞

# 米テクサカーナ
# ムーンライト・
# マーダラー事件

ホッケーマスクの殺人鬼〝ジェイソン〟が殺戮《さつりく》を繰り返す「13日の金曜日」シリーズ。計12作にも及ぶ人気作品の記念すべき第1作は1980年に公開され、後にスラッシャー映画の金字塔と呼ばれた。キャンプ場の若者たちが正体不明の殺人鬼にナイフや斧で次々と殺されていく本作のモチーフとなった実際の事件がある。1946年、アメリカで起きたムーンライト・マーダラー事件。〝ファントムキラー〟の異名で恐れられた犯人は満月の夜を狙って5人を殺害、その正体は未だわかっていない。

劇中、惨劇が起きるのはニュージャージー州のキャンプ場だが、実際の事件はアーカンソー州との州境にあるテキサス州ボウイ郡のテクサーカナという街で発生した。

1946年2月22日23時45分頃、1組のカップルが映画を観た後、街はずれの「ラバーズレーン」（恋人同士が戯れる人里離れた場所の総称）に車を停めた。満月の夜に愛を確かめ合う2人の前に突如、目の部分だけが切り取られた白い布製マスクを被った男が現れたのはその10分後。男は運転席側に立ち車内を懐中電灯で照らした。何かのいたずらかと思いきや、白マスクの男は拳銃を手に「車の外に出ろ」と命令し、それに従ったカップルの男性の頭を拳銃で激しく殴打。男

## 13日の金曜日

1980／アメリカ／監督：ショーン・S・カニンガム●過去に若い男女が惨殺されて以来、呪われたキャンプ場として嫌われている米ニュージャージー州のあるキャンプ場を舞台に、次々に起こる惨殺事件を描いたホラー映画の傑作。全世界で4億6千800万ドルの興行収入をあげ、2009年まで全12作が制作・公開された。

性が気絶すると、今度は銃身で女性に性的暴行を加える。堪りかねた女性が「いっそ殺してくれ」と頼んだところ、男は黙って頷き銃口を彼女へ。その刹那、後方からヘッドライトを照らした車が近づき、男は慌てて現場から逃走。２人とも命に別状はなかったが、男性は頭蓋骨骨折の重傷を負い入院を余儀なくされた。後の証言によれば、犯人は色白のアフリカ系アメリカ人で、身長は１８０センチ程度、年齢は30歳前後だったという。

１ヶ月後の３月25日朝、同じラバーズレーンに停まっていた車から交際中だったリチャード・グリフィン（当時29歳）とポリー・ムーア（同17歳）の射殺体が見つかる。２人は前日24日の夜（この日も満月だった）、何者かによって32自動コルトピストルで後頭部を撃ち抜かれ、リチャードは前部座席に、ポリーは後部座席に股を広げた状態で横たわっていた。現場検証の結果、車から６メートル離れた場所に血だまりがあったことから、２人は車外で殺害された後に車内に運び込まれたものと推定された。

次の犯行は３週間後の４月14日、またしても満月の夜のこと。テクサーカナの公園でデートを楽しんでいたポール・マーティン（同17歳）とベティー・ブーカ

▲犠牲となったカップル。上段／リチャード・グリフィン（左）とポリー・ムーア。下段／ポール・マーティン（右）とベティー・ブーカー

◀犯行現場となった「ラバーズレーン」を捜索する警察

ー（同15歳）が行方不明になり、翌朝、ポールの遺体が公園から約2キロ離れた町外れの道端で、ベティーの遺体はさらに1キロほど離れた荒れ地で発見された。ポールは顔面に4発、ベティーは心臓に1発、顔面に1発撃たれ、犯行に使われた銃はまたしても32自動コルトピストルと判明した。

武器が同一であることから、地元警察は2月の事件も含めカップルを狙った同一犯であると発表、新聞も犯人を「ファントムキラー」と名付け大々的に報じたことで、テクサーカナの街はパニックに陥る。恋人たちが夜の外出を避けたのはもちろん、住民たちは銃を装備、自宅を厳重に施錠し番犬を飼った。さらにテキサス州公安局に所属する「テキサス・レンジャー」のメンバーが武装し、次の犯行を防ぐため街中を警戒。おとり捜査も実施し犯人逮捕にやっきになったが、その網に引っかかる者はいなかった。

犯人は捜査の裏をかくように、5月4日の満月の夜、テクサーカナから17キロ離れた農家に現れる。21時頃、夕食を終え新聞を読んでいた家の主人ヴァージル・スタークス（同36歳）が窓の外から後頭部に2発の銃弾をくらい即死。

銃声を聞いた妻のケイティーが居間に向かうと、白いマスクを被った男が彼女にも発砲してきた。が、ケイティーは血まみれになりながら隣人に助け求め一命を取り止める。もっとも、通報を受けた警察が現場に駆けつけたとき、すでに犯人の姿はなかった。

この事件を最後にファントムキラーは犯行を止める。一方、捜査にはFBIも乗り出し、400人以上を尋問にかけるが、結局、犯人逮捕には至らなかった。

この間、重要容疑者として浮上した人物も複数いる。1人はヴァージルが銃殺された2日後の5月6日、隣町へと向かうテクサーカナ北部の線路上で礫死体で発見されたアール・マックスパッデン。自責の念から自殺したのではないかと住民たちは噂したが、検視官によれば、遺体は午前5時30分の列車に轢かれる前に刺し殺されていたという。また、リチャードとポリーが殺害された夜、ラバーズレーンにいたことが判明したヨーエル・スウィニー（同29歳）も捜査当局から徹底的に追及された。が、彼は頑なに犯行を否定。物証も

▲最も有力な容疑者と言われているヨーエル・スウィニー（左から3人目）。1946年7月、車の窃盗容疑で逮捕されたが自供は得られなかった

見つからず、殺人罪で起訴されることはなかった。

その他、ベティーと同じ高校に通い1948年11月4日に犯行をほのめかす遺書を残し18歳で自殺したヘンリー・テニスン、ヴァージル殺害の夜から失踪した21歳の元陸軍軍人ラルフ・B・バウマン、ベティーが所有していたサックスを音楽店に売り込もうとした男など、数々の人物が捜査線に浮上するも犯人特定には至らず事件は迷宮化、現在に至る。

ファントムキラーはその後、多くの小説やノンフィクション、テレビ、映画の題材となったが、「13日の金曜日」シリーズで、目撃された犯人の姿を模したホッケーマスクのジェイソンが登場するのは、1982年公開のパート3以降である。

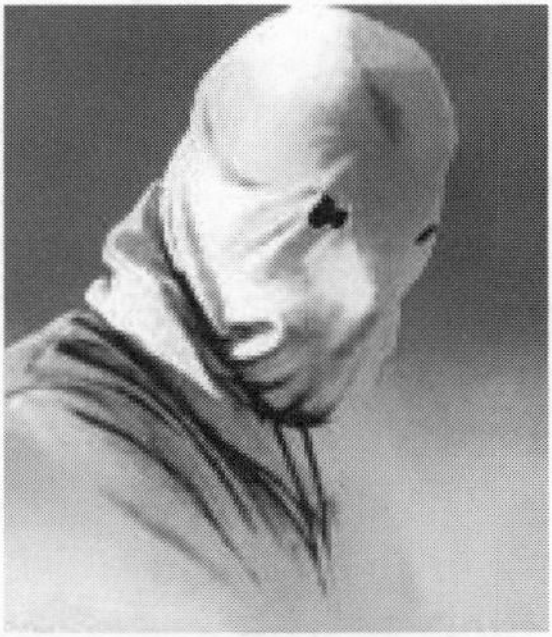

▲新聞や雑誌に掲載された犯人の姿（上）が、後に「13日の金曜日」シリーズに登場するジェイソンの造形を生んだ

◀主人公の不良少年ウェイドを演じたジョニー・デップ（手前）。映画「クライ・ベイビー」より

# クライ・ベイビー

## 事件から68年が過ぎた現在も犯人特定には至らず

FILMS

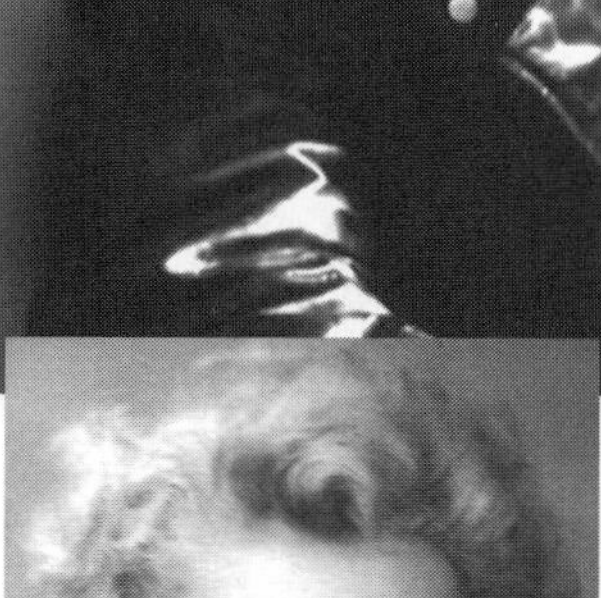

◀殺害遺体となって発見されたキャロリン・ヴァシレフスキ。14歳とは思えない大人びた外見だった

# 米ボルチモアの14歳、キャロリン・ヴァシレフスキ殺害事件

ジョニー・デップ主演による「クライ・ベイビー」は1950年代の米メリーランド州ボルチモアを舞台に、不良グループ「ドレープ」のリーダーと金持ちのお嬢様との恋の駆け引きを描いたミュージカル・ラブコメディだ。その寓話的内容と全く接点はないが、本作は監督のジョン・ウォーターズが幼少期の頃に遭遇し、大人になっても忘れられずにいた一つの未解決殺人事件がモチーフになっている。

事件が起きたのは、ボルチモア出身の本作監督ジョン・ウォーターズ（1946年生）が8歳だった1954年11月9日午前7時頃のことだ。ハリスバーグからボルチモアへ向かう急行列車の機関士が前方の線路に奇妙な物体を発見した。慌てて列車を停め、確認した彼が目にしたのは、ベルヴェデーレ・アヴェニュー橋のすぐ下の線路の上に放置された女性の遺体。年齢は30歳前後に思えたが、警察の捜査の結果、遺体は当時14歳の少女キャロリン・ヴァシレフスキと判明する。

キャロリンは1940年6月、7人姉弟の長女としてボルチモアで生まれ育ち、10代初めから映画にも登場する「ドレープ」のメンバーに加わる。当時、アメリカ東部の労働者階級のティーンエイジャーの間で「グリーサー」と呼

**クライ・ベイビー**

1990／アメリカ／監督：ジョン・ウォーターズ●「モンド・トラッショ」(1970)「ピンク・フラミンゴ」(1972)などでカルト的人気を誇ったジョン・ウォーターズ監督が「ヘアスプレー」(1988)に続いて発表したロマンスミュージカル。ジョニー・デップの初主演作でもある。

ばれるサブカルチャーが流行っており、ドレープもその影響下で誕生した集団である。劇中でも描かれるように、男性はポマードで固めたリーゼントで革ジャンに無地のTシャツと足首ほどの高さの革のブーツ、女性はブロンドの前髪を短く揃え真っ赤なドレスに尻上がりのアイメイクを施すロカビリーファッションが定番。ロックンロールやドゥーワップ、バイクや車を好み、時に犯罪にも手を染めた。ドレープも例外ではなく、違法なロードレースやグループ間の抗争、万引きや車上荒らしなどは日常茶飯事で、キャロリンも典型的な不良少女だった。ただ、遺体を発見した機関士の証言や、掲載の写真を見てもわかるように、彼女の外見は20代後半から30代前半。本人もそれを自覚しており、普段の振る舞いはまるで大人だったそうだ。

警察の捜査で、キャロリンが遺体で発見される前日の11月8日18時15分頃、16歳の友人ペギー・ラマナに会いに行ったことがわかった。近くの小学校で行われるダンスのレッスンの入会登録をするためで、家族はピンクのトップに黒いスカートという出で立ちで自宅を出ていく彼女を見ている。これが生きて目撃されたキャロリンの最後の姿となった。

▲劇中に登場する「ドレープ」は1950年代のボルチモアに実在した不良フループで、当時の彼らのファッションが見事に再現されている。映画「クライ・ベイビー」より

◀▼遺体が発見されたメリーランド州ベルヴェデーレ・アヴェニュー橋の下の線路と、事件を報じる地元紙

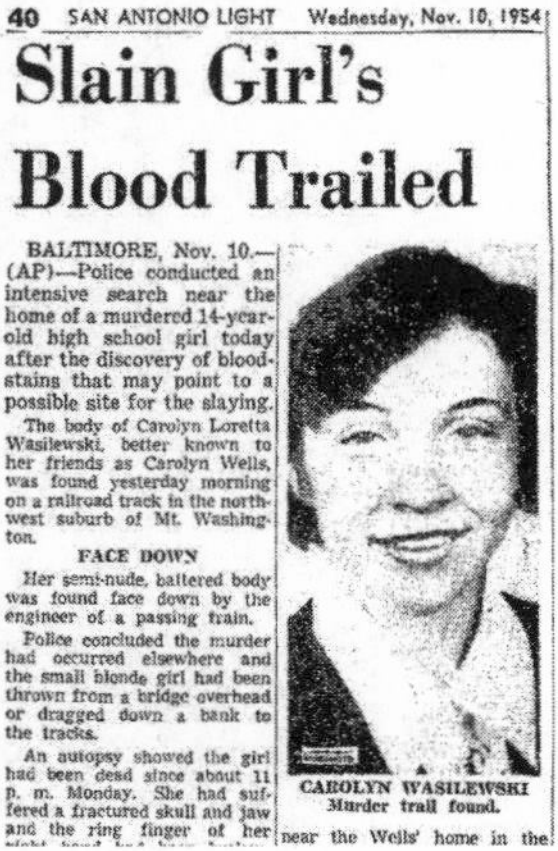

40 SAN ANTONIO LIGHT Wednesday, Nov. 10, 1954

# Slain Girl's Blood Trailed

BALTIMORE, Nov. 10.—(AP)—Police conducted an intensive search near the home of a murdered 14-year-old high school girl today after the discovery of bloodstains that may point to a possible site for the slaying.

The body of Carolyn Loretta Wasilewski, better known to her friends as Carolyn Wells, was found yesterday morning on a railroad track in the northwest suburb of Mt. Washington.

FACE DOWN

Her semi-nude, battered body was found face down by the engineer of a passing train.

Police concluded the murder had occurred elsewhere and the small blonde girl had been thrown from a bridge overhead or dragged down a bank to the tracks.

An autopsy showed the girl had been dead since about 11 p. m. Monday. She had suffered a fractured skull and jaw and the ring finger of her

CAROLYN WASILEWSKI
Murder trail found.

near the Wells' home in the

夜遅くなって戻らない娘を心配した両親が友人ペギーの家に問い合わせると、確かにキャロリンと約束をしていたが、本人は現れなかったという。いよいよ不安になった両親は夜通し周辺を捜索。結果、翌朝になって娘の訃報を聞かされることになる。

遺体発見時、キャロリンは半裸状態で体中が傷だらけだった。靴とスカートはなくなっており、右の大腿には口紅で「ポール」という名前が書かれていた。こうした状況から、警察はキャロリンが列車に轢かれたのではなく、線路の上の橋から投げ落とされたか、事故に見せかけるために線路の上に放置されたと推定する。

まもなく、キャロリンの自宅近く、線路からは13キロほど離れた空き地で血まみれの彼女の靴や所持品が見つかった。キャロリンがここで殺害されたことは明らかで、司法解剖の結果、死因は頭蓋骨骨折と判明。性的暴行の痕跡はなく、死亡時刻は前夜の23時前後。犯人に激しく抵抗したらしく、指が1本折れていた。

警察はキャロリン殺害の容疑

者として、ドレープの仲間や友人のペギーを含む300人以上を尋問にかける。最初に疑われたのは事件の1週間前に彼女の友人女性に性的暴行を働いた男である。このとき、男が犯人であると証言したのがキャリロンで、その報復のため殺されたのではないかと怪しまれたのだ。が、調べの結果、男には完全なアリバイがあった。

彼女の太腿に残されていた「ポール」については、友人などへの聞き込みで、以前からキャロリンが夢中になっており、いつも財布に写真を入れていた同名の20歳の男性が捜査線に浮上する。しかし、事件当日、彼は別の犯罪で警察の監獄の中におり殺人を犯すのは不可能。ポールは警察の要請で自分に嫉妬していそうな男性のリストを提供したが、有力な容疑者は現れなかった。また、事件当夜、キャロリンの遺体が見つかった橋の近くに1台の不審車両が停まっており、別の車が近づいた途端、スピードを上げて逃走したとの目撃証言が得られたものの、該当する車の特定には至らなかった。

そんななか、警察が最重要容疑者として睨んだのは、殺害現場の近くに住んでいた当時45歳の既婚男性ラルフ・ギャレットである。彼はキャロリンが亡くなる1週間前に彼女の友人に性的暴行を働き、殺害当夜にもキャロリンと話しているところを目撃されて

▶キャロリンの葬儀で彼女の棺を運ぶ親族

いた。ギャレットがキャロリンにも体目的で近づき、抵抗されたため殺害に及んだ可能性は十分ありえた。

しかし、事件から2日後、予想外のことが起きる。ギャレットの車が街のはずれに乗り捨てられていて、キャロリンの血痕が付着した服が見つかった場所の近くで、ベルトで首を吊っている彼の姿が発見されたのだ。警察の追及を逃れるための自殺とも思えたが、ギャレットの妻は、夫は自分の母親が最近亡くなったことで激しく落ち込んでおり、それが原因ではないかと証言。ギャレットの車のタイヤ痕が殺害現場に残されていたタイヤ痕と一致しなかったこともあり、警察はギャレットがキャロリンの殺害に無関係で、彼の死はたまたまタイミングが一致した自殺だと断定した。

▲事件当夜、被害者と会っているところを目撃されていたラルフ・ギャレット。最も犯人に近いとされていたが…

では、キャロリンは誰に殺されたのか。警察はその後も捜査を続けたが、有力な手がかりは得られず、結局は迷宮入り。事件はボルチモアの住民の間で伝説となり、彼女の命日には現在も警察に問い合わせの電話がかかってくるそうだ。

キャロリンの遺体はボルチモアのモースト・ホリー・レディーマー墓地に埋葬され、今も同じ場所に眠っている。

▲ジョージ・リーヴス役のベン・アフレックは本作の演技で2006年度のヴェネツィア国際映画祭男優賞を受賞している。映画「ハリウッドランド」より

▲1952年に開始されたテレビシリーズ「スーパーマンの冒険」の主役に抜擢され、一躍スターダムにのし上がったジョージ・リーヴス本人

# ハリウッドランド

## 事件の陰に隠れた愛人、婚約者、映画会社幹部

FILMS

# TV「スーパーマン」の俳優ジョージ・リーヴス不審死事件の真相

「弾よりも速く、力は機関車より強く、高いビルもひとっ跳び」

日本でも放送されたテレビ版「スーパーマン」シリーズで主人公スーパーマンを演じた人気俳優のジョージ・リーヴスが1959年6月16日深夜、米ロサンゼルスの自宅2階の寝室で頭を撃ち抜かれた姿で死亡しているのが見つかった（享年45）。1階には、婚約者とその友人がいたが、警察に通報があったのは銃声が聞こえてから45分後。駆けつけた捜査員は早々に自殺とみなし、司法解剖どころか拳銃の指紋さえ採取せず、検死前に遺体に防腐処理を施すなど不可解な行動をとる。

果たして、リーヴスは本当に自殺したのか。2006年公開の映画「ハリウッドランド」は、彼の死の謎に迫ったサスペンス・ミステリーである。

映画は私立探偵のルイス・シモ（演：エイドリアン・ブロディ。架空の人物）がリーヴス（演：ベン・アフレック）の母の依頼で、死の真相を調べる形で展開していく。

最初に、リーヴスをめぐる人物関係を整理しておこう。まず注目すべきは、彼と愛人関係にあったトニー・マニックス（1906年生。演：ダイアン・レイン）である。映画では時間経過がよくわからないが、2人の出会いはリーヴスが

**ハリウッドランド**

2006／アメリカ／監督：アレン・コールター●世界一有名なスーパーヒーロー「スーパーマン」を演じた俳優ジョージ・リーヴスの死の真相に迫るサスペンス。1950年代のハリウッド黄金期の光と影をリアルに再現していることも話題になった。

最初の妻と離婚する前年の1948年。トニーは彼より10歳上の42歳で、売れない俳優だったリーヴスを精神的にも金銭的にもサポートし、車や事件が起きた高級住宅をプレゼントしていた。

そのマニーの夫が、ハリウッドの大手映画会社MGMの重役兼プロデューサー、エディ・マニックス（1891年生。演：ボブ・ホスキンス）である。実はリーヴスがトニーと出会ったとき、彼女はマニックスの愛人で、2人が正式に結婚するのは1951年のこと。その時点でトニーはリーヴスと付き合っていたのだからややこしい。ちなみに、トニーがマニックスの愛人になったのは16歳。彼女がMGMのコメディ映画に出たのがきっかけだったという。

さらに驚きなのが、夫婦ともに互いの愛人を黙認していたことだ。映画でも、マニックスと日本人の愛人、トニーとリーヴスの4人で会食するシーンがあるが、これも事実に基づいている。どころか、リーヴスはマニックスが住むビバリーヒルズの邸宅に寝泊まりし、当たり前のように挨拶を交わしていたそうだ。

そんなリーヴスの俳優人生は、「風と共に去りぬ」（1939）への出演が始まりだった。ブレイクするのはテレビでスーパーマン役を演じてからだが、その後は子供向けのテレビではなく、大人の鑑賞に堪え得る映画作品での成功を夢見るようになる。

▼事件の謎を追う私立探偵シモ（創作上のキャラクター）を演じたエイドリアン・ブロディ。映画「ハリウッドランド」より

リーヴスとトニーが別れたのは1958年の9月頃。劇中ではニューヨークでの勝負を望むリーヴスが一方的に別れを切り出したように描かれているが、実際はもっと大きな家への引っ越しを提案するトニーに、リーヴスがマニックスと別れて自分と結婚するならと答え、彼女が断ったのが事実らしい。当時、マニックスは持病のある心臓の具合が悪化。余命いくばくもないと感じていたトニーはマニックス（1963年に死去）を選び、2人の関係は終わった。リーヴスが婚約者となるレノア・レモン（1923年生。演：ロビン・タニー）と出会うのはその後。ニューヨークのレストランでのことだった。

▲愛人関係にあったリーヴス（右）とトニー・マニックス。車も家もトニーがリーヴスに買い与えた

映画は彼の死にまつわる様々な謎を提示しながら結論を出さず、視聴者の判断に委ねる形で終わる。では、真実はどうなのだろう。彼の死は自殺だったのか。

劇中のリーヴスはスーパーマンのイメージから脱却しようともがいても、それ以外の役にありつけず、プロレスラーへの転向を考えていたかのように描かれている。しかし、実際には1960年からスーパーマンの2シーズン目の撮影が決定しており、続いて主人公を演じるリーヴスには大幅なギャラアップが伝えられていた。普通に考えれば、これを断る理由はない。プロレスの件は、元ライトヘビー級チャンピオン、アーチー・ムーア（1915年生）とのエキシビションマッチで、若い頃ボクサーになることを熱望していたリーヴスはこのオファーに興奮し、記者会見で「試合は私の人生のハイライトになるだろう」と語っていたそうだ。つまり彼には自殺する動機が見当たらないのだ。

では、他殺と考えた場合、容疑者は誰か。真っ先に思いつくのは婚約者のレノアだ。通報が45分遅れたこと。銃声が聞こえる前に階下で彼女が友人たちに「彼は自殺する」と話していたこと。さらに意味深な証言もある。

当時レノアは、セレブを顧客に持ち、エド・ベネット・ウィリアムズなる弁護士と愛人関係にあった。後に彼が語ったところによると、リーヴスの死の直後、「スーパーマンは死んだ！」と興奮気味に電話をしてきた彼女に、すぐ警察を呼んで口を閉ざせとアドバイスをしたそうだ。さらに、ウィリアムズは「自殺を殺人に変えられるのは彼女だけ」との言葉を残しているという。

4日後に結婚式を控えていたレノアに、殺人の動機はあったのだろうか。リーヴスは出会っ

▲トニー・マニックス（左）と、彼女の夫で映画会社MGMの重役だったエドガー・マニックス本人

▲トニーを演じダイアン・レイン（左）とマニックス役のボブ・ホスキンス。映画「ハリウッドランド」より

てすぐ彼女と婚約したものの喧嘩が絶えず、事件当夜も、レストランで言い争いを始め、もう結婚しないと怒鳴っていたそうだ。

また、レノアはニューヨーク・マフィアのグルーピーだったという噂もある。映画「ゴッドファーザー」（1972）のヴィト・コルレオーネ（演：マーロン・ブランド）のモデルにもなったマフィア、フランク・コステロ（1891年生）と知り合いだというのが口癖で、マフィア専門の売春婦だったとも言われている。

もっとも、彼女がリーヴスの遺産を狙っていたならアテが外れただろう。死後に公開された遺書に遺産は全てトニー・マニックスに残すとあったからだ。

2人目の容疑者候補は、そのトニーだ。劇中では、婚約者のレノアを連れてニューヨークからロスの自宅に戻ったリーヴスの様子を家の外から覗き見て、悔しがる様子が一瞬映るだけだが、リーヴスと別れたトニーの取り乱し方は尋常ではなかった。リーヴスの自宅に無言電話が1日最大20回も続き、彼がロサンゼルス地方検事局に苦情を申し立てると、発信者はトニーの可能性があるとの示唆を受けたという。

◀リーヴスの婚約者で事件現場に居合わせた婚約者のレノア・レモン（上）と演じたロビン・タニー

その後、リーヴスの身には次々と不審な自動車事故が襲いかかる。最初は高速道路で2台の大型トラックに前後を挟まれそうになり、その数週間後にも峡谷の道で別の大型トラックが道路から下に落とそうとするかのように猛スピードで近づいてきたという。いずれもとっさの判断で脇道に逃げ難を逃れたが、3度目はブレーキが効かず電柱に激突。フロントガラスに突っ込み、激しい脳震盪と30針ほどを縫う傷を負う。後の整備士の調べでは、誰かが故意にブレーキ液を抜いていたことが判明したそうだ。さらに、1958年のクリスマス直前には、家の前に立っていたリーヴスに黒いセダンが突進。慌てて、自宅の芝生に飛び込んだという。

こんなことができるのは誰か。映画で、事件のことをしつこく調べて回る主人公のシモを、マニックスの命を受けたリックなる男が、またその部下に襲わせていたことになっている。実はマニックスは若い頃、用心棒などで生計を立てており、その腕を買われてMGMへ入社。ゼネラルマネージャーや副所長などの役職に就いたが、一貫した呼び名は「フィクサー」。会社所属の俳優のトラブル処理を引き受けていた。そのマニックスの相棒が、MGM広報責任者のハワード・ストリック

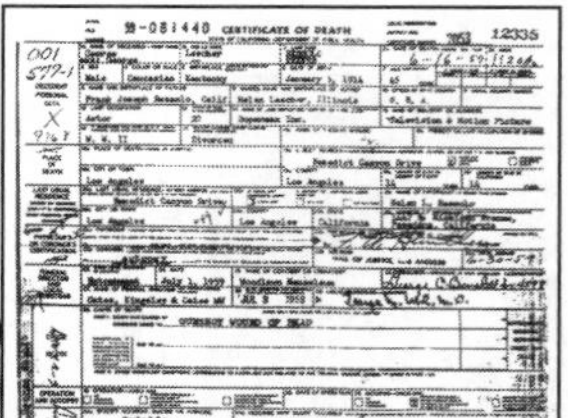

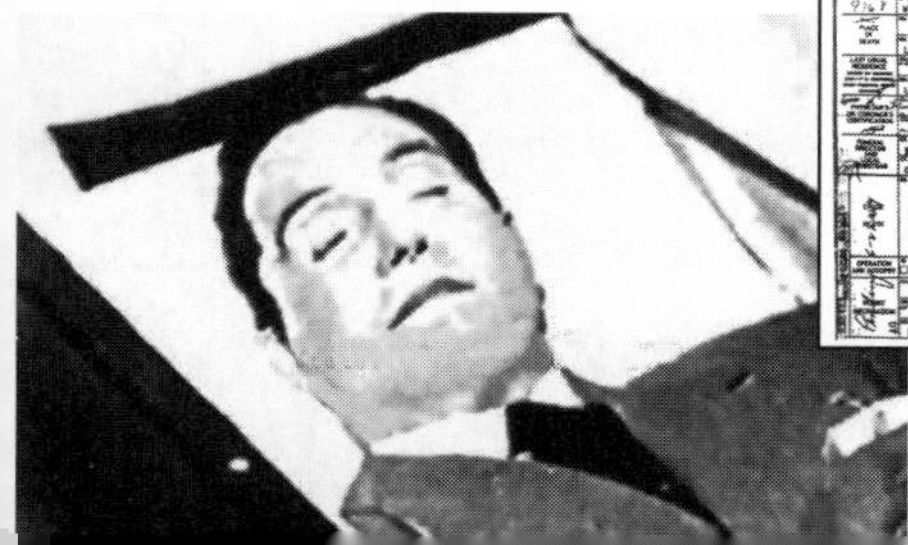

◀▲棺に横たわるリーヴスと死亡診断書

リング（1896年生）だ。劇中、痛めつけても手を引かない探偵のシモに、会社に来ないかと誘いをかけ懐柔を図る男のモデルである。

2人は、1930年代から1960年代にかけ、大物俳優のイメージ維持に尽力したという。ジーン・ハウロー（1911年生）の二番目の夫である映画監督ポール・バーンが1932年9月に元妻（内縁）に殺害された際は自殺に見せかけ、ジュディ・ガーランド（1922年生）の薬物中毒を隠し、クラーク・ゲーブル（1901年生）が未婚の若い女優を妊娠させたときは、彼が女優の子供を養子にしたとの美談をでっち上げマスコミを納得させたそうだ。

映画の中でマニックスはトニーに言う。

「おまえを悲しませるものは許さない」

▲マニックスとともにハリウッドの「フィクサー」として恐れられたハワード・ストリックリング

この文脈で考えれば、誰がリーヴスを殺害したのか。答えは出ているのかもしれない。

事件後、レノアはニューヨークで生涯を過ごし、晩年はアルコール性認知症に罹患。1990年1月4日、ニューヨークのアパートで死亡した（享年66）。一方、トニーはリーヴスの死に打ちのめされたものの、夫マニックスの死後、遺産を相続し億万長者となり、1983年12月30日、77歳でこの世を去った。

# フォービドゥン／呪縛館

## 幼い娘を隠し部屋に監禁⁉

FILMS

▲劇中に登場する顔が変形した少女の霊。映画「フォービドゥン／呪縛館」より。 ▲米ロードアイランド州ウェストワーウィックにあるカーペンター判事の家(上)と、撮影に使われたノースカロライナ州グリーンズボロの邸宅

## 映画の元ネタになった カーペンター判事邸の 忌まわしい過去

２０１６年公開のアメリカ映画「フォービドゥン／呪縛館《じゅばくかん》」は古い屋敷で怪奇現象に襲われる家族の恐怖を描いたホラーサスペンスだ。不気味な顔をした少女の霊、元住人の呪い。物語はあくまでフィクションだが、主人公が最後にたどり着く真実は、実際に19世紀半ばに建てられた邸宅を購入した女性ローリー・デュマ（１９５４年生）の実話にインスパイアされている。

映画は1年前に幼い娘を亡くした建築士のディナ（演：ケイト・ベッキンセイル）と夫デヴィッド（演：メル・レイド）が悲しみを忘れるため、息子ルーカスを連れニューヨークからノースカロライナ州の田舎町に引っ越してくるところから始まる。新居は19世紀に建てられた広い屋敷だったが、暮らし始めて早々にディナは死んだ娘や、元々の住人であるブラッカー判事の霊を見るようになる。そんなある日、彼女は設計図にない隠し部屋を発見し中に監禁されてしまう。言いしれぬ恐怖を覚え郷土史家の女性に屋敷の過去を確認したところ、主人のブラッカーが障害を持って生まれた娘を〝絶望部屋〟に監禁した挙げ句、妻の制止を振り切り斧で殺害していたことが発覚する。全ての心霊現象は、無惨にも殺された娘の呪いだったのである。

恐怖にさらされる主人公ディナのモデルになったのが、米ロードアイランド州ウェストワーウィッ

**フォービドゥン**
**／呪縛館**

2016／アメリカ／監督：D·J·カルーソー●夫と幼い息子との3人家族で古い屋敷に越してきたヒロインが、奇怪な出来事に襲われるホラーサスペンス。原題の「THE DISAPPOINTMENTS ROOM」は“失望の部屋”、邦題の「フォービドゥン」は“禁断”の意。日本では劇場未公開で、動画配信サービスで視聴可。

ク公共図書館の研究部門に勤務していたローリー・デュマである。映画と異なり、彼女は独身のときにウェストワーウィックの郊外に1857年に建てられた邸宅を購入。夫ジェフリーと結婚後、この家で新婚生活を始めた（劇中とは違い夫婦に子供はいない）。

最初の居住者の名前にちなんで「ケーシー・B・タイラー・ハウス」と名づけられた邸宅に1800年代後半から住み始めたのが、判事のジョブ・カーペンター（1866-1906。劇中のブラッカー判事のモデル）と妻のフランシス（1871-1918）だ。法曹界で活躍したジョブの功績を称え、彼の死後、家の横を走る通りは「カーペンターコート」と呼ばれるようになる。そんな歴史ある家に居を構えたデュマ夫婦は3階の屋根裏スペースを音楽室に改装しようと考えていた。隠し部屋とでも言うべきこの空間は外側からのみ施錠でき、窓は高い位置に2つだけ。内部からは出られない作りにどこか不自然さを覚えたが、夫婦はさほど気にかけていなかった。

ところが、ローリーが出勤したある日、地元に長く住む住人から衝撃的な事実を聞く。なんでもその部屋は、昔、障害を持って生まれたカーペンター夫婦の一人娘が監禁されていた場所だというのだ。

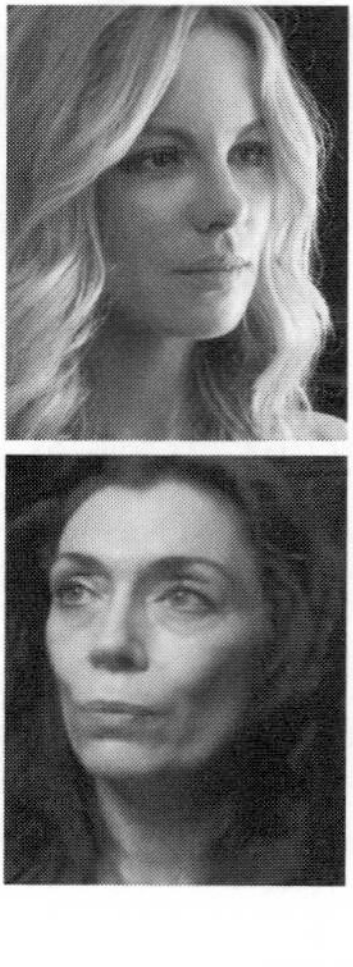

▶主人公ディナを演じたケイト・ベッキンセイル（上）と、モデルになった旧判事邸を購入したローリー・デュマ

▲邸宅の元持ち主、ブラッカー判事（演：ジェラルド・マクレーニー）と彼が飼っていた犬の亡霊。映画「フォービドゥン／呪縛館」より

ローリーは真偽を確認すべく、図書館の墓地データベースからカーペンター判事と家族が埋葬されているウッドランド墓地に出向き、その一角に「ジョブとフランシス・カーペンターの娘」の文字を発見する。名前はルース。墓石に刻まれた生没年は1895－1900。わずか5歳でこの世を去っていることがわかった。その後、ローリーは過去の新聞を漁るように調べたものの、ルースが1895年2月に生まれたこと以外の記事を見つけることができなかった。

果たしてカーペンター夫妻は本当に娘ルースを監禁していたのか、彼女がどんな子供で、何が原因で死亡したのか。証明するものは何もなかった。ただ、注目すべきはルースが死亡した時期、アメリカに「UGLY LAW」、直訳すれば「酷い法律」なる制度が施行されていた事実である。これは1867年カリフォルニア州サンフランシスコで制定され以降全米に広まった、障害者が公の場に出ることを禁止する条例で、具体的には以下のように定められていた。
「何らかの形で手足など体の一部が変形した者は不快感を与えるため、街の通りなど公の場所に出入りすることを禁ずる。違反した者は1ドルの罰金を課す」（シカゴ市法典1881）
当時は、人権意識が極めて低かった時代。障害を持つ者は〝家の恥〟とみなされ、世間から隔離し生涯表に出さない風潮があった。それを正式に定めたのがこの条例で、ルースもその犠牲になった可能性が考えられる。もちろん、映画のように父親から抹殺されるような悲劇はなかったかもしれないが、この時代、密かに家族が邪魔な家族を〝間引き〟した事例も少なからずあったようだ。

「酷い法律」はアメリカの人種差別とは別に拡大解釈され、やがて物乞い、精神病者などの社会的弱者までが対象となり、なんと1974年まで続く。その代表例が第35代アメリカ大統領ジョン・F・ケネディの妹ローズマリー（1918年生）だ。

彼女は出産時のトラブルによって生まれつき知的障害を抱えていた。名門ケネディ家にとっては決して外部に知られてはならない秘密で、読み書きすらできなかった11歳のとき〝治療と教育〟という名目でペンシルバニア寄宿学校に送られ、他の生徒とは隔離され個別に授業を受ける。そして1941年、父ジョセフは彼女の存在がケネディ家の政治活動の妨げになると考え、精神外科の権威であるウォルター・フリーマンの勧めにより、当時23歳のローズマリーにロボトミー手術を受けさせる。これには彼女の暴力

▲墓石に刻まれた娘「RUTH（ルース）」の文字（左）。
劇中では「LAURA（ローラ）」に改称されている

性を治めることを目的としていたが、前頭部の左右の神経線維を切断されたことで、尿失禁の後遺症が残ったうえ幼児的な性格へ逆戻り。何時間もぼんやりと壁を見つめ続けたり、話すことが支離滅裂になったりするなど、人格は完全に破壊されてしまう。その後、ウィスコンシン州の障害者施設に送られたものの、ケネディ家からは距離を置かれ、母ローズと妹のユーニスが時々施設を訪れるだけで、父ジョセフに至っては、一度たりとも娘を見舞うことはなかったそうだ。孤独のままローズマリーが死亡したのは2005年。ケネディ家は彼女を隔離し廃人化させた事実をメディアに暴かれるまで公にしなかった。

旧カーペンター家を購入したローリーが、映画の主人公のように怪奇現象に遭った事実はない。が、あったかもしれない忌まわしい過去とルースの悲しみを払拭するため、ローリーは隠し部屋を小さな女の子が喜ぶような色彩豊かなカーテンで飾り、床に椅子やテーブル、人形を配置。一方でこの家に関する本を出版し、それが後に大幅に脚色された映画へとつながった。

▲人形が置かれた実際の隠し部屋(上)と、主人公が部屋に閉じ込められる劇中シーン

# 私は確信する

## 妻殺害容疑で大学教授の夫が逮捕されるも無罪に

FILMS

# スザンヌ・ヴィギエ失踪事件

©Delante Productions-Photo Severine BRIGEOT

▲妻スザンヌの殺害容疑をかけられた大学教授ジャック・ヴィギエ役のローラン・リュカ（右）と、二審の被告弁護人デュポン＝モレッティを演じたオリヴィエ・グルメ。映画「私は確信する」より

▲失踪したスザンヌ（左）と、疑惑の夫ジャック本人

２０１８年公開の「私は確信する」は２０００年代のフランス全土で関心を集めた「スザンヌ・ヴィギエ失踪事件」を題材とした法廷サスペンスである。妻の殺害容疑で逮捕された夫には一審、二審ともに無罪判決が下ったが、スザンヌの行方は今現在も不明のままである。

ダンス講師のスザンヌ・ブランチ（１９６１年生）とトゥールーズ大学法学部教授のジャック・ヴィギエ（１９５７年生）が結婚したのは１９８８年８月のこと。２人はトゥールーズ市内に新居を構え、１女２男に恵まれる。傍から見れば何の問題もない裕福な家庭だった。しかし、ジャックは大学の複数の女子学生と肉体関係を結んでおり、１９９５年のある日、不貞が発覚すると、その日からスザンヌは寝室を出て２階のソファーベッドで１人で眠るようになる。離婚を選ばなかったのは幼い子供のためだった。

冷え切った夫婦関係が続いた3年後の１９９８年７月、スザンヌは建築資材のセールスマンであるオリビエ・デュランデ（当時31歳）と出会い恋に落ちる。彼女もまた不倫を犯してしまったのだが、２０００年の初め頃に離婚を決意し夫に申し出る（劇中にこの辺りの描写はない）。事件はそんな状況下で起きた。

同年2月26日夜、スザンヌ（同38歳）はデュランデとタロット大

**私は確信する**

2018／フランス・ベルギー／監督：アントワーヌ・ランボー●2000年にフランスで実際に起こり社会を騒然とさせた未解決事件「スザンヌ・ヴィギエ失踪事件」を題材に、脚本・監督のアントワーヌ・ランボーが5年の歳月をかけて完成させた法廷ドラマ。映画オリジナルのキャラクターである主人公の女性ノラを除き、登場人物は全て実名が使われている。

会に参加し、翌27日（日曜日）の早朝4時30分頃、自宅に戻る。後の証言によれば、このときジャック（同42歳）は寝室で階段を登る妻の足音を聞き、午前8時30分頃に起床した際、半分開いているドアの隙間から眠っているスザンヌの後ろ姿を見かけたという。午前10時30分頃、ジョギングに出かけたジャックは11時30分頃、家に戻った後、子供3人と自分の両親宅を訪ね食事を共にする。帰宅したのは夕方で、このとき、玄関が施錠され、スザンヌが家にいないことに気づいたが、ジャックは妻に恋人がいることを知っており、彼に会いに行ったに違いないと思い込む。実際、この日の14時にスザンヌはデュランデと会う約束を交わしていたが、彼女が現れることはなく、デュランデが何度電話をかけても誰も出なかったそうだ。

翌28日、不安を覚えたデュランデがヴィギエ家を訪問。ジャックと共に室内を調べると、バスルームでスザンヌがいつも外出時にかけていたメガネを発見し、ソファーベッドの傍の目覚まし時計がデュランデとの約束の時間の15分前の13時45分にセットされていることがわかった。スザンヌが自分の意思で失踪したのではないことは明らか。デュランデは、ジャックに警察に連絡するように促したが、ジャックは応じない。その態度にもどかしさを覚えたデュランデは顔見知りだったヴィギエ家のメイドに連絡、翌29日、ジャックや子供のいない時間に家屋に入り、改めて手がかりを探った。

3月1日、ジャックがようやく警察に妻の失踪届を提出。捜査を始めた警察は早々にジャックに嫌疑を向け、3月10日、ヴィギエ家を捜索する。と、食器棚の後ろから家の鍵が入ったスザンヌのカバンを発見。自発的に失踪したのなら、鍵を置いてどうやって施錠して家を出たのか。

右／失踪前の約1年半、スザンヌと親密な関係にあったオリビエ・デュランデ本人
左／フランス・トゥールーズ市ラ・テラッセ地区にあるヴィギエ家の邸宅

また自宅の車からジャックとスザンヌの血痕が見つかり、これを追及すると、ジャックは妻がガーデニングで負傷し、自分も鼻炎で鼻血が頻繁に出るためだと弁明。さらにスザンヌが寝ていたマットレスがなくなっていることについては、妻とデュランデの関係を不快に思い、家宅捜査の前にゴミ収集センターに捨てたと供べた。

その後警察は、近所の池や井戸などをくまなく探したが、スザンヌの遺体が見つかることはなかった。にもかかわらず、2000年5月、ジャックは妻殺害容疑で逮捕される。マスコミは、現役大学教授でサスペンス映画の巨匠アルフレッド・ヒッチコック監督の大ファンだった彼を「ヒッチコック狂による完全犯罪」と興味本位に書きたて、あたかもジャックが犯人だと決めつけるような報道を行う。しかし、証拠不十分により9ヶ月の投獄の後に釈放。それでもマスコミはジャックを疑惑の夫として報じ続け、世間も彼に容赦ないバッシングを浴びせた。そんな声に後押しされるように、検察は事件から8年10ヶ月が過ぎた2008年12月に彼を殺人罪で起訴し裁判にかける。

▶裁判にはスザンヌとジャックと長女クレマンス（中央）の双子の兄弟も駆けつけた。写真は一審判決が言い渡された2009年4月に撮影されたもの

10日間の審理を経て同年4月に下った判決は無罪だった。が、検察はすぐに控訴する。これほど世間を騒がせた事件で自分たちの敗北を認めるわけにはいかないという面子だった。それが証拠に検察は一審判決後、ジャックの父親に息子が罪を認めるよう促し、さもなければ将来、孫娘は娼婦になり、他の孫も麻薬に溺れることになるだろうと脅した。

映画は、一審で陪審員を務めジャックの無罪を確信していたシングルマザーのノラという女性が、二審の弁護を数々の裁判で無罪判決を勝ち取ってきた敏腕弁護士デュポン＝モレッティ（1961年生）に依頼するところから始まる。ただ、このノラは複数のキャラクターから創作された架空の人物で、実際にモレッティに弁護を頼んだのは本作「私は確信する」の監督アントワーヌ・ランボーだった。事件に関心のあったランボーは一審の公判を全て傍聴、無罪を確信するとともに、ジャックや彼の子供たちとも個人的に知り合い、証拠のない人物を決して有罪にしてはならないという強い信念を持っていた。

こうして始まった二審の裁判は、事件関係者が密かに録音していた250時間にも及ぶデュランデが交わした電話の通話記録がキーとなった。この中で、デュランデは自分の知り合いや、ジャックの教え子たちに「スザンヌが失踪したのは、ジャックが殺害したからだ」と言いふらし、マスコミにも情報を流し記事を書かせていた。なぜ、そんなことをする必要があったのか。

弁護士のモレッティは公判で主張するとともに、警察の家宅捜索で食器棚の後ろから見つかったスザンヌのカバンは、ジャックらが最初に家を捜索したときにはなかったことから、後に誰かが家に入って工作した可能性があると指摘。断言をしないまでも、デュランデが事件に関与していることを示唆した。

2010年3月20日、陪審員の下した判決はまたも無罪だった。その後、検察は上告を断念し、ジャックの無罪が正式に確定する。果たして、事件の真相は何なのか。映画は終始デュランデに疑惑の目を向けているが、彼はもちろん、この事件でジャック以外に起訴された者は1人もいない。確かなのは、スザンヌが殺害されたか否かも定かではなく、未だに失踪状態にあるという事実だけだ。

▼二審の公判に挑むデュポン＝モレッティ弁護士(右)と被告ジャック・ヴィギエ本人(中央)。モレッティは2024年6月現在、フランスの法務大臣の要職にある

# 渇き。

## 顧客リストに政財界の名士ら2千人以上の名前が

FILMS

# 児童買春デートクラブ「プチエンジェル」事件の果てしなきタブー

▶主人公の女子高生・加奈子を演じた小松菜奈。映画「乾き。」より



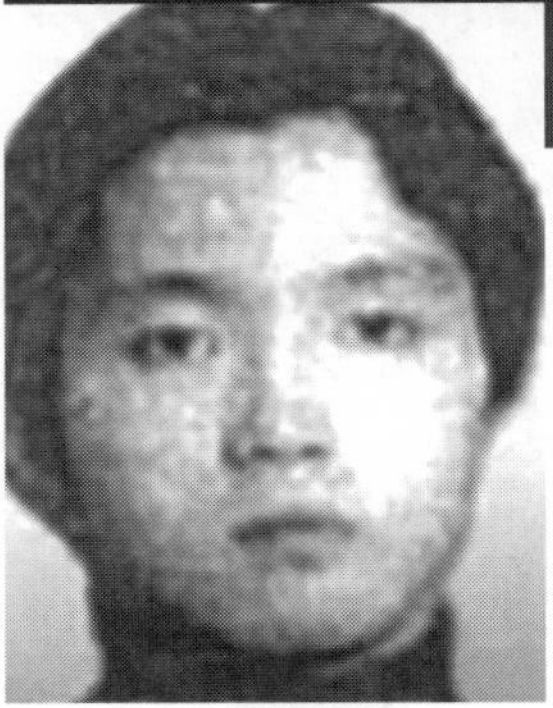

◀犯人の吉里弘太郎。東京芸術大学を卒業後、ホストクラブ勤務を経て児童買春クラブを経営。自身も小児性愛者だった

２０１４年の映画「乾き。」は、元刑事の藤島（演：役所広司）が突然姿を消した一人娘の女子高生・加奈子（演：小松菜奈）の行方を追いかけるうち、我が子が実業家と手を組み闇の未成年買春組織に加担している衝撃の事実にたどり着くサスペンスだ。同級生をクスリ漬けにしたうえで政界や経済界の客に体を売らせ、窮地に立つや脅しのネタとして行為中の写真を顧客に送りつける加奈子の行動には戦慄を覚えるが、劇中の買春組織は２００３年に東京で発覚した「プチエンジェル」事件にインスパイアされており、その真相は今も深い闇に包まれている。

事の発端は２００３年７月上旬、東京・稲城《いなぎ》市《し》に住む当時小学校６年生の女子児童Ａが、渋谷で１人の女子高生に「アルバイトをしない？」と声をかけられたことだった。なんでも１人の男と会って部屋の掃除をするだけで報酬は１万円だという。小遣いが欲しかったＡは話に乗り、赤坂のマンションの11階の一室で男に会う。それが当時、新宿や渋谷を中心に非店舗型の児童買春デートクラブを経営していた吉里弘太郎《よしざとこうたろう》（同29歳）で、多くの女子高生を使い街で少女をスカウトし売春を働かせていた。

吉里は事前の話のとおり、少女に部屋の掃除をさせ１万円を支払った後、「今度、友達を連れてくれれば１人につき３万円をあげる」と携帯番号を交換し、彼女を返す。こうして簡単に金を手にしたＡはそ

**乾き。**

2014／日本／監督：中島哲也●第3回「このミステリーがすごい!」大賞を受賞した作家・深町秋生の『果てしなき乾き』を原作としたミステリー。スタイリッシュな演出、時系列のシャッフル、スピーディーな展開が大きな話題を呼んだ。

の後、吉里と携帯で連絡を取り合うようになり、7月13日、再び彼と待ち合わせる。このときAは同じ小学校に通う女子児童3人を連れていた。全員がAが紹介した〝短時間で大金がもらえるアルバイト〟に興味を示し、親には「近所の体育館に行く」などと言い家を出ていた。

午前10時30分、約束の渋谷駅西口のモヤイ像前で待っていると、吉里と、もう1人、吉里のことを「社長」と呼ぶ男Yが現れた。2人はタクシー2台でマンションに向かい、部屋に入るや少女たちにアイマスクを装着し、腕に手錠をかける。突然の事に驚く彼女らに吉里は態度を一変させ「どうしてここに来たか、わかるよね？」と脅迫。逃走を防ぐため、重りとして体に20リットルのポリタンクや鉄アレイを付け、そのまま監禁下に置く。

一方、少女らが家を出た7月13日、夜になっても帰宅しない娘たちを心配した家族が多摩中央署に捜索願を提出する。警察が聞き込みを行ったところ、行方不明になっている少女1人から「渋谷でアルバイトをしてお金をもらえる」と誘われたという同級生が名乗り出てきた。さらにAの自宅の部屋から「プチエンジェル」の求人チラシが見つかり、捜査員は驚く。プチエンジェルが未成年の少女に売春させる非合法のデートクラブで、その経営者である吉里が以前から警視庁少年育成科がマークしていた人物だったからだ。

警察は少女らの失踪に吉里が関与しているとみて、彼が2003年3月に中学2年生の少女を買春した容疑で逮捕状を請求。埼玉県久喜市《くきし》の自宅や住民票のある横浜市の叔母宅を張り込んだものの、吉里は一向に姿を現さない。そこで警察が公開捜査に踏み切ることを考えていた7月16日昼、当の吉里はある行動に出ていた。派遣型の風俗店に「女性を1人ホテルに派遣し

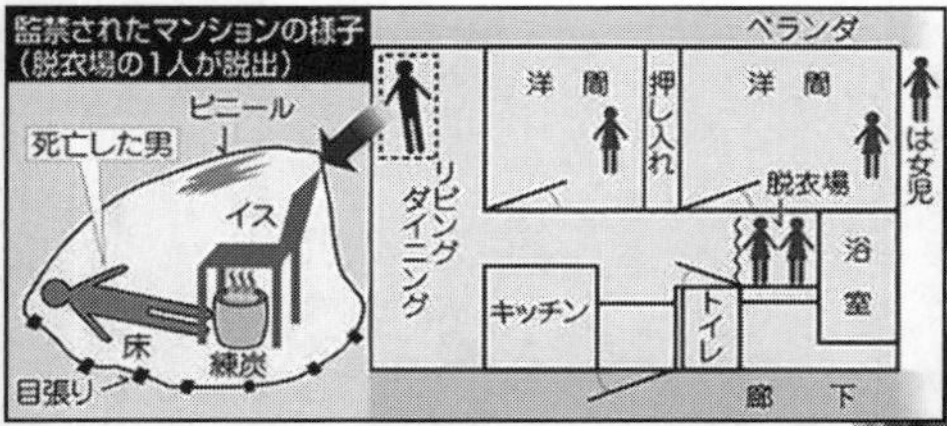

▶▲事件の舞台となった東京・赤坂のマンション。上は少女らが監禁されていた状況と、犯人死亡の状況を示した図

てほしいんだが、行為の様子を知り合いの少女に見せたい」と電話をかけたのだ。とんでもない依頼に風俗店の従業員は申し出を断るも、吉里は1時間おきに電話をかけ続け「今日しかないんだ」と繰り返したそうだ。その言葉の意味はすぐにわかる。

7月16日の深夜から未明にかけ脱衣所に監禁されていた少女の1人が手錠を外し、吉里の声が聞こえなくなったタイミングを見計らい、17日昼12時頃、裸足のまま外へ飛び出して近くの花屋に助けを求めた。事情を聞いた花屋の店員から通報を受け、警察が監禁現場のマンションに突入し3人を保護。同時に室内で煉炭自殺を図り死亡していた吉里の遺体を発見する。警察は少女らから事情を聞き、性的暴行を加えられていないことを確認したうえで全員を自宅に返した。

これで事件は解決するはずだった。が、その後、事態は思わぬ方向へ動き出す。吉里の久喜市の自宅アパートからプチエンジェルの顧客名簿が発見されたのだ。その数2千人以上。しかも大半が政治家や経済界の大物、裁判官、医者など社会的地位の高い人間ばかりだった。この一大スキャンダルにメディアは大々的に報道を開始するも、警察はほどなくリストの名前のほとんどが偽名だったと発表。事件に関しても吉里の単独犯行と断定し、容疑者死亡で捜査を打ち切ると、マスコミの報道もぴたりと止まった。

警察が何かを隠していることは明らかだった。まず吉里死亡の状況。彼はビニールでテントを作り、その中で煉炭に火をつけ一酸化炭素中毒で窒息死したものと発表されていたが、メディアが同じ状況で検証したところ、ビニールが溶けることが判明。つまり、一酸化炭素を吸い込むことは不可能で自殺は考えられないのだ。また、ビニールが外側からテープで目張りされていたのも不自然で、何者かがテープを張った疑惑も浮上。さらに、事件を起こす2日前の7月11日に、吉里が所有するフェラーリ2台を売却していることがわかった。これから自殺する人間が現金を作る必要があるだろうか。

警察が事件を吉里の単独犯行と断定したことにも疑問が残る。当時、彼が稼いでいた金は実に35億円。そんな大金を売り上げるにはバックに大きな組織がいる可能性が高い。事実、目撃

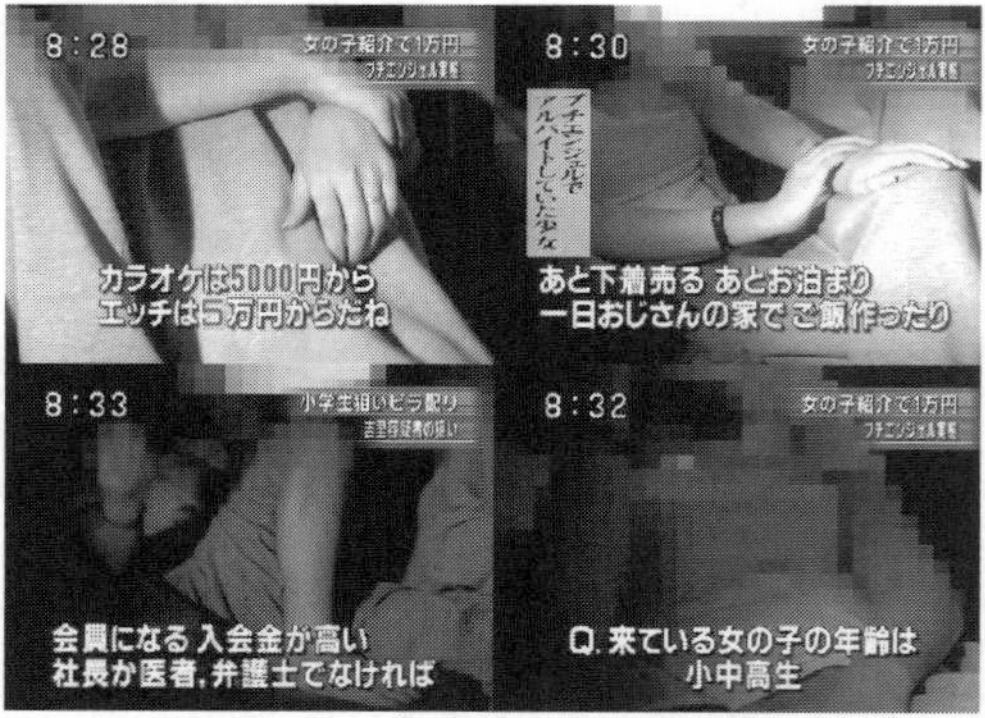

▲事件発覚後、メディアの取材に答える
スカウト役だった女子高生の証言

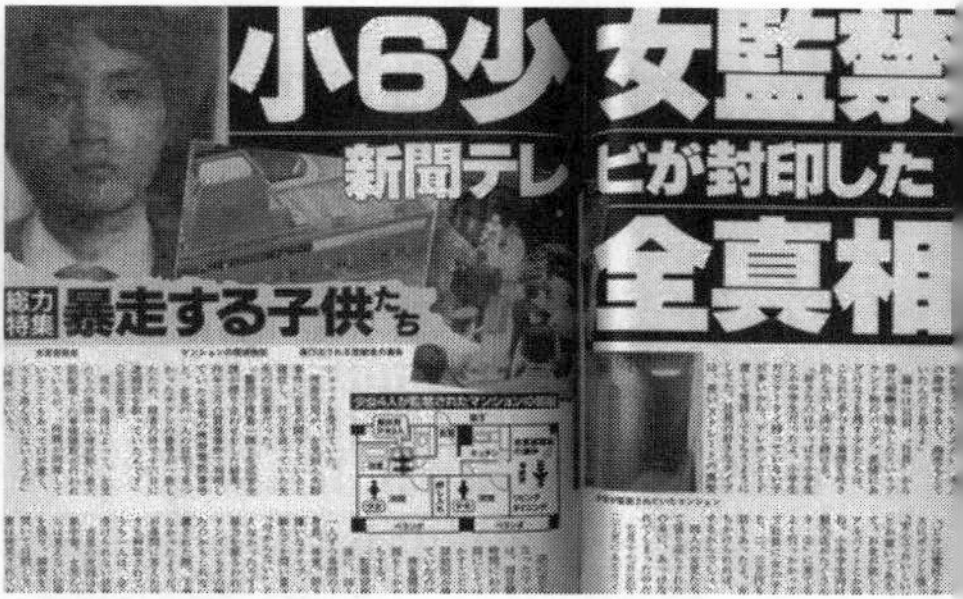
小6少女監禁
新聞テレビが封印した
全真相
総力特集 暴走する子供たち

▲大手メディアが報じなくなった後も雑誌を中心にプチエンジェル事件の真相に迫っていたフリーライターの染谷悟氏。事件から2ヶ月後の2003年9月12日、東京湾で殺害遺体となって発見された

証言から前出のYをはじめ、事件現場のマンションに出入りしていた複数の男女の存在が明らかになっているが、警察は彼らに厳しい追及をせず、デートクラブに関与したと思われる1千500人以上の少年少女を補導しただけだった。

　事件から約2ヶ月後の9月12日、東京湾に一体の死体が浮かぶ。柏原蔵書《かしわばらくらがき》のペンネームでプチエンジェル事件を追いかけていたフリーライターの染《そめ》谷《や》悟《さとる》氏だった（享年38）。世間では、彼が事件の核心に迫ったため消されたのではないかと憶測が飛び交った。

　ネット上では、顧客リストに政治家よりもクラスの高い〝超上級国民〟の名前があったことで事件はもみ消され、吉里は大手暴力団が送り込んだ刺客に殺害されたとの噂も流れている。また、吉里がデートクラブを経営していた本当の目的は金ではなく、何者かの依頼で少女を使い国の情報を得ることだったという真偽不明の話も出ている。真相は藪の中だが、本事件がタブー視されていることだけは間違いない。

▶主人公フォッシーを演じたシガニー・ウィーバーは本物のマウンテンゴリラの群れの中に入って撮影を行った。映画「愛は霧のかなたに」より

# 愛は霧のかなたに

## マウンテンゴリラの生態研究・保護に生涯を捧げた女性の最期

FILMS

▲ゴリラに本を読んで聞かせるダイアン・フォッシー本人

# 霊長類学者、ダイアン・フォッシー殺害事件

シガニー・ウィーバー主演による「愛は霧のかなたに」はラブロマンスを思わせると邦題は裏腹、実在の女性霊長類学者ダイアン・フォッシーがマウンテンゴリラの生態研究のためアフリカにわたり、やがて狂信的とも言える動物保護優先主義から周囲と対立、最終的に殺害されるまでの半生を描いた壮絶な伝記ドラマだ。彼女が誰にどんな動機で殺されたかはわかっておらず、事件は現在も未解決のままである。

ダイアン・フォッシーは1932年、米カリフォルニア州サンフランシスコに生まれた。幼くして両親が離婚、母親に引き取られたものの、母の再婚相手である義父はフォッシーに愛情を示さず、彼女は動物に関心を寄せ6歳で馬場馬術《ばばばじゅつ》を習得するまでになった。高校を卒業後、獣医になるべくカリフォルニア大学デービス校に入学。親の意向に逆らった進学だったため経済援助はなく、量販店の事務員や工場で機械オペレーターとして働き生活費を得た。その後、学費の安いサンノゼ州立大学に転校し、作業療法を学び学士号を取得。卒業後はカリフォルニア州の数々の病院で10年近く働いた。

映画では1966年、フォッシーが著名な古人類学者ルイス・リーキー（1903－1972）の講演に駆けつけ、当時絶滅の危機にあったマウンテンゴリラの生態研究のためアフリカへの同

**愛は霧のかなたに**

1988／アメリカ／監督:マイケル・アプテッド●ルワンダとコンゴの国境沿いの森林で18年間にわたりマウンテンゴリラの生態系の調査を行い、1985年に何者かに殺害されたアメリカの霊長類学者、動物行動学者のダイアン・フォッシーの半生を描いたドラマ。

行を懇願、その情熱に負けたリーキー博士が承諾したことでフォッシーの動物学者としてのキャリアが始まったことになっている。しかし、事実は異なり、彼女がリーキー博士と出会ったのは、8千ドルを借金し初めてアフリカに渡ったのは1963年のこと。7週間の旅の途中、タンザニアで知りあったリーキー博士に大型類人猿の調査の重要性を教えられ、ウガンダでは野生のマウンテンゴリラと初対面。帰国後、発表したマウンテンゴリラに関する論文を高く評価した博士の方からアフリカでマウンテンゴリラの調査研究を行うよう提案されている。

8ヶ月をかけてスワヒリ語と霊長類学を学んだ後、1966年、34歳のとき単身コンゴへ。山の上の森林に囲まれた地を選びキャンプを張り調査を始めた。劇中でも描かれるとおりゴリラの行動の真似をすることで接近に成功するが、当時のコンゴは1965年に起きた軍事クーデターの余波で内戦真っ只中。そこで1967年からはウガンダとの国境沿いにあるコンゴのヴィルンガ山地に拠点を移し、標高3千メートルの高地に、面積25平方メートルの研究センターを設立した。やがて、映画にも登場する『ナショナル・ジオグラフィック』のカメラマンで既婚者だったボブ・キャンベル（1930年生。演：ブライアン・ブラウン）と知り合い、彼がゴリラと触れ合うフォッシーの姿をカメラに収めていくうち恋仲に発展。キャンベルは妻と別れることを決めフォッシーにも帰国を促すが、現地で研究を続ける彼女の意思は固く、1970年に破局している。ちなみに、劇中でフォッシーが研究所のデスクに婚約者の写真を飾っていたのも事実で、最初のアフリカ行きで出会ったそのアメリカ人男性との関係も後に自然消滅した。

▼フォッシーが建てたゴリラ研究のための山小屋

▲フォッシーと不倫関係となったカメラマンのボブ・キャンベル。映画では山中で偶然出会ったように描かれているが、キャンベルがアフリカを訪れた目的は最初からフォッシーの姿をカメラに収めることで『ナショナル・ジオグラフィック』誌に掲載された写真は大きな話題を呼んだ。2014年、83歳で死去

フォッシーはその後も現地でマウンテンゴリラの生態研究を続け、その活動を支持するアメリカ人学生らもスタッフに加わる。しかし、映画で描かれるとおり、彼女の行動はしだいにゴリラの保護に注力されるようになる。

フォッシーが拠点を置いたヴィルンガ山地は禁猟区域だった。が、現地のバトワ族は長年ゴリラを売ることで生計を立てており、国は貧しい財政を支えるため密猟を黙認していた。これがフォッシーには許せず、1977年、彼女が特にお気に入りだった「ディジット」という名のゴリラが、群れを守ろうとして密猟者に殺されたとき、彼女の怒りは頂点に達し、以降常軌を逸した行動に出る。バトワ族の集落を襲い焼き討ちにする、バトワ族の男を捕らえ人々の前で絞首刑の真似事をする、バトワ族の集落をチフスが流行しているというウソの噂を流し観光客をコンゴから減らそうとする、それでも山に入ってきた白人密猟者には銃を向けて発砲する等々。その過激な行為は彼女の研究スタッフさえ「気が触れている」と恐れるほどだった。

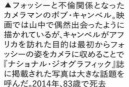

そして、その日はやってくる。1985年12月27日早朝、フォッシーの助手でオクラホマ大学で人類学を学んでいたウェイン・マクガイア（当時35歳）が、フォッシーの寝泊まりしている小屋のベッドで彼女の殺害遺体を発見した（享年53）。斧で身体中を殴打されており、現場は血の海だった。が、パスポートなどの貴重品や現金は手つかずのままで強盗目的とは考えにくかった。

捜査に当たったルワンダの警察当局は、犯行はフォッシーと敵対関係にあった国内外の密猟者ではなく、彼女のスタッフによる可能性が高いとみて、その全員を逮捕、取り調べる。その中でも特に怪しいとされたのがルワンダ人の現地スタッフであるエマニュエル・ルウェカナなる男性だ。当局はルウェカナを徹底的に追及し起訴まで持ち込んだが、その過程で彼は獄中自殺を図り死亡している。もう1人、有力容疑者として浮上したのが第一発見者であるマクガイアだ。ルワンダ当局は事件後ほどなくアメリカに帰国していた彼を殺人罪で起訴し、1987年、裁判で有罪判決を下す。フォッシーが生前著していた『霧の中のゴリラ』の続編の原稿を盗み、それを彼女に咎められたことを動機に犯行に及んだのだという。ただ、アメリカとルワンダの間に被疑者の引き渡し条約は

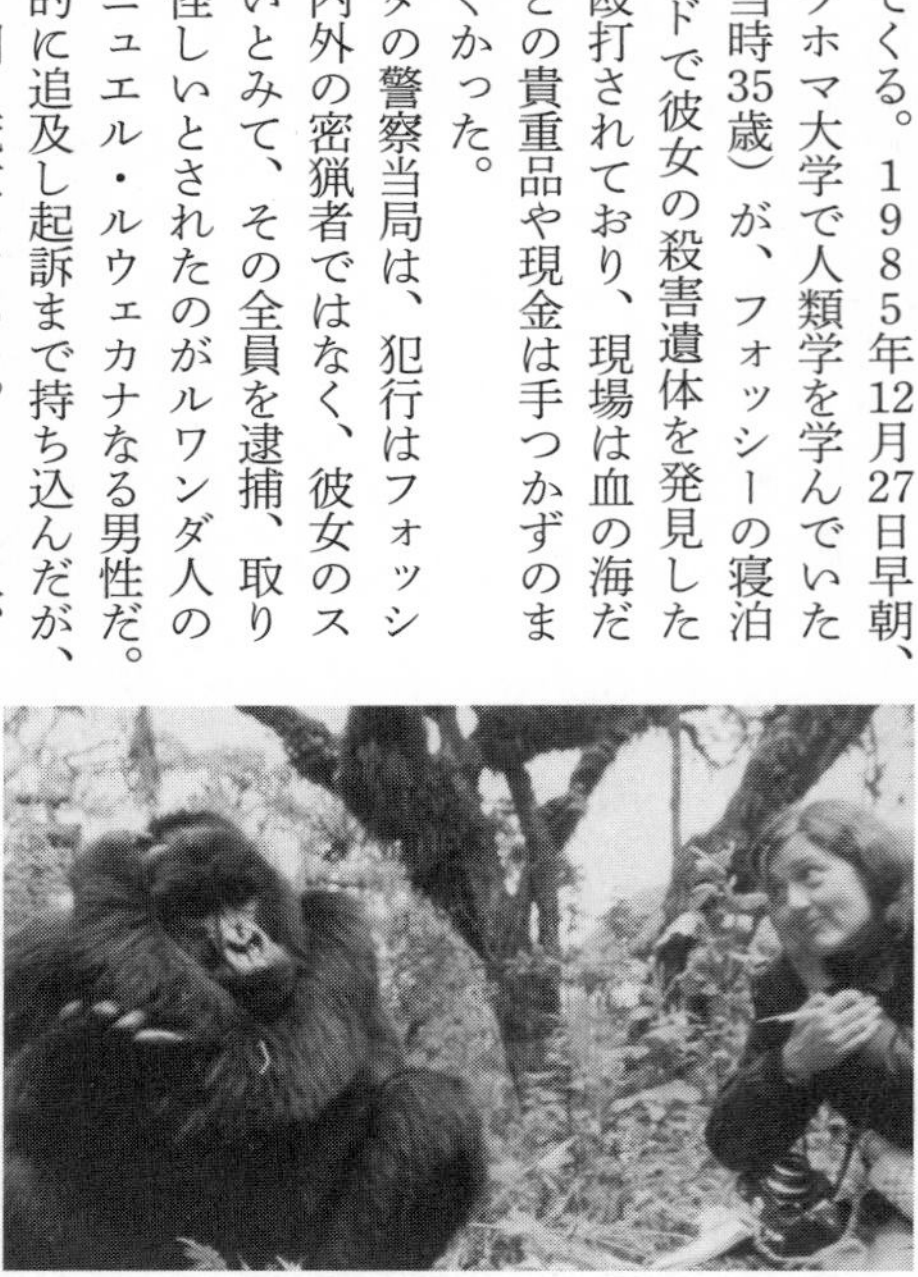
▲フォッシー（右）が特に可愛がっていたディジット。1977年12月、密猟者により射殺され、切り取られた手が灰皿として売られた

なく、マクガイアがルワンダに戻ることはなかった。

フォッシーが狂信的なまでのゴリラ保護活動により恨みを買い殺されたことは明らかだ。が、結局、真相は明らかにならず事件は迷宮入り。悲劇はさらに続き、1994年4月に勃発したルワンダの内戦（ルワンダ大虐殺）により、フォッシーの研究施設は跡形もなく破壊されてしまう。

彼女の活動には賛否両論がある。ただ、確実に言えることは、その体を張った行動が絶滅の危機にあったマウンテンゴリラを救い、2015年の時点で約3千500頭が生息していたという事実だ。2019年、米フロリダ自然史博物館はフォッシーの功績を称え、元恋人のキャンベルが撮った彼女の写真素材を使い、フォッシーとゴリラ保護活動を振り返るマルチメディア型の「霧の中のゴリラ：ダイアン・フォッシーの遺産」展を開催した。

▲フォッシーの助手で、殺害遺体の第一発見者であるウェイン・マクガイア（中央）。後にウガンダ当局から殺人罪で死刑判決を受けたが服役することはなかった

▲事件から1週間後の1986年1月3日、土の中に埋葬されるフォッシーの棺

# 第3章 衝撃

©Корпорация РУССКАЯ ФИЛЬМ ГРУППАсКинокомпания СТАРТФИЛЬМ 2018
映画「パニック・イン・ミュージアム　モスクワ劇場占拠テロ事件」より

# ハウス・オブ・グッチ

## 創業者一族を崩壊に導いた「パトリツィア・グッチ」という名の悪女

▲マウリツィオ・グッチを演じたアダム・ドライバー(左)と、その妻パトリツィア役のレディ・ガガ。映画「ハウス・オブ・グッチ」より

▲結婚当初のマウリツィオ(左)とパトリツィア本人

FILMS

# 『GUCCI』3代目、マウリツィオ・グッチ暗殺事件

２０２１年のアメリカ映画「ハウス・オブ・グッチ」はイタリア・フィレンツェに本拠地を構える高級ファッションブランド『ＧＵＣＣＩ』の創業者一族による経営権争いと、三代目社長のマウリツィオ・グッチ暗殺事件を描いたサスペンスドラマである。グッチ一家を崩壊に追い込んだのは、劇中でレディ・ガガが演じたマウリツィオの妻、パトリツィア・レッジャーニ。天下の悪女が引き起こした野望と破滅の顛末。

映画は１９７８年、イタリア・ミラノのクラブで開かれた仮装パーティで、父の経営する運送会社で働くパトリツィアと、弁護士を目指す大学生のマウリツィオ（演：アダム・ドライバー）が出会うシーンから始まる。が、実際に２人が出会ったのは共に22歳（１９４８年生）だった１９７０年のこと。当時、大人気だったイタリアの女優ソフィア・ローレンばりの美貌と、自由奔放な性格を兼ね備えたパトリツィアにマウリツィオが一目惚れし交際が始まる。

パトリツィアは父と愛人の間にできた私生児で、母からの厳しい教育から上流階級への志向が強い女性だった。そんな彼女が、大富豪グッチの御曹司マウリツィオに惹かれたのは、ある意味当然。その魂胆を見透かしたかのように、マウリツィオの父ロドルフォ（１９１２年生）は「彼女は

**ハウス・オブ・グッチ**

2021／アメリカ／監督：リドリー・スコット●高級ブランド「GUCCI」の創業者一族の確執と3代目社長マウリツィオ・グッチ暗殺事件を描いた伝記クライム。監督のリドリー・スコットは、原作となる作家サラ・ゲイ・フォーデンのノンフィクション小説『ザ・ハウス・オブ・グッチ』の権利を取得し、長年の構想を経て映画化にこぎつけた。

▲マウリツィオの父、ロドルフォ・グッチ。右が本人。以下同（演：ジェレミー・アイアンズ）

▲ロドルフォの兄で「GUCCI」を世界的ブランドに成長させた2代目社長アルド・グッチ（演：アル・パチーノ）

▲アルドの息子で、副社長を務めていたパオロ・グッチ。1995年10月、患っていた慢性肝炎を悪化させ64歳で死去（演：ジャレッド・レト）。映画「ハウス・オブ・グッチ」より



グッチ家の財産が目当てだ」と交際に反対するが、一人息子のマウリツィオは聞く耳を持たず、1972年にパトリツィアと結婚。その後、米ニューヨークでグッチを展開していた叔父アルド（1905年生）に誘われ2人で渡米し、アルドのもとで働き始める。

劇中に詳しい説明はないが、GUCCIは1921年、グッチオ・グッチ（1881年生）がフィレンツェに開業した一軒の靴屋が成り立ちである。創業2年目にして2店舗目を開き、グッチのブランドは乗馬の世界にモチーフを求めた斬新な鞄、トランク、手袋、靴、ベルトなど

のコレクションで、国内外の洗練された顧客の注目を集めるようになった。1953年、創業者のグッチオが亡くなった後は、彼の6人の息子のうち三男アルドと、映画俳優だった五男ロドルフォが後を引き継ぎ、パリやニューヨークにも店舗をオープン。ハリウッド女優のオードリー・ヘップバーン、後の大統領ジョン・F・ケネディの妻ジャクリーンなど錚々たるセレブリティの御用達ブランドとして名を馳せ、1970年代から1980年代前半は映画でも描かれるように、日本人のマダムにも高い人気を博した。

当時、社長は兄のアルドが務めていた。が、持ち株の比率は亡き父グッチオの遺志で弟のロドルフォと半々。その後、アルドは3人の息子にも経営に参加させるべく、持ち株50％のうちの10％の3分の1を均等に配分する。この中で最も事業に積極的だったのが、次男のパオロ（1931年生）で、1978年、アルドは自分の性格によく似たパオロを副社長に任命した。が、劇中のとおり彼に事業センスはなく、1980年、父に無断で「パオログッチ」なる中流層向け製品の販売を計画。これがアルドの逆鱗に触れ、グッチのブランドイメージを著しく傷つけかねない行為としてパオロは父に親子の縁を断たれ事業から永久追放される（映画では息子を疎んじながらも関係は継続していたように改変されている）。

アルドとパオロの対立を好機と捉えたのが他ならぬパトリツィアだ。彼女は1977年に長女アレッサンドラ、1981年に次女アレグラを出産し（劇中では娘は1人だけ）、夫マウリツィオが近い将来、グッチのトップに立つことを夢見ていた。いや、自分がグッチの社長夫人の座に就くことを熱望していたという方が正しい。

そのチャンスは、一家がニューヨークからミラノに帰国した翌年の1983年に訪れる。ロドルフォが70歳で死去し、マウリツィオが父の持ち株50％を相続したのだ。ここで彼女はグッチの株の過半数を所有できるよう夫をそそのかし、グループから排除されていたパオロの持ち株3・3％を買収。1984年2月の株主総会でアルドを社長から引きずり下ろし、同年10月に夫マウリツィオを3代目社長の座に据える。こうして長年の野望を現実化させたパトリツィアはグッチの女帝として君臨し、経営にも積極的に口を出すようになる。一方、社長を解任されたアルドはマウリツィオが父ロドルフォのサインを偽造したとして告発、経営権争いは法廷闘争に持ち込まれるが、当のアルドも息子のパウロから脱税容疑で告発され、1986年1月、懲役1年の判決を受け81歳で投獄される。

こうした一族の内紛に加え、グッチの代わり映えのしないデザインに世間は飽き飽きし、そのブランド力は急速に低下していく。原因の大半はパトリツィアにあり、それを最も理解していたのが夫マウリツィオだった。彼は父ロドルフォの株を相続して以降の妻の態度を見て、以前から覚えていた疑念を確信に変える。パトリツィアが自分と結婚したのは愛ではなく、財産やグッチそのものが目当てであったことを。そして、彼は1985年3月、フィレンツェに出張に行くと家を出たままパトリツィアと別居。ミラノの豪邸と2人の子供はパトリツィアに授け、月に150万円の養育費を払う。

映画では、この後、スイスのスキー場で再会した昔からの知り合いの女性パオラ・フランキ

（1953年生）と恋仲になったように描かれているが事実は違う。パトリツィアとの夫婦関係は1983年頃にはすでに破綻しており、別居前年の1984年にアメリカ人女性モデル、シェリー・マクラフリン（当時26歳）と知り合い、6年間、不倫関係を続けた。彼女のためにニューヨークに部屋を借り、ゆくゆくは結婚も考えていたほどの惚れ込みようだったが、最終的にはシェリーから別れを告げられ破局。パオラと交際を始めるのは1990年になってからだ。

上／マウリツィオ（右）がパトリツィアと別居する前から不倫関係にあり6年間交際を続けたアメリカ人モデルのシェリー・マクラフリン。彼女は映画には登場しない。 下／マウリツィオ（右）の最後のパートナー、パオラ・フランキ。劇中ではカミーユ・コッタンが演じている

劇中では描かれないが、パオラはマウリツィオの幼なじみで1972年の彼の結婚式にも参列している。その後、モデルになり別の男性と結婚し息子をもうけたが、マウリツィオと再会した頃は離婚寸前だった。互いに環境が似ていたこともあり、2人はすぐに親しい関係になり、パオラが正式に離婚した1991年、ミラノで同棲を始める。マウリツィオは別居直後からパトリツィアに離婚を申し出ていたが、グッチ社長夫人の座に固執する彼女はこれに応じず、1994年になってようやく離婚成立。この際、パトリツィアは慰謝料として、年間約1億3千万円を受け取ることで合意したそうだ。

グッチは1994年にアメリカのデザイナー、トム・フォード（1961年生）をクリエイティブ・ディレクターに雇い入れ新しいデザインを次々に発表したことで人気を取り戻す。が、経営はまだまだ赤字。社長のマウリツィオは長年に及ぶ同族間の争いに疲れ果てていたこともあり、1993年9月、全ての株をアラブ資本に売り渡す。売却額は1億7千万ドル（当時の日本円で約189億円）。同時に1990年に亡くなったアルド（享年84）の株も買収され、グッチ一族は完全に経営から離れる。

これに激怒したのがパトリツィアだ。マウリツィオが株を売却したこともさることながら、彼がパオラと交際し、ゆくゆく結婚も視野に入れていることが許せなかった。すでにマウリツィオとは離婚していたが、彼の財産の相続権は自分の娘2人にある。しかし、マウリツィオがパオラと法的に夫婦になれば、その半分は彼女の権利となってしまう。どこまでも金に固執するパトリツィアは危機を回避するため、常識外の悪事を企む。

1994年末、パトリツィアは劇中にも頻繁に登場する悩みの相談相手であるナポリの女性占い師ピーナ・アウリエンマ（生年不明）と共謀し、マウリツィオの殺害計画を立てる。具体的にはピーナの知り合いのホテル従業員イヴァーノ・サヴィオーニ（同）に犯行を依頼。彼の友人で元自動車整備士のベネデット・セラウロ（同）が殺人を実行するというもので、報奨金は6億リラ（当時の日本円で約3千900万円）で合意した。

1995年3月27日午前8時30分、ヒットマンのベネデットは、当時ミラノにオフィスに構えていたマウリツィオが出勤してきたところを狙い、ビルの階段で4発の銃弾を放った。両肩に1発ずつ、太ももに1発、倒れたマウリツィオのこめかみにとどめの1発を撃ち込み、待機していた仲間の車で現場から逃走した。マウリツィオはその場で即死。享年46だった。

警察の懸命な捜査にもかかわらず犯人は逮捕されず、それから2年の月日が流れる。が、事件の迷宮入りが噂され始めた1997年1月、警察に1本の電話が入る。相手はイヴァーノと同じホテルで働く男で、イヴァーノから事件の経緯と、殺害の依頼人であるパトリツィアから報奨金の一部が支払われていないことへの文句を聞かされたという。このタレこみがきっかけで、同月31日、警察はパトリツィアら4人を殺人及び殺人教唆の容疑で逮捕。裁判は1997年半ばから始まった。裁判長から本名を尋ねられたパトリツィアが「自分はミセス・グッチ」と答えたのは劇中のとおりで、公判では事件との関与を否定、無罪を主張する。が、1998年11月に下った判決は有罪で懲役29年（2000年の控訴審で26年に減刑）。サンヴィットー

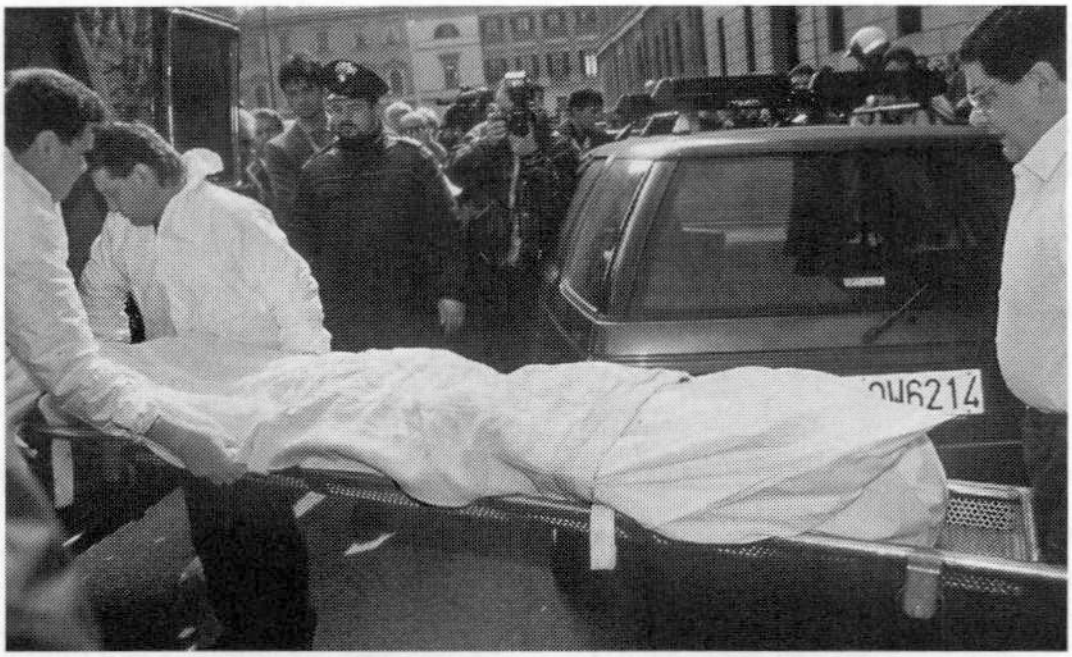

上／１９９５年３月27日、殺害・搬送されるマウリツィオの遺体。下／パトリツィア（中央）は自分が殺害した元夫マウリツィオの葬儀に何食わぬ顔で参列した。長女アレッサンドラ（右）と次女アレグラ（左）は２０２２年10月現在、２人とも結婚し母となっている

レ刑務所に収監されてすぐに首吊り自殺を図ったが一命を取り留め、その後は独房でペットとしてフェレットを飼うなど優雅な刑務所暮らしを送り、模範囚として２０１６年10月に釈放された。パトリツィアは現在もミラノに住み、未だに自分の姓に「グッチ」を使用。映画化に関してレディ・ガガが自分を演じることを喜びつつも「なぜガガ本人が私のところに挨拶に来ない？」と文句をつけたそうだ。

上／裁判に出廷するパトリツィア。中／パトリツィアのお抱えの占い師で、殺し屋を仲介したピーナ・アウリエンマ。懲役25年を宣告されるも、服役態度良好で2010年に出所。下／暗殺の実行犯、ベネデット・セラウロ。判決は懲役28年11月。2022年10月時点で出所済み。彼に殺害を指示したイヴァーノ・サヴィオーニは懲役20年（出所済み）。他に運転手役の男など共犯者2人が逮捕・起訴され有期刑が下されている

# バーニング・オーシャン

## 原因は安全より利益を優先した企業の論理

FILMS

# アメリカ史上最悪の人災、「ディープウォーター・ホライズン」爆発炎上石油流出事故

▶爆発・炎上で作業員がパニックになる劇中シーン。映画「バーニング・オーシャン」より

▲事故を起こした実際の「ディープウォーター・ホライズン」。36時間、燃え続けた後に沈没した

２０１０年、米ルイジアナ州にほど近いメキシコ湾沖、水深１千５２２メートルの海上で石油掘削施設「ディープウォーター・ホライズン」（以下ホライズン）が爆発、大炎上し作業員11人が死亡するとともに、大量の原油が海に流出した。２０１６年公開の「バーニング・オーシャン」は、アメリカ史上最悪の人災とも言われるこの海底油田事故の顛末を描いたパニック映画である。

石油の採掘といえば中東の砂漠地帯のイメージが強いが、地球表面の7割を占める海の底にも大量の石油が埋まっており、「プラットフォーム」または「リグ」と呼ばれる施設が掘削採取作業を行っている。事故を起こしたホライズンは海に浮きながら自動で位置を調節する最新式のプラットフォームだったが、石油の採取をしていたわけではなく、深海約１千５００メートルをドリルで掘削《くっさく》。油田を見つけたら油井《ゆせい》（原油を採掘するために使う井戸。海上から穴を穿ちパイプが入れられる）内にセメントのフタをして原油の流れを止めるのが役割。そこに別のプラットフォームがやって来て原油の生産を行う流れだ。

映画の主人公はホライズンの作業主任マイク・ウィリアムズ（１９７２年生。演：マーク・ウォールバーグ）と船長（施設主任）のジミー・ハレル

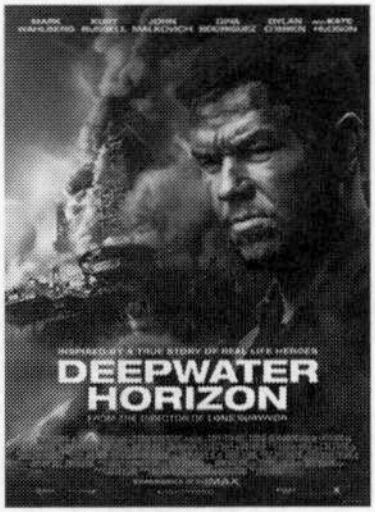


**バーニング・オーシャン**

2016／アメリカ／監督：ピーター・バーグ●2010年にメキシコ湾沖で発生した海底油田爆発事故を映画化。人為的ミスの連鎖や親会社と下請け会社の確執といった小さな原因の積み重ねが、未曾有の大事故へと繋がっていく様が緊張感たっぷりに描かれている。

▲「ディープウォーター・ホライズン」の技術エンジニア、マイク・ウイリアムズ(上)と、彼を演じたマーク・ウォールバーグ

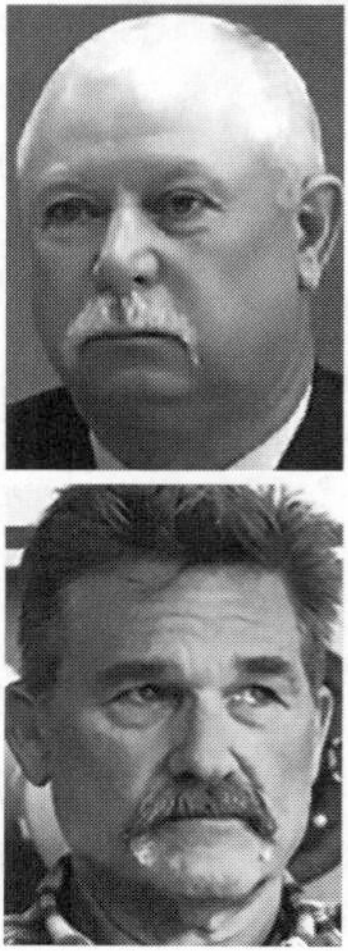

▲「ディープウォーター・ホライズン」の船長ジミー・ハレル(上)。(下は演じたカート・ラッセル)

（１９５６年生。演：カート・ラッセル）。彼らは、機器や作業員を含めた掘削サービスを提供する国際企業トランスオーシャン社の従業員である。ただし、同社は２００１年からイギリスの大手石油会社ＢＰとオフショア契約しており、作業の最終責任はＢＰ社にあった。

映画は事故当日の２０１０年4月20日を再現する形で始まる。この日、ウィリアムズが職場に着くと、ハレルとＢＰのマネージャー２人が揉めていた。ＢＰ社曰く、最終的なセメンティング作業（セメントによる栓《せん》）は終了したが、工期が押し費用も嵩《かさ》んでいるため、本来必要な検査を飛ばしたという。対し、ウィリアムズとハレルはホライズンの安全面を心配し、他にも不具合が出ていると主張するが、ＢＰ社はこれを無視。挙げ句、圧力検査で異常ありの結果が出たにもかかわらず、作業の続行を命じる。実は当時ホライズンが掘削していた場所は最初、別のプラットフォームが着手していたのだが、ハリケーンで故障したため、急遽ホライズンが代打で担当することに。つまり、工期は遅れて当然であり、そのうえ経費削減を主張するBP社の言い分は明らかに常識から外れていた。事故は起こるべくして起きたのである。

ホライズンに異変が起きるのは当日の22時過ぎのことだ。油井内の圧力上昇が検知され、油と共に天然ガスが噴出。パイプを伝わってプラットフォーム内まで達し、それが発電用ディーゼルエンジンの燃料系に引火して爆発・炎上した。

このとき、ホライズンには総勢126人がいた。内訳は、トランスオーシャン社員が79人、BP社員が7人、その他は作業に関与する様々な企業の従業員だ。ちなみに、この日BPの社員が7人もいたのは映画のとおりで、ホライズンの7年間にわたる無事故を称えてハレルに表彰状を贈るためだったというから皮肉なものだ。

突然の爆発でパニックになった作業員たちは我先に救命ボートに乗り込み、その中にはウィリアムズもいた。が、ハレルは救命ボートに乗り切れず、10階建てほどの高さのプラットフォームから海に飛び込み一命を取り留めている。一方、死亡者は11人。皆、施設全体を包む炎の犠牲になった。

結局、ホライズンは約36時間燃え続けた後、2010年4月22日午前8時頃に沈没したが、事故に伴い約490万バレル（約2千70万リットル）、最終的に7億84万リットルもの石油が海へ流出、世界でも類をみない海洋汚染を引き起こした。

その後、調査委員会が設置され、事故の直接的原因がBPにあることが明らかになる。まずは、調査報告書が「セメント工事が成功したとは考えにくい」と記載したように、本来ならセメントが確実に固まっていることを1日かけて検査すべきところをBPが拒否し、作業員を送り返していた。さらにBP社は、掘削時に油井にたまった泥を循環させる作業も短縮。結果、油井の底に泥が残り、ガスや堆積物を吸収し、土台部分のセメントがさらに弱まっていたらしい。『ウォール・ストリート・ジャーナル』紙の記事によると、油井の全ての泥を循環させるには6～12時間を要するが、この作業は事故前日の4月19日にわずか30分間行われただけ。こうした強引な作業の背景には、工期が1日遅れるごとに請負会社への支払いが100万ドル生じたからだそうだ。

この事故に関して、BP社のマネージャー2人に責任があることは間違いない（2人は業務上過失致死で起訴されるものの、後に取り下げられた）。が、後の調査で、映画とは異なる背後の事情も明らかになっている。実は、検査を飛ばしたのはBPのマネージャーの上司の命令だった。加え、圧力検査で異常が出た際、機器の故障ではない

▲犠牲となった11人の作業員。他に17人が負傷した

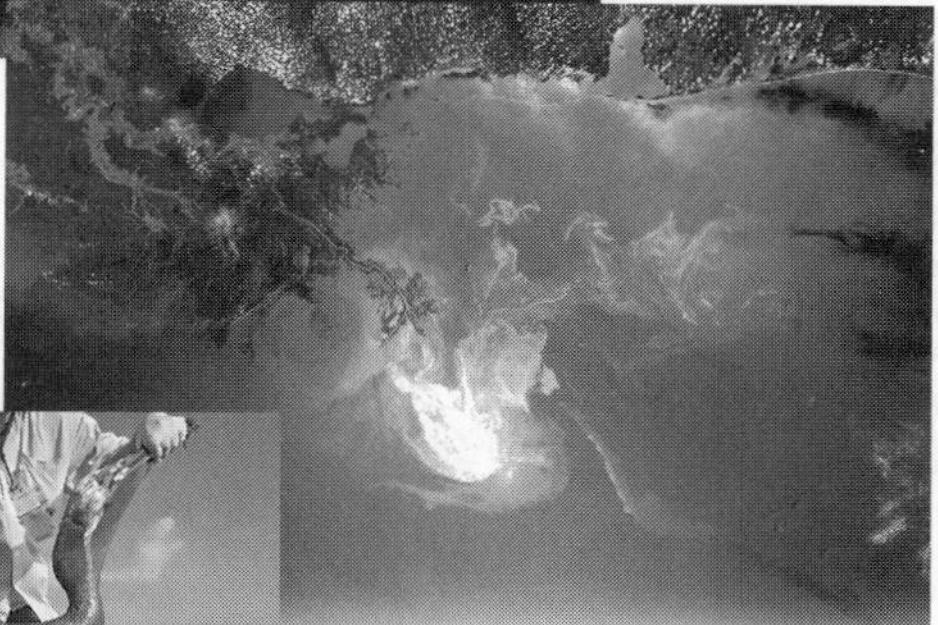

上／「ディープウォーター・ホライズン」から流れ出た石油は時間の経過とともに海上に大きな膜を作り、事故から3ヶ月後の7月15日の封じ込め作業により、ようやく流出が止まった。 中／NASAの人工衛星テラが2010年5月24日に撮影したもの。 下／事故後に見つかった油まみれのペリカン

かとのへ理屈をひねり出したのは、トランスオーシャンの作業員だったというのだ。

史上最悪の事故を引き起こしたＢＰ社（責任の割合は全体の65％と認定）は犠牲者をはじめ、漁業関係者、地元住民、原油除去を行った清掃関係者ら10万人以上の原告団に事故による経済的損失や健康被害を訴えられ、約78億ドル（約6千４００億円）を支払うことで和解。また、石油流出による環境被害を発生させたとして提訴した米連邦政府、メキシコ湾岸5州、４００の地方自治体には総額最大１８７億ドルを18年間にわたり支払う決定が出されている。

▲車内に乗り込んできたテロリストがバスの運転手に銃口を向ける劇中シーン。映画「15ミニッツ・ウォー」より

# 15ミニッツ・ウォー

## 31人の子供が乗ったバスをテロリストが占拠

▲テロ集団「ソマリア沿岸解放戦線」にジャックされた実際のバス(1976年2月3日)

# フランス領ジブチ・バスジャック事件

FILMS

１９７６年、フランス最後の植民地だった東アフリカのジブチで、子供たちを乗せたスクールバスが武装組織にジャックされる事件が発生した。犯人らの要求は同志である政治犯の解放と、フランスからの独立だった。２０１９年の映画「15ミニッツ・ウォー」は、この事件で人質救出のためフランス政府が派遣した制圧部隊とテロリストの攻防を描いたサスペンスドラマである。

フランスが、地中海とインド洋を結ぶスエズ運河と紅海ラインの玄関口としてジブチを首都としたソマリランドを設立したのは１８９６年のこと。その後、長年にわたり同地はフランスの支配下に置かれていたが、１９６０年に近隣のソマリアがイギリスやイタリアから独立したことで独立運動が発生。ソマリア政府の後援を受けたテロ集団「ソマリア沿岸解放戦線」（ＦＬＣＳ）が組織される。

１９６７年にソマリランドが「フランス領アファル・イッサ」（ＴＦＡＩ）と改称された３年後の１９７０年、ＦＬＣＳはＴＦＡＩの首都ジブチ市のバーを爆破し、１９７５年にはソマリアのフランス大使を誘拐し投獄されたＦＬＣＳメンバー２人と交換。バスジャックが起きるのは、その翌年のことだ。

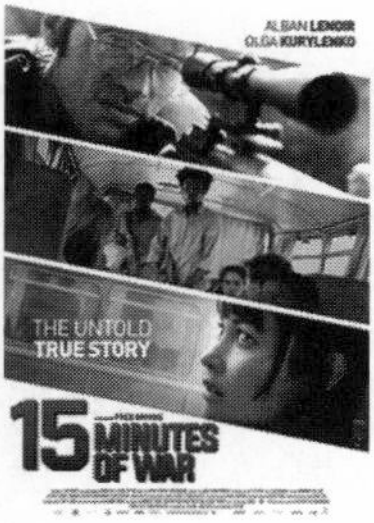


**15ミニッツ・ウォー**

2019／フランス・ベルギー／監督：フレッド・グリヴォワ●1976年、当時フランスの植民地だった東アフリカ・ジブチで発生したバスジャック事件と、それを鎮圧すべく決行された人質救出作戦の全容を描く。作品タイトルは犯人たちとの銃撃戦に要した「15分間」を意味する。

１９７６年２月３日午前７時15分、ジブチのアンブリ国際空港内にあるフランス空軍基地を出発したスクールバスがＦＬＣＳを名乗る６人組のテロリストたちに襲撃された。バスには運転手と軍人の子供たちが乗っており、テロリストは運転手に隣国ソマリアとの国境検問所があるロヤダ村に行くよう指示。ちなみに、劇中ではバスに強引に乗り込んできた６人を「完全武装」というべき姿で描いているが、実際の彼らは女装し、スカートの下に武器を隠していたという。

犯人グループは、フランス軍自動車化憲兵隊（ＧＭ）に向け発砲しながら、強引にソマリア国境の前哨基地から数十メートル離れた中立地帯にバスを停車させる。テロリストたちの要求は、ジブチの独立とフランス軍の撤退。そして投獄された全てのＦＬＣＳメンバーを解放することの３つで、叶わなければ人質全員を殺害すると主張した。しかしフランス政府はいずれも拒否、テロリストを排除するため精鋭部隊を投入することを決める。

映画は、短時間で事件を解決するため、登場人物を簡潔化している。劇中で人質の子供たちは21人だが、実際は31人。テロリストは最初にバスに乗り込んだ６人だけでなく、国境近くで３人加

▶作戦の指揮を執った「ＧＩＧＮ」のクリスチャン・プルトー中尉（中央）

◀バスの中のテロリストを狙うGIGNの狙撃兵（上が実際の写真。下が劇中カット）。映画「15ミニッツ・ウォー」より

わり9人いた。実際にバスを囲んでいたフランス側の兵士の数も違う。劇中描写ではわかりにくいが、現場を指揮していたのは、国境検問を担っていた「外人部隊」と呼ばれるフランス陸軍第13外人准旅団（13eDBLE）だ。外国人の志願兵で構成される正規部隊で、1962年からジブチ市に駐留する、ジブチの主のような兵隊たちだ。

これに首都検問に詰めていたGM、さらにはジブチに駐留していた精鋭として知られる外国人パラシュート部隊も合流。そして、映画の主人公というべきクリスチャン・プルトー中尉（1944年生）が率いる特殊制圧チームにも招集がかかる。1974年に設立された「フランス国家憲兵隊治安介入部隊」（GIGN＝ジェイ・ジェン）と呼ばれた部隊で、全員がスナイパー並みの射撃の腕を持っていた。

チームがパリから現地に着いたのは2月4日の早朝で、リーダー含めて5人しかいない映画とは違い、実際はプルトー中尉とメンバー8人の9人編成。今でこそ、GIGNは世界でもトップクラスの対テロ組織だが、作戦を実行するのはこのときが初めてだった。

後に運転手の青年が語ったところによると、子供たちは水と食糧、毛布を与えられ、バスの中では学校の本を読んだり復習し、静かに過ごしていたという。幼い彼らには、何が起きているのかわからなかったようだ。なお、劇中では子供たちが通う学校の女性教師が自らバスジャックされたバスに乗り込んでいるが、実際にバスで彼らの世話をしたのは外人部隊で働く女性アシスタントだった。

バスジャック2日目になると、テロリストはイラつき、日没までに答えがなければ子供を殺すと脅してきた。夜のうちに国境付近に詰めかけていたＦＬＣＳの組織員３人がバスに乗り込み相手は7人に増えている。プルトー中尉は決意を固める。１人も被害者を出さないためには、テロリスト全員を同時に射殺するしかない、と。

映画では、パリからのゴーサインを待ちながら、ＧＩＧＮのメンバーが担当を割り振り、それぞれのターゲットを自分のライフルのスコープで何度も捉え直すシーンが描かれている。実際のＧＩＧＮもバスから約１８０メートル離れたヤシの木立に隠れ、メンバー9人が狙撃体勢を取った。が、犯人9人が同時に立ち上がることさえめったにないうえ、同時にスコープで捉えるのは至難の業。しかし、15時45分、パリから人質救助の命令が下される。ＧＩＧＮ9人のライフルが火を吹き、犯人7人を射殺。さらに外人部隊が、混乱に乗じて攻撃してきたソマリア兵やＦＬＣＳの組織員を迎え撃つとともにバスに突入、残った2人の犯人を射殺した。

一方、子供たちの犠牲者は劇中では少女１人だけだが、実際は銃撃戦で5歳の少女ナディーン・デュランと、負傷しパリの病院で手術を受けていたヴァレリー・ガイスビューラー（当時7歳）が死亡。さらに、少年フランク・ルトコフスキー（同7歳）がソマリア側に誘拐された（交渉の結果、1週間足らずでソマリアの首都モガディシュのフランス大使館に戻された）他、当時6歳の男児デビッド・ブリッソンが銃撃戦で左目と顔の一部を失った（2014年に自殺している）。

▶鎮圧後のバス内

◀銃撃戦で亡くなったヴァレリー・ガイスビューラー（当時7歳）の写真を抱える父親（外人部隊の元下士官）

フランス政府は、GIGNの任務は成功したと認識。本格的なテロ対策特殊部隊として組織の拡大化が実施されていく。が、人質となった子供たちはテロの被害者と認められず、金銭的にも精神的にもサポートは皆無。そこで、2016年になり、大人になった子供たちは「ロヤダを忘れない」という団体を設立、テロの犠牲者として公式に認めなかったフランス当局を非難するメッセージを発信している。なお、TFAIは事件翌年の1977年に住民投票により ジプチ共和国として独立を果たした。

# オンリー・ザ・ブレイブ

## 地元のエリート消防士たちが炎に包まれ殉職

FILMS

▲主人公の1人、ブレンダン・マクドナウ隊員を演じたマイルズ・テラー。映画「オンリー・ザ・ブレイブ」より



## 米アリゾナ州ヤーネルヒル火災の悲劇

2013年、米アリゾナ州北中部のヤーネルヒル地区で巨大な山火事が発生。鎮火に向かったプレスコット市消防局の精鋭部隊「グラナイト・マウンテン・ホットショット」のメンバー19人が死亡した。2017年公開の「オンリー・ザ・ブレイブ」は、アメリカ史上最悪の山火事と言われる「ヤーネルヒル火災」を題材に、炎と戦った消防隊員たちの運命を描いたドラマである。

映画は前半、アリゾナ州プ

▲2011年、アリゾナ州グラニット山で発生した火災で消火活動に当たり、樹齢2000年の樹を守ったホットショットのメンバー。樹の前でピラミッドになりカメラに収まった記念写真は当時、地元紙にも掲載された（上が実際の写真。右が劇中の再現シーン）。映画「オンリー・ザ・ブレイブ」より

**オンリー・ザ・ブレイブ**

2017／アメリカ／監督：ジョセフ・コシンスキー●2013年、米アリゾナ州で起きたアメリカ史上最悪の山火事に命懸けで立ち向かった消防士たちの実話をドラマ化。火災映画の名作「バックドラフト」（1991）を凌ぐ迫力ある映像が話題を呼んだが、作品では一部の隊員にしかスポットが当っておらず、映画を観た遺族から多くの不満が寄せられたという。

レスコット消防署の森林消防隊が「ホットショット」に昇格する過程が描かれる。ホットショットとは、アメリカの消防における「ネイビーシールズ」（米海軍の特殊部隊）とも呼ばれる、国が直轄する森林火災のプロフェッショナル集団だ

アリゾナ州はカリフォルニア州と並ぶアメリカでも有数の山火事多発地域で、地元の消防隊は頻繁に消火活動に駆り出されていたが、現場の指揮権を持つのはホットショット。日頃から厳しい訓練をこなし、山火事の真っ只中に飛び込む命知らずなメンバーで構成されたプレスコット消防署（1885年設立）の森林消防隊は長年忸怩《じくじ》たる思いを抱え、1日も早くホットショットとして認められることを願っていた。ちなみに、ホットショットの隊員に選抜されるための最低体力基準は、10分30秒以内に3マイル（約4・82キロ）の徒歩移動と1・5マイル（約2・41キロ）のランニングを、60秒以内に腕立て伏せ25回、腹筋45回、懸垂2回をこなすというハードなものだったが、プレスコット署の隊員はこれを難なくクリアした。

映画では、ヤーネルヒル火災が起きる前年の2012年に審査をパスし、同署の森林消防隊がホットショット（通称「グラナイト・マウンテン・ホットショット」）として認定されることに

▲ホットショットの隊長エリック・マーシュ本人（上）と、演じたジョシュ・ブローリン。映画「オンリー・ザ・ブレイブ」より

なっているが、実際に認可が下りたのは10年前の2002年。映画の主人公の1人である森林消防隊長のエリック・マーシュ（1969年生。演：ジョシュ・ブローリン）がジェフ・ブリッジス演じる署長にホットショットへの認可を強く要請したのは脚色で、アパラチアン州立大学卒業後、様々な職に就いていたマーシュがプレスコット消防署に入ったのは、ホットショット設立翌年の2003年のことである。若い頃から24時間耐久マウンテンバイクレースに出場するなど身体能力に長けた彼は入隊後、ほどなくホットショットに配属され、点火装置や給水装置の使用、防火帯の建設、樹木の伐採、構造物保護など必要なスキルを習得し、山火事の現場に幾度も出動。2013年時点では組織の隊長になっていた。

▲マーシュと妻アマンダは2010年に結婚。下は劇中シーンで、アマンダをジェニファー・コネリーが演じた。映画「オンリー・ザ・ブレイブ」より

▶ホットショットの隊員になった当時のブレンダン・マクドナウ本人（上）と、彼に扮したマイルズ・テラー。映画「オンリー・ザ・ブレイブ」より

映画は、マーシュと妻アマンダ（演：ジェニファー・コネリー）との日常にも多くの時間を割いている。彼らが知り合ったのは２００７年。劇中では一切触れられていないが、当時彼女は過度のアルコール依存を患っていた。実は８歳の頃、友人宅で殺人事件に遭遇しＰＴＳＤ（心的外傷後ストレス障害）を発症、それが原因で成人してから酒浸りになっていたが、マーシュと出会って心の安定を取り戻し

◀事故から2年後の2015年に撮影されたマクドナウ一家。左から長女ミカエラ、ブレンダン、妻アリ、次女ゾーイ。一家は2019年に長男も授かった

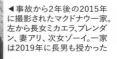

2010年に結婚。乗馬に長けていた夫マーシュの勧めで、アマンダが牧場で馬の訓練ビジネスを営んでいたのも劇中で描かれるとおりである。

もう1人の主人公、ブレンダン・マクドナウ（1991年生。演：マイルズ・テラー）は映画のとおり、18歳までヘロインや万引きに手を染める素行不良者だった。が、数ヶ月前に知り合った女性アリが妊娠・出産したことをきっかけに一念発起し、2009年（劇中では2012年）にグラナイト・マウンテン・ホットショットの採用試験に挑戦し見事に合格。後年、マクドナウは「あのときマーシュに更生の機会を与えてもらわなかったら、人生の大半を刑務所で過ごすことになっただろう」と語っている。

とはいえ、周囲の隊員は彼に懐疑的だった。薬物中毒者をなぜ仲間に入れるのか。劇中でも描かれるように、実際マクドナウは当初、訓練についていけず、10キロのランニングでもメンバーに大きな遅れを取るほどだった。が、人生を好転させたい、産まれた娘に誇れるような父親になろうと過酷なプログラムをこなし、グランド・キャニオンなどで起きた火災の鎮火活動に尽力。皆の信頼を得て「ドーナツ」の愛称で親しまれるようになる。

悲劇は2013年6月30日に起きる。2日前の28日夕方、アリゾナ州フェニックスの北方130キ付近にあるヤーネル近辺に落ちた雷が火災を発生させた。30日には、時速35キロの強風が後押しして類焼面積は120ヘクタールから810ヘクタールにまで拡大。この地域では長期的な干ばつが続いており、38℃という気温も延焼を急速させ、最終的な類焼面積は3千40

▲2013年6月30日、火災現場で消火活動に当たるホットショットのメンバー。写真は殉職した隊員の1人、クリストファー・マッケンジーのカメラに残されていた。火が完全に消し止められたのは7月10日である

0ヘクタール（34万平方メートル）にまで広がった。

鎮火活動には400人以上の消防士が動員され、マーシュ率いるグラナイト・マウンテン・ホットショットのメンバー20人が最前線で燃え盛る火と戦った。このとき、風邪をひいて（劇中では毒蛇に噛まれ負傷したことになっている）見張り役を担っていたマクドナウ（当時21歳）は上空に強い風が吹き、炎の向きが変わり自分たちに向かっていることを確認。慌ててマーシュに無線で状況を知らせるが、ホットショットの19人は速度を増した炎に囲まれて逃げ場を失う。そこでマーシュは、メンバーに防火シェルターに身を隠すよう指示。しかし、火の勢いには勝てず、16時40分過ぎ、全隊員が命を落とす。彼らが火に包まれたときの温度は1千90℃にも達していたそうだ。

ヘリコプターが救出に向かったのはその2時間後で、アリゾナ州の警察が防火シェルターを被った19人の遺体を発見。消防士の犠牲者数は、山火事としては1933年に起こったグリフィスパーク火災以来最悪で、2001年のアメリカ同時多発テロ以降で最も多かった。

映画では、事故を知らされた隊員の家族がプレスコットの学校の講堂に集められ、20人の中で1人だけ生存者がいることを告げられる。そこに現れたのが別のホットショット部隊に救助され生き延びたマクドナウ。自分だけが助かったことを悔いて泣き崩れる彼を、夫マーシュを亡くしたアマンダが気丈に抱きしめるが、この場面も創作で、実際には事前にマクドナウ以外全員が死亡したとの情報が入っており、家族は絶望の淵にいた。

劇中で省かれているが、事故から2日後の7月2日、プレスコット・ヴァレーで追悼式典が行われ、当時アメリカ副大統領だったジョー・バイデンやアリゾナ州知事ら3千人が式典に参列。9日にはプレスコット市でも式典が行われ、そこでは唯一の生存者であるマクドナウが追悼スピーチを述べた。また、事故から3年後の2016年、ホットショットを称えるためにグラナイト・マウンテン・ホットショッツ州立メモリアル公園が作られ、事故現場に殉職者19人それぞれの慰霊碑が建てられた。

一方、森林の管理者や安全管理のエキスパートなどで構成される調査委員会がアリゾナ入りし、事故の原因を究明。3ヶ月の調査を経て、19人の消防士の過失や無謀な行動をとったという証拠はないと発表したが、2013年12月、職場の安全を監督するアリゾナ州産業委員会は調査に基づいて、隊員の命よりも財産の保護を優先させ、撤退命令を早期に下さなかったとして州の林業局を非難し、約56万ドルの罰金を科している。

映画は事故から3年後、1人生き残ったマクドナウが成長した娘と一緒に隊員たちの遺品を飾っている大木に向かい祈りを捧げるシーンで終わり、その後、彼が歩んだ人生についての説明はない。実際のマクドナウは事故後、消防士に復帰することはなく、4年間、罪悪感とＰＴＳＤに悩まされ、その間には自殺未遂も起こしている。トラウマ克服後の２０１７年には回想録『マイ・ロスト・ブラザーズ』を出版。私生活では、ホットショット入隊後ほどなくアリと結婚、事故が起きた２０１３年に次女、２０１９年には長男も授かった。現在、マクドナウはプレスコットで薬物乱用とトラウマ治療のための施設を運営する一方、非営利団体を協力しながら全米で講演活動に励んでいるそうだ。

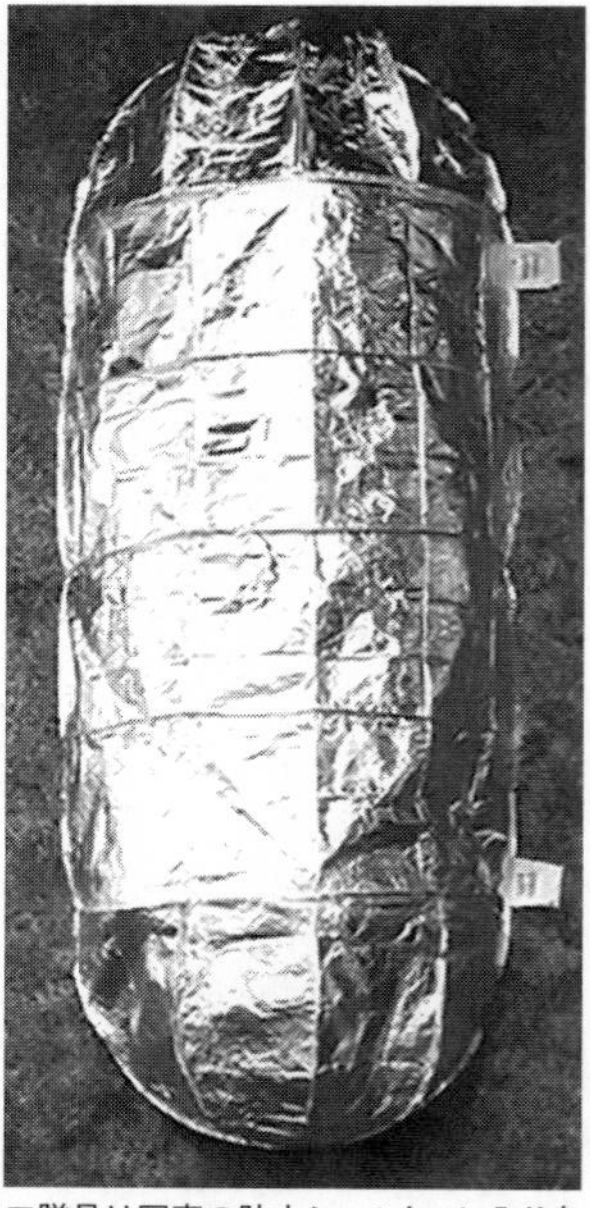

▼隊員は写真の防火シェルターに入り身を守ったが、その防護力は激しい炎には歯が立たなかった

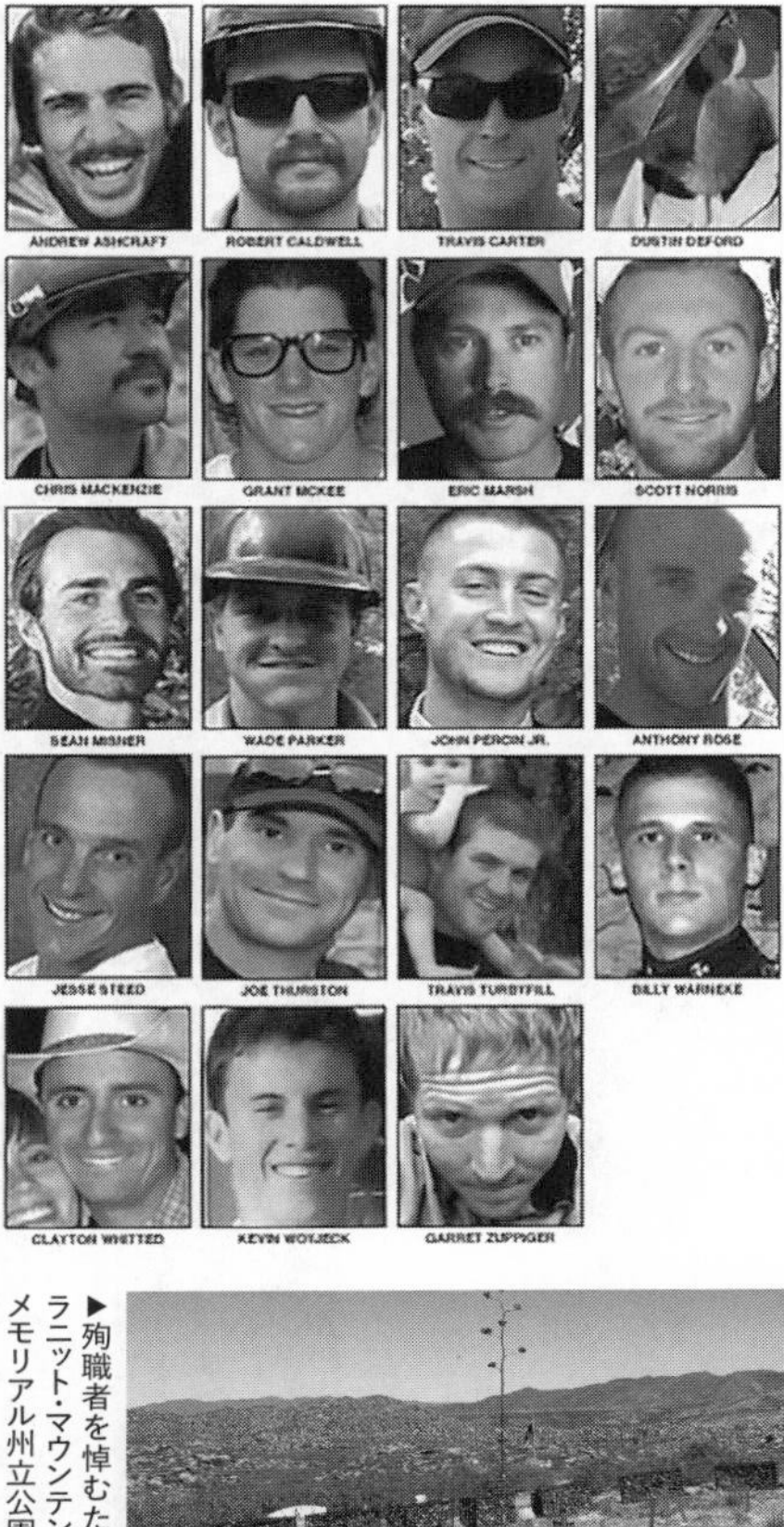

◀殉職した隊員。1段目左からアンドリュー・アシュクラフト（享年29）、ロバート・コールドウェル（同23）、トラビス・カーター（同31）、ダスティン・デフォード（同24）。2段目左からクリストファー・マッケンジー（同30。事故当日の現場写真を撮影）、グラント・マッキー（同21）、隊長エリック・マーシュ（同43）、スコット・ノリス（同28）。3段目左からショーン・マイズナー（同26）、ウェイド・パーカー（同22）、ジョン・パーシン・ジュニア（同24）、アンソニー・ローズ（同23）、4段目左から副隊長のジェシー・スティード（同36）、ジョー・サーストン（同33）、トラヴィス・タービーフィル（同27）、ウィリアム・ワーネケ（同26）。5段目左からクレイトン・ウィテッド（同28）、ケビン・ウォイジェック（同21）、ギャレット・ズッピガー（同27）

▶殉職者を悼むため設立されたグラニット・マウンテン・ホットショッツ・メモリアル州立公園

# ある人質 生還までの398日

## イスラム過激派組織「IS」の人質になり容赦なき拷問を

FILMS

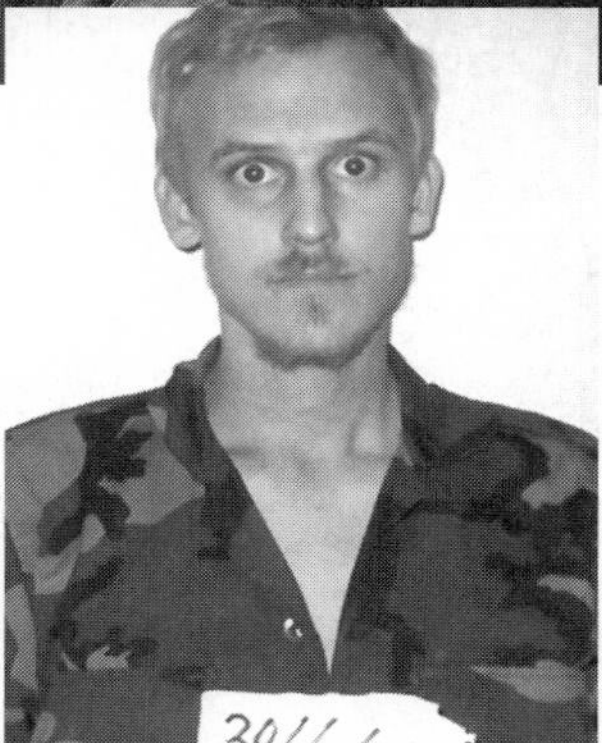


▲主人公の写真家ダニエル・リューを演じたエスベン・スメド。映画「ある人質 生還までの398日」より
◀身代金の要求に際し、生存証明としてデンマーク政府や家族に示されたリュー本人の画像

## 戦場カメラマン、ダニエル・リュー誘拐・監禁事件

２０２１年に公開された映画「ある人質　生還までの３９８日」は、シリアのイスラム過激派組織ＩＳ（イスラム国）に拘束・監禁されたデンマークの戦場カメラマン、ダニエル・リュー（１９８９年生）の実体験を映画化した人間ドラマだ。１年以上にも及ぶ人質生活で彼が受けた拷問と、解放のために家族が支払った身代金は常識をはるかに超えるものだった。

いまだ混乱が続くシリア紛争は、２０１１年に起きた「アラブの春」に発端がある。チュニジアやエジプトで長期独裁政権が倒れたことで、中東・北アフリカ各国に民主化運動が拡大。シリアでも強権的なアサド政権に抗議する民衆のデモにより内戦が始まる。当初は、政府軍から離反した軍人たちが「自由シリア軍」なる反体制組織を各地で結成して政権軍と戦っていたが、次第にイスラム過激派が台頭。その中で、２０１３年から急速に支配圏を拡大したのがＩＳで、アサド政府軍・反政府軍・ＩＳの三つ巴の戦いが内戦を泥沼化させていく。

そんななか、リューがデンマークの首都コペンハーゲンからトルコを経由、国境の街キリスを経てシリアに渡り、北部のアザスに着いたのは２０１３年５月のこと。誘拐された状況は映画とは異なり、仲介者とともに撮影許可を得ようとしたところ、ＩＳに尋問されスパイだと断定された挙げ句、拘留されてしまったのが真相だ。当

**ある人質**
**生還までの398日**

2019／デンマーク・スウェーデン・ノルウェー／監督：ニールス・アルデン・オプレブ●2013年に398日もの間、IS（イスラム国）の人質となりながら、奇跡的に生還したデンマーク人写真家ダニエル・リューの救出劇を実話をもとに映画化。

時のＩＳは誘拐ビジネスでの資金調達に力を入れており、外国人は身代金が期待できる金づると見られていた。

映画は人質生活の一部分しか取り上げていないが、最初の数週間、リューは１人きりで拷問を受け続ける。天井から伸びた鎖に手錠で吊るされる。車のタイヤに曲げた足を固定し足の裏を集中的に痛めつけられる。こうした拷問中にＩＳはイーグルスのヒット曲「ホテル・カリフォルニア」を「ホテル・オサマ」と改題して替え歌を歌わせることもあり、彼は絶望と恐怖で幾度も自殺を図った。

リューの身柄は子供病院の地下など８回場所を移され、最終的に収監されたのが、ＩＳが首都と定めたラッカ北部の刑務所だった。

映画では、10人足らずの男性が一緒に描かれているが、実際は女子房もあり、５人の女性と13ヶ国18人の男性がいたという。自殺を考えていたリューにとって、自分と同じヨーロッパ人の人質と話ができることは大きな救いになった。便器代わりの小さなバケツを持ってトイレに行くことや、監視人が入ってくるときは壁に両手を付けて立ち上がることなど、どんな立ち居振る舞いが彼らを怒らせないかの助言は、無駄な暴力に晒されないために必要不可欠だった。

▲リューたち欧米のジャーナリストらが人質として拘束されていたシリア・ラッカ北部の刑務所

一方で、解放のための身代金交渉も進んでおり、当初ISが交渉人を通して提示してきた額は70万ドル（当時の日本円で約7千万円）だった。ところが、ダニエルの家族が話し合った政府の役人は減額を要求。これにISが怒り、身代金は3億円に値上げされる。この大金を家族が用意、交渉人に託し、2014年6月にリューは解放される。が、家族は身代金を支払ったことを公表していない。テロ組織に金で屈することを政府が許していなかったからだ。反面、秘密裏に身代金を支払っている国もあり、わかっているだけでフランスは身代金として5千810万ドル（約60億円）、カタールとオマーンが2千40万ドル（約21億円）、スイスが1千240万ドル（約13億円）をテロ組織に支払い、自国民を救っている。

▲2014年6月に解放され家族と抱き合うリュー

映画は、アメリカ人の人質の特殊性にも触れている。時期は不明ながら、アメリカ人ジャーナリストのジェームズ・フォーリー（1973年生）がリューと同じ刑務所にやってきた。前向きな性格で2人は意気投合したものの、フォーリーに対する監視人たちの言動は、ひときわ荒い。米軍から甚大な被害を被っていた彼らは、アメリカ人の人質を身代金目的ではなく、報復のプロパガンダに利用しようと考えていたからだ。

一応、フォーリーの家族にも身代金要求は届いたものの、その額は1億3千200万ドル、当時の日本円にして約137億

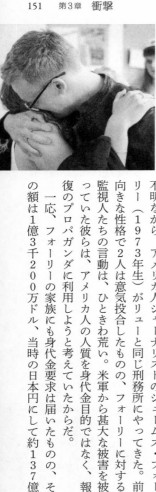

円という途方もない数字。対して、米政府は「法律はテロリズムなどへの身代金の支払いを明確に禁じている。身代金を払うことはさらに多くのアメリカ人が、誘拐される危険を高めるだけ」とのコメントを発表。特殊部隊による人質救助作戦を実行したが失敗に終わり、その結果、リューが解放されてから約2ヶ月後、ユーチューブに「アメリカへのメッセージ」というタイトルの動画がアップされ、フォーリーが砂漠で斬首される姿を流された。

かたや、リューの人質生活は解放されても終わらなかった。身代金として寄付を募っただけでなく、銀行からの融資も受けたため、13万ドル（約2千万円）の借金を抱えていたからだ。そこで、自身の経験を講演して回り、本を出版し借金を完済。現在、リューは誘拐される前に同棲していた彼女と結婚し、カメラマンとして活躍している。

一方、ISは2015年6月にシリアのほぼ全土を支配下に治めたが、アメリカ軍に加え、フランスやロシア、イギリスなども空爆を開始し、以降、急速に勢力を失っていく。

実は、リューたちが収監されていたラッカの刑務所には、人質たちに「ビートルズ」とあだ名を付けられた4人の監視人がいた。常に顔を黒いマスクで覆い英語を話す男性たちで、彼らは気分次第で暴力を振るった。中でも冷酷なのは通称ジョンだ。後に『ワシントン・ポスト』

▼2014年8月、You Tubeにアップされた「アメリカへのメッセージ」と題した動画。アメリカ人ジャーナリストのジェームズ・フォーリーが砂漠で斬首されている姿が映されていた（享年40）。実行者はモハメド・エムワジ

▼人質たちが「ビートルズ」とあだ名を付けていたIS戦闘員。左から ジョンことモハメド・エムワジ、ポールことアイネ・デイヴィス、ジョージことアレクサンダ・アモン・コーティ、リンゴことエル・シャフィー・エルシェイク

紙などによってクウェート出身、英ウエストミンスター大学を卒業のモハメド・エムワジ（1988年生まれ）と特定された彼は、フォーリーはじめ、2015年1月の日本人ジャーナリストの後藤健二、スティーブン・ソトロフなど多数の人質の斬首ビデオに登場、殺害を実行した張本人で、2015年11月、米国防総省が彼を標的とした空爆により、死亡を確認したと発表された。また、リンゴと呼ばれたエル・シャフィー・エルシェイク（1988年生）と、ジョージことアレクサンダ・アモン・コーティ（1983年生）は、2018年1月にシリア民主軍によって身柄を拘束。2022年4月、アメリカで裁判にかけられ、仮釈放の可能性のない無期懲役が言いわたされた。残る1人ポール＝アイネ・デイヴィスは、2015年にトルコで逮捕され、7年半の実刑を受け服役。2022年8月にイギリスに強制送還され、2023年11月、新たに銃器使用罪などで8年の懲役刑を宣告された。

シリア人権ネットワークは、ISに拘留されたうち、いまだ8千100人以上が行方不明のままだと報告している。

©2013「さよなら渓谷」製作委員会

# さよなら渓谷

## 事件の被害者、加害者のその後

FILMS

▲映画「さよなら渓谷」より
◀大学ラグビーの雄、帝京大学ラグビー部の部旗

## 帝京大学ラグビー部 レイプ事件

緑豊かな渓谷に建つ団地で幼児殺害事件が起こり、容疑者として実母が逮捕され、その隣家に住む尾崎俊介（演：大西信満）にも疑いがかかる。俊介の内縁の妻かなこ（演：真木よう子）が、2人が不倫関係にあったと警察に通報したからだ。が、実際にそのような事実はない。なぜ、かなこはウソの証言をしたのか。事件を探る週刊誌の記者（演：大森南朋）が俊介とかなこの間に15年前に起きたある事件が影を落としていることを知り、秘密に迫っていく——。

2013年公開の「さよなら渓谷」は、過去にレイプ事件に遭った被害女性と、加害男性の奇妙な関係を描いた人間ドラマだ。物語は吉田修一の同名小説を原作としたフィクションだが、映画の核となる大学野球部による蛮行は、1997年に帝京大学ラグビー部の男子大学生らが実際に起こしたレイプ事件がモチーフになっている。

1997年11月13日夜、帝京大ラグビー部のメンバー約10人が、東京・八丁堀（中央区）のカラオケボックスに集合した。そこはメンバーの1人（4年生）がアルバイトをしている店で、社員スタッフが帰宅するとバイトだけになるため、ほぼ貸し切りで飲み会が可能だった。店のバイトには独協大と上智大の学生もおり、彼らも後に事件に加担することになる。

飲み会が始まって1時間が過ぎた深

**さよなら渓谷**

2013／日本／監督：大森立嗣●とある市営団地で起きた幼児殺害事件をきっかけに浮かび上がる、容疑者の隣人夫婦の意外な関係を官能的に描く。主演・真木よう子が体当たりで挑んだ演技が絶賛された。2013年度キネマ旬報ベスト・テン第8位。

夜12時頃、赤坂の居酒屋でバイトをしていた帝京大ラグビー部員のK（3年生）が交際相手の女性会社員Aさん（当時19歳）を連れ店を訪れる。Aさんは、そこに10人以上の男子学生がいることなど全く聞かされていなかった。

Aさんが Kと付き合うようになったのは、彼女が高校生のとき。友人を介して知り合ったのがきっかけだった。何度かデートを重ねたものの、そのうち「お気に入りの子が他にできたらしい」と友人に聞かされ、Aさんは自分から電話で別れを告げた。しかし、その後も彼女はKに好意を抱き続けており、社会人になってから再び連絡を受けて再会し、交際が復活。深い関係になったのはそのときからで、数ヶ月後に事件に遭遇する。

普段酒を飲まないAさんは、彼女に目をつけた他の部員に半ば強引にアルコールを飲まされ酩酊状態に。やがて、同じく酔ったKと別室で性行為に及ぶ。ところがKは途中で気分が悪くなり、トイレへ行くと部屋を出て行ってしまう。そこへ、他の部員たちが乱入し彼女に性行為を強要する。AさんはKに助けを求めたが、このときKは部屋の前の女子トイレで酔いつぶれて寝込んでいたという。

Aさんは男たちに「騒いだら下の毛を燃やすぞ」とライターの火を目の前にかざして脅され、殺されるのではないかという恐怖の中で、男たちのされるがままになる。後の本人の証言によれば、陰部にカラオケマイクを入れられたり、濡れないからと水もかけられたという。

翌朝解放されたAさんのもとに、Kから電話が入るのはその日の午後。自分から誘ったのに酔いつぶれて申し訳なかった――。謝罪の言葉には、事件について一切触れられていなかった。

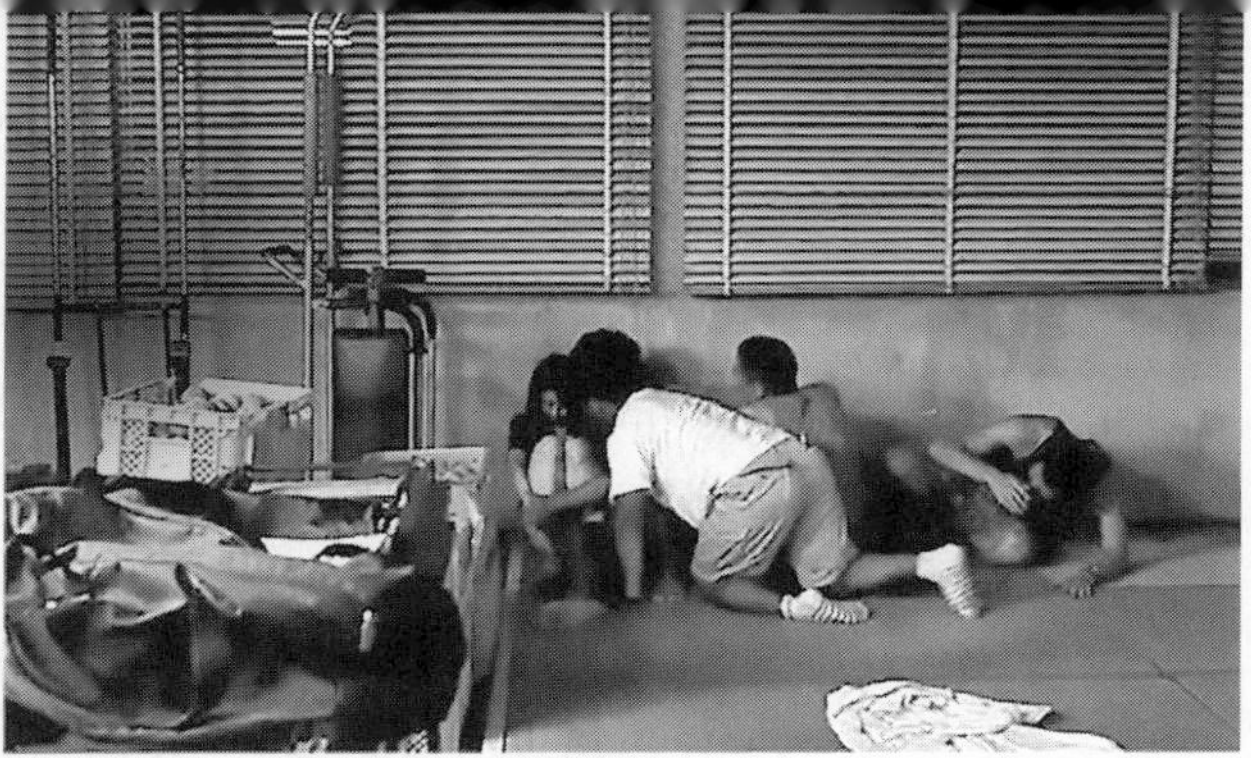

▲劇中で描かれるレイプシーン。映画「さよなら渓谷」より



彼女は到底信じられない。Kに呼び出さなければ、あのような悪夢に遭遇することはなかったのだ。AさんはKが事前に犯行計画を知っており、自分を意図的におびき寄せた共犯の1人と疑った。

Aさんは悩んだ末に母親に事情を打ち明け、警察に被害届を提出。1998年1月20日、Kを含む計8人が逮捕される。Kは取り調べに対し、レイプがあったことは知らずに後で友人から聞いてびっくりしたと主張。他の学生は外形的事実は認めたが、レイプと呼ぶようなことはしていないと供述した。2月9日、帝京大生7人と被害者との間で示談が成立。その間、逮捕された学生の親の中には、いきなりAさんの自宅を訪れて土下座した者もいたという。また、Aさんが示談に応じたのは、逮捕学生の親たちや弁護士より、裁判になると被害者側も再び辛い目に遭うと強い説得があったかららしい。結局、逮捕された学生8人が処分保留のまま釈放、後に不起訴に。学生たちが釈放された夜、帝京大は記者会見で処分を発表し、Kは退学となった。

ちなみに、この事件で逮捕された学生の1人が、フジテレビのワイドショーで実名を挙げて事件の共犯者であると報道され名誉を著しく毀損されたとして、同局を相手取り1千100万円の賠償を求める訴えを起こした。対して東京地裁は、2001年9月、フジテレビに対して慰謝料100万円を支払う判決を言い渡している。

映画で真木よう子演じるレイプ被害者は、事件後に就職した先で知り合った男性と婚約するものの、相手の親に過去の事件がバレ、破談になった挙げ句に会社も退職。次の就職先で知り合った男性と結婚するが、暴力を振るわれ精神を病み、自殺未遂を起こし入院することになっている。そこに現れたのが、事件の犯人で唯一、贖罪の気持ちを抱き続けていた尾崎俊介だ。彼は真摯に謝罪の言葉を繰り返し、やがてその気持ちを受け入れたのか彼女は俊介と同居を始め、心の安定を取り戻したかのように描かれている。

しかし、現実は違う。月刊『創』2011年12月号と2012年1月号に掲載された記事によれば、Aさんは事件から13年が過ぎた2011年時点でもPTSDから抜け出せず、心に深い傷を負ったままだという。その間も、リストカットや自傷行為を繰り返し、突発性難聴や原因不明の高熱に悩まされ続けていたそうだ。同時に彼女はKのことを未だに引きずっていた。信じていた相手が本当に自分を裏切るような行為を働いたのか否か。直接謝罪がないのも納得できずにいた。

AさんはKに直接手紙を書いて真相を問いただそうとしていた。が、迷惑がられるのは目に見えている。そこで彼女に代わり、『創』編集部が取材を申し込んだところ、Kはこんな返事を手紙で寄せてきたそうだ。

〈この度、お手紙を頂きまして、大変迷惑をしているのが本心です。あれから13年経過して、自分も、事件の事を背負って、苦しみ、悩み、又、忘れようとして頑張ってやってきましたが、ここに来て、なんで今更というのが本心です。事件の首謀者にまつりあげられ、まったく身に覚えがない事まで言われ苦悩したが、彼女を呼んだ事の事実は消しようもない、その責任は充分感じていますし、自分は男だからどんな事でも耐えて生きて行くつもりです〉

〈私が釈放された際、私と両親ですぐその足で、ご自宅に赴き謝罪するつもりでお電話をさしあげたところ、お母さんから、もう一切関わりたくないので来ないよう強く言われましたので、謝罪にお伺いできませんでした。だから、一切謝罪がないという彼女の見解は間違っております〉

その後、Aさんは医師に勧められて入院。彼女が自殺を図るのではないかと恐れての判断だったらしい。現在、Aさんがどこで何をしているのか。一切、情報は伝えられていない。


帝京大学ラグビー部は1970年に創部され、1980年代には関東交流戦で強豪・法政大学を下す活躍で〝紅い旋風〟と呼ばれ注目を集めた。レイプ事件のあった翌年の1998年こそ公式戦を辞退したものの、2009年から2017年まで全国大学ラグビーフットボール選手権大会を9連覇。その後、2021年から2023年まで3連覇を果たすなど、過去の不祥事を払拭するかのように、早稲田大学や明治大学と並ぶ大学ラグビーの強豪校として名を馳せている。

# パーフェクト ストーム

## 100年に一度の大嵐に遭遇し、乗務員6人が消失

FILMS

▲巨大ハリケーン「パーフェクト・ストーム」に飲み込まれるアンドレア・ゲイル号。映画「パーフェクト・ストーム」より

▲事故の直前、1991年9月の操業を終えて帰港したアンドレア・ゲイル号。大漁だったのがわかる。右端が船長のビリー

## メカジキ漁船「アンドレア・ゲイル号」失踪事故

1991年10月、アメリカ東部の北大西洋沖で発生した史上最大の大嵐の中、海上に出ていたメカジキ漁船「アンドレア・ゲイル号」の乗員、船体がまるごと行方不明になった。2000年公開の「パーフェクト ストーム」は、この実際の事故を題材に、遭難した乗務員と救助隊の苦闘を同時進行で描写したパニック映画である。

物語の舞台は、米マサチューセッツ州の港町グロスター。北からのラブラドル海流（寒流）と南からのメキシコ湾流（暖流）が流れ込む世界有数の好漁場《こうぎょじょう》である。

映画は、1991年9月初旬、メカジキ漁を終えたアンドレア・ゲイル号がグロスターの港へ戻り、帰りを待ちわびていた家族が乗組員たちを迎えに走り出す場面から始まる。しかし、同号の船長ビリーことフランク・ウィリアム・タイン（1954年生。演：ジョージ・クルーニー）は浮かない顔。水揚げ量が圧倒的に少なったからだ。メカジキ漁で一番重要なのは、魚群がいる場所を察知する船長の読みなのだが、彼は外してばかり。乗組員から、思ったような給料が出ないことを責められる有様である。

この一連の描写は完全なるフィクションで、同年9月頭のアンドレア・ゲイル号は大漁だった。また、劇中ではいかにもビリーがベテラン船長

**パーフェクト ストーム**

2000／アメリカ・ドイツ／監督：ウォルフガング・ペーターゼン●アメリカの作家、セバスチャン・ユンガーが1997年に出版したノンフィクション小説『パーフェクト・ストーム-史上最悪の暴風に消えた漁船の運命』を映画化。タイトルの「パーフェクト・ストーム」は複数の厄災が同時に起こって破滅的な事態に至ることを意味する。

で、歳のせいで衰えたかのように描かれているが、彼は当時36歳。1年間、同号の乗務員として働いた後、船長になったのは1991年の夏で、どちらかといえば新米船長だった。

港に帰った彼らが憂さ晴らしをする酒場「クロウズ・ネスト（カラスの巣）」は実在し、映画では、船員の1人、バグジーことマイケル・モラン（当時36歳）が1人で飲んでいたふくよかな体型の女性アイリーンと仲良くなる設定だが、このアイリーンは劇中で唯一の架空の人物である。また、ビリーと姉妹船「ハンナ・ボーデン号」の女性船長リンダ・グリーンロー（1960年生）がロマンティックな関係にあったかのような描写も創作で、実際は単なる知り合い程度で個人的な付き合いはなかったそうだ。

彼らは数週間の休息を経た1991年9月20日、再び漁に出る（劇中では帰港の2日後）。船長ビリーとともに船に乗り込んだのは、デール〝マーフ〟マーフィー（当時30歳）、アルフレッド・ピエール（同32歳）、ボビー・シャットフォード（同30歳）、デビッド〝サリー〟サリバン（同29歳）、そしてバグジーの5人だ。

メカジキ漁は通常、30日間を1サイクルとしている。つまり、帰港予定は10月20日。映画では、見送るクルーの家族や恋人たちの、心配しながらも、どこかで大漁＝一攫千金を期待する港町独特の活気も描かれている。

アンドレア・ゲイル号はいつもどおりカナダ・ニューファンドランド島先のグランドバンクスに向かう。最初こそ良い当たりがあったが、その後はサッパリ。そこでビリーは、さらに沖のフレミッシュキャップ（ラブラドル海流とメキシコ湾流がぶつかる潮目ながら、グランドバ

▲アンドレア・ゲイル号の乗組員たち。左からデール・マーフィー、マイケル・モラン、デビッド・サリバン、(1人置いて)アルフレッド・ピエール、ボビー・シャットフォード

ンクスよりも深く暖流の影響が強い海域)を目指すことにしたようだ。この間、大きなサメを捕まえてリリースしたり、仕掛けの針に引っかかって海に落ちたマーフを日頃仲が悪かったサリーが真っ先に飛び込んで助けたりといった劇中のエピソードは別の漁師から聞いた話から考えられたものである。なにせ、彼らは二度と戻ることはなかったからだ。

アンドレア・ゲイル号からの最後の送信は、10月28日の18時頃だ。場所はカナダ・セーブル島の東約162マイル(約261キロ)。船長のビリーは無線で9・1メートルの波と最大150キロメートルの突風を示す大荒れの天気を報告し「嵐がやってくる。凄いやつが」と伝えたそうだ。これを直に聞いたのが前出のリンダ船長である。劇中では、嵐の真っ只中にいるアンドレア・ゲイル号を救うべく彼女が沿岸警備隊にSOSを伝えているが、後に彼女が語ったことによると「嵐が来ている」と言うビリーの言葉に緊急性が感じられなかったため、SOSはしてないそうだ。

リンダは、帰路の途中にあっという間に嵐が発達し、ビリーたちが気づく前に巻き込まれてしまったのではないかと推測する。彼らが魚が腐るのを防ぐため、故意に危険な嵐にぶつかっていったという劇中描写はとても事実とは思えないという。

このとき、北大西洋で発生した「ハリケーン・グレイス」（熱帯低気圧のうち最大風速が毎時64ノット＝秒速約32メートル以上のもの）が、北米大陸に向かって北上する過程で「爆弾低気圧」（五大湖からメキシコ湾周辺に発生する北東の強風）と寒冷高気圧にぶつかり、究極の巨大嵐に発達。アンドレア・ゲイル号はこの中で彷徨っていたようだ。

もっとも、その海域にいたのは同号だけではない。日本の遠洋マグロ漁船「第78永伸丸《えいしんまる》」を

▼ビリーと最後の無線を交わしたリンダ・グリーンロウ。アメリカ東海岸で最も有能な女性船長といわれ、現在は漁業関係書籍の作家としても活躍中

▲右から3人目が船長のビリーを演じたジョージ・クルーニー。その左がボビー役のマーク・ウォールバーグ。映画「パーフェクト・ストーム」より

はじめ、貨物船、コンテナ船、帆船の数多くが遭難、あるいは遭難しかかっており、沿岸警備隊や米空軍のパラシュート・レスキュー隊が決死の救助活動に当たっていた。しかし、アンドレア・ゲイル号は、10日間にわたる18万6千平方マイルの大規模捜索も虚しく、発見されたのは緊急ビーコンや空の救命いかだ、燃料ドラム缶、プロパンタンクなどの残骸のみ。乗務員や船体の手がかりはどこにもなく、全員が死亡、船は海に沈んだものと推定されている（扱いとしては現在もなお行方不明の状態）。

ちなみに、この嵐ではアンドレア・ゲイル号の6人を含め、13人の命が奪われた。沿岸では道路と空港は閉鎖され、数えきれない建物が崩壊。総被害額は約680億円にのぼったという。

映画「パーフェクト ストーム」公開後、ビリーの元妻と2人の娘が配給のワーナー・ブラザーズと2つの制作会社を訴えた。ビリーを実名で「短気で部下の命を危険にさらす無能な船長」として誤って描写しているだけでなく、家族の同意なしに映画が制作されたことを問題視したのだ。後に、まるで浮気していたかのように描写されたデール・マーフィーの家族や、他数名の関係者も原告団に参加したが、フロリダ州地裁は映画上の脚色は違法ではないと判断。訴えは棄却されている。

▼現在も営業しているグロスターのバー「クロウズ・ネスト」。アンドレア・ゲイル号の乗組員や、映画撮影時の写真が飾られ観光名所になっている

# パニック・イン・ミュージアム
## モスクワ劇場占拠テロ事件

### ロシアからの独立を要求するチェチェン武装派がテロ蜂起

▲劇場を占拠したテロリストと人質の観客の様子を再現した劇中シーン。映画「パニック・イン・ミュージアム モスクワ劇場占拠テロ事件」より

▲劇場のCCTVカメラで撮影したテロリストと観客。当日はチケットが完売、満席だった

## プーチンが隠した ドブロフカ・ミュージアム 占拠テロ事件の現実

２００２年10月、ロシア・モスクワの劇場がチェチェン共和国の武装テロ集団によって占拠される事件が発生した。テロリストは公演の観客を人質に祖国の独立を要求。拒否すれば、爆弾で人質ごと劇場を爆破するとロシア政府を脅迫する。２０１８年の映画「パニック・イン・ミュージアム　モスクワ劇場占拠テロ事件」はまだ記憶に新しいこの事件を題材としたサスペンスアクションである。

映画をご覧になった方は知ってのとおり、本作は事件に基づいているものの、内容はまったくのフィクションである。ヒロインのアッラ先生や、事件を解決する特殊部隊員のカディシェフ大佐も架空の人物。というのも、この映画は２０１５年の映画「先生」（日本未公開）の続編で、主たる登場人物をそのままに、物語の舞台を劇場占拠事件に設定したものだ。

いずれにせよ、現実の事件は２００２年10月23日に起きる。ロシアの首都モスクワ中央部ある劇場「ドブロフカ・ミュージアム」で21時より第二次世界大戦中の赤軍についてのミュージカル「北東」が開幕。2幕目に入った頃、武装集団が劇場に乱入し、１００キロ以上の爆発物、約１００個の手榴弾、３個の重爆弾、18丁のカラシニコフ銃、20丁のピストルを手に、観客９２２人を制圧した。

**パニック・イン・ミュージアム**
**モスクワ劇場占拠テロ事件**

2018／ロシア／監督：アレクセイ・ペトルヒン●2002年にモスクワの劇場「ドブロフカ・ミュージアム」がチェチェン共和国の武装集団に占拠され、人質130人が亡くなった惨事を題材にしたサスペンス。原題の「последнее испытание」は「最終試験」の意。

42人（16歳から48歳。ほとんどが25歳以下）の武装集団はチェチェンのテロ組織のリーダー、モフサル・バラエフ（1979年生）が率いる「特別目的イスラム連隊」のメンバーとその家族で、20人が女性だった。黒いコスチュームで身を包んだバラエフが天井に発砲しながら舞台に上がると、満杯の客席は極度の緊張に包まれる。が、このとき舞台裏で休んでいた出演者の何人かが窓から逃げ出し、警察に通報。同時に約90人が建物から脱出した。

彼らの要求は、チェチェンでの第2次紛争の終結とロシア軍の撤退、さらにチェチェンの独立についてロシア当局と交渉することにあった。そして、10月26日朝までに要求が受け入れられない場合は人質を殺害し、劇場ごと自爆すると警告した。

チェチェンの武装集団がテロを仕かけた背景にはロシアの歴史的弾圧がある。北カフカース

▼2002年10月25日のNTVのインタビューに答える武装集団のリーダー、モフサル・バラエフ（中央）

▲動けなくなった人質を救出、病院へ搬送したがその多くが亡くなった

の先住民族でイスラム教徒のチェチェン民族は19世紀初めにロシア帝国に制圧され、スターリン政権時代には50万人の民族ごと中央アジアへと強制移住させられ全人口の40％が死亡。移住先の劣悪な衛生環境が主な要因だった。

１９５７年、スターリンが死去すると、生き残ったチェチェン人は故郷への帰還を許可されたが、彼らには根強い反露感情が残り、ソビエト連邦が崩壊しつつある１９９１年に独立を宣言する。が、ロシアはそれを認めず軍事行動を開始。１９９４年に第1次チェチェン紛争が勃発し、一般市民10万人以上が犠牲になった。

紛争は１９９７年に停戦したものの、2年後の１９９９年にモスクワで発生したアパート連続爆破事件を、ロシア当局はチェチェンの仕業と断定（ロシア諜報機関による自作自演疑惑あり）。これを口実にロシアは軍事行動を再開、第2次チェチェン紛争に突入する。対し、欧米各国はロシアの弾圧だと強く非難したが、２００１年のアメリカ同時多発テロで風向きが変わる。アルカイダなど国外のイスラム過激派勢力がチェチェン独立派を支援していたからだ。

大統領代行を経て２０００年に大統領に就任したウラジーミル・プーチンが「強いロシア」を謳い、チェチェンを直轄統治。圧倒的な軍事力に屈した独立派は、テロ活動で対抗することを決意し、その手始めが、モスクワ劇場占拠事件だった。

事件発生から1時間足らずで警察隊の他、ロシア連邦保安庁の特殊部隊であるアルファ部隊が集結し、建物を完全封鎖する。対しテロリストは交渉に応じ、24日夕方までに約60人の人質

▼客席に残された、すでに息をしていない人質の観客たち

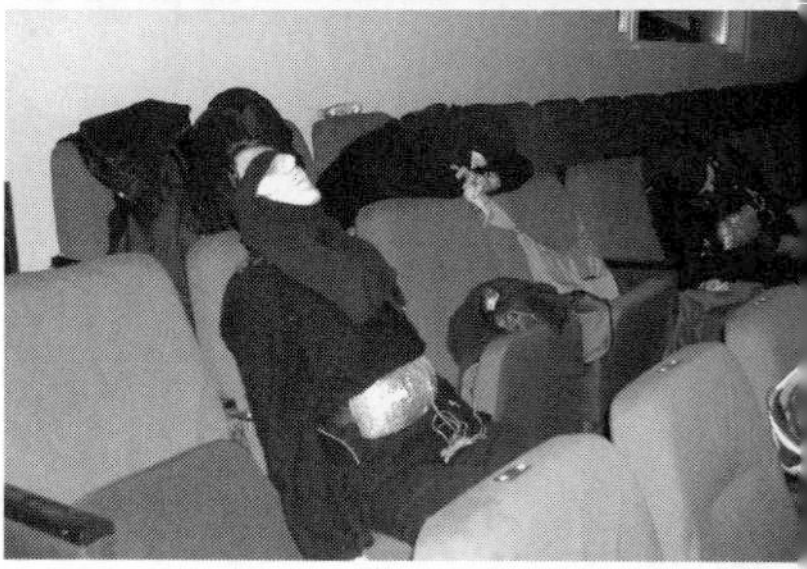

▲20人いた女性テロリストたちも銃撃戦やガスの吸引で全員が死亡した。彼女らは腹部に爆弾を巻き「自殺部隊」と呼ばれていた

を解放。プーチン大統領は、全ての人質を解放すれば、テロリストの命を救う準備ができていると提案したが、彼らは即座に拒否した。

3日目(25日)。NTV(全ロシアの連邦テレビチャンネル)の特派員とカメラマンが建物に入り、テロリストと6人の人質にインタビューを決行。妊婦ら7人と、子供8人、アゼルバイジャン市民4人を解放したが、自分の息子が人質になっていると思い込み建物に入った父親が撃たれ死亡する。

4日目(26日)午前5時、特殊部隊が突入を決定し、テロリストを鎮静するため、あらかじめ劇場の通気口から鎮静ガスを散布した。が、ガスマスクを着用していた一部のテロリストには効果がなく、逆に人質の観客がもろに影響を受けてしまう。このときテロリストは人質に対し、銃撃戦に巻き込まれないよう座席の下で頭を覆っているように忠告したという。

午前6時20分、突入。激しい銃撃戦の結果、全てのテロリストが射殺された(イギリスのB

BCは、生き残った何人かが手錠をかけられて連れ去られたと報道)。銃弾により死亡した人質は1人もいなかった。ところが、結果的に130人の人質が命を落とす。原因は特殊部隊が突入前に散布したガス。全員が窒息死だった。

プーチン大統領は10月26日の朝、テレビで事件について「特殊部隊の作戦が成功し、数百人の人々を救った。ロシアを屈服させることは不可能だ」と演説。自国の特殊部隊が散布したガスが原因で100人以上が死亡したことは隠したうえで、チェチェン独立派に対してより厳しい措置を取ることを宣言する。

だが、この事件での経験は生かされない。2004年9月1日、チェチェン独立派は「ベスラン学校占拠事件」を起こし、チェチェン共和国からのロシア軍の撤退などを要求する。3日間の膠着《こうちゃく》状態の後、9月3日に犯人グループと特殊部隊との間で銃撃戦が行われ、特殊部隊が建物を制圧し事件は終了したものの、人質1千181人のうち386人以上が死亡。このうち186人が子供だった。

プーチン大統領は2009年までにチェチェン独立派とテロ組織をほぼ制圧したと発表した。チェチェンは現在もなおロシアに属する共和国で、独立要求は収まっていない。

▼犠牲となった人々

# サニー／32

## 処刑スタイルで友達をカッターナイフで刺殺した美少女

FILMS

©2018「サニー／32」製作委員会

◀メインキャスト。左からリリー・フランキー、北原里英、ピエール瀧。映画「サニー／32」より

小6女児切られ死亡
同級生にカッターで
佐世保の小学校

◀事件は世間に大きな衝撃を与えた

## 佐世保小6女児同級生殺害事件

新潟を拠点とするアイドルグループＮＧＴ48の元メンバー北原里英の主演による「サニー／32」は、仕事も私生活も冴えない24歳の女性教師が、小学生のときに同級生を殺した加害者を「犯罪史上最も可愛い殺人犯」として神格化する集団に拉致されたことから始まる恐怖と事件の真相を描いたサスペンススリラーだ。映画は２００４年に長崎県佐世保市で小６女児が同級生を刺殺した実際の事件をモチーフにしており、その加害女児も可愛いらしいルックスから当時、ネットで大きな注目を集めた。

劇中の事件は２００３年2月、北海道函館市に住む小学生女児が、クラスメイトや先生からも疎外されていた仲良しの同級生女児を元気づけるためカラオケボックスに誘ったところ、同級生が帰りたいと言い出したため裏切られたと思いカッターナイフで首を切りつけ刺殺したことになっている。その後、美少女だった加害女児の写真がネットに流出。彼女が三本指と二本指を立てたピースサインのポーズを取っていたことから「サニー（32）」の愛称を付けられ、信奉者が増えていく。

題材となった実際の事件の舞台は佐世保市の市立大久保小学校だ。２００４年６月１日、同校に通う６年生Ｎ（当時11歳）が午前中の授業が終わった後の給食準備中、同級生

**サニー／32**

2018／日本／監督：白石和彌●1999年に起きた上申書殺人事件を題材とした2013年公開の「凶悪」以来となる白石監督と脚本・髙橋泉が再タッグを組んだ完全オリジナル作品。ネット上で神格化された殺人犯の少女「サニー」を信奉する男たちに誘拐・監禁された女性教師の壮絶な運命が描かれる。
DVD販売元：
TOEI COMPANY,LTD.

▲ネットに流出した3本指と2本指を立てた画像から「サニー(32)」と呼ばれた劇中の少女(右)と、アパレルショップ「NEVADA」のパーカーを着ていたことから「ネバダたん」の愛称が付けられた加害女児本人。映画「サニー／32」より

の女児R（同12歳）を3階の学習ルームに呼び出し、カーテンを閉めて椅子に座らせ、手で目を隠し背後から首と左手を切りつけ刺殺した。被害女児の首の傷は深さ約10センチに達し、左手の甲には骨が見えるほどの防御創があったという。

Nと被害女児とは以前から仲が良く、互いにコミュニティーサイトの提供するウェブサイトを運営し、パソコンでチャットや電子掲示板で書き込みをする間柄だった。2人は共に地域のミニバスケットボールクラブに所属していたが、小学5年生の終わり頃に成績が下がったことを理由にNの父親がクラブを辞めさせ、以来、彼女は極端に不安定になっていく。人と話すときに目を泳がせ落ち着かない素振りを見せ、些細なことで逆上、罵詈雑言を吐いたり、ちょっかいを出してきた男子児童には殴る蹴るの暴行を加えることもあったという。この異常行動の背景には彼女が好んで読んでいた小説『バトル・ロワイアル』の影響があるとされる。小学校5年の1月、Nはウェブサイトでの同作の同人小説を発表。予定していたその続編は6年生のクラスと同じ人数の38人が殺し合いをするストーリーで、各キャラクターや名前が同級生に似ており、その中には後に事件の被害者となるRと同姓の登場人物も登場、物語の中で殺害されているという。

NとRの仲が険悪となるのは2004年5月下旬頃のこと。ある日、Rが遊びでNをおんぶしたとき「重い」と言ったことにNは冗談を受け止められずに立腹。その後、Rが自分のウェブサイトにNのことを「言い方がぶりっ子だ」と書いたことにも怒り、あらかじめ交換していたパスワードを使ってRのウェブサイトに侵入し、その記述を削除した。が、再びRが同様の書き込みを行い、Nは改めて削除。Rはこのとき「荒らしにアッタンダ。マァ大体ダレがやってるかワかるケド」と書き込み、それを知ったNはRが使用していたアバターを消去し、いよいよRへの殺意を固める。

犯行後、学習ルームを出たNは教室に戻る。服に返り血を浴び、手に血まみれのカッターナイフと血液を拭いたハンカチを握った彼女を見た担任の教師は、最初Nが負傷したものだと思い込んだ。しかし、Nが「私の血じゃない、私じゃない」とつぶやき学習ルームを指差したことで現場に駆け込んだところ、血まみれの中に倒れているRを発見、すぐに救急車を要請した。この間、保健室で着替えを済ませ、手や足を洗ったNは声を震わせながら「私、どうなっちゃうの…」とつぶやいたそうだ。

Rは病院に運ばれる前に死亡が確認され、救急隊が警察に通報。ほどなく「私がカッターで切りました」と犯行を認めたNは、その後、校長室で40分間にわたり事情を聴取され、13時55分に警察に移送される。

事件は大きく報道され、世間はその動機に関心を寄せた。なぜ11歳の小学生が学習ルームのカーテンを閉めて、後ろから首を切りつける処刑スタイルで頸動脈を切断するという残忍な方法で同級生を殺害したのか？　事件後、Nは精神鑑定を受け、いったん発達障害（広汎性発達障害・アスペルガー症候群）と診断されたが、別の診断では、情緒面で同世代に比べて著しい遅れがあるものの、加害女児には被害者を含めた同年代の友人がおり、交換日記やウェブチャットなどで仲間とも交流していたことから「アスペルガー症候群の『対人関係の障害』の診断基準を満たす特徴は見出せない」と指摘され、結局、誰もが理解できるような犯行動機は判明しなかった。

一方で、事件後ほどなくNの顔写真が流出すると、インターネット上で「可愛い！」「美少女！」との声が続出。Nがアパレルショップ「ＮＥＶＡＤＡ」のパーカーを着ていたことから大手掲示板2ちゃんねるなどで「ネバダたん」と呼ばれ、まるでアイドルのように祭り立てられる。彼女のイラストを描いてネットにアップする者、彼女を真似てコスプレする者。その現象もまた異様なものだった。

映画は最後、主人公の教師とは別の女性が本物の「サニー」だったことがわかり結末を迎えるが、実際の事件を起こしたNは２００４年9月に長崎家庭裁判所が、最長2年間までの行動の自由を制限する措置を認めたうえで、国立の児童自立支援施設である栃木県さくら市の国立きぬ川学院への送致を決定した。Nは特に問題行動を起こしたり反抗的な態度を取ることなく、施設内の小学校・中学校（分校）に通い、２００８年3月に退所。その後の消息は不明ながら、一部にはすでに改名して結婚、家庭を築いているとの情報もある。元加害者Nは２０２３年11月21日で31歳になった。

▶事件後、ネットには「ネバダたん」を描いたイラストや、彼女の格好を真似た画像をアップする者が続出した

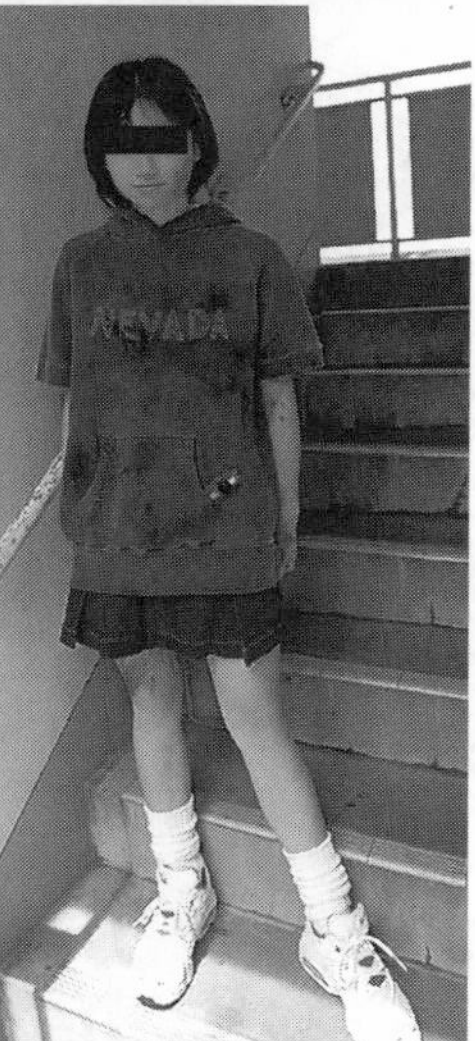

▼被害女児の父親が勤務していた毎日新聞佐世保支局の記者、川名壮志が事件の詳細を著したノンフィクション『謝るなら、いつでもおいで』（新潮社）

# 白い沈黙

## 18年間監禁され、犯人との子供を2人出産

## ジェイシー・リー・デュガード誘拐事件

▲娘を誘拐された父親を演じたライアン・レイノルズ。映画「白い沈黙」より

SSING
South Lake Tahoe
REWARD OFFERED
For The Safe Return of:
Jaycee Lee Dugard
• 4' 6" — 80 lbs.
• 11 years old — born 5-3-80
• Long blond hair — blue eyes

▶▼誘拐された当時11歳のジェイシー・リー・デュガード本人と、彼女の情報をプリントした布バッグ

ある冬の日、9歳になる娘を車に置き、父が食料品店に立ち寄る。買い物を終え戻ってくると後部座席にいたはすの娘の姿がない。時間にして2、3分。そのわずかな隙に娘は何者かに誘拐されたのか。焦った父親は警察に捜索を訴え出るも、過去に暴行事件を起こしていたことから逆に容疑者として疑われ、そのまま8年の月日が流れる——。2014年の映画「白い沈黙」は失踪した娘を必死に捜す父親が衝撃的な結末に遭遇するスリラーである。内容は全く異なるが、本作のモチーフになった実際の事件がある。1991年にアメリカで起きたジェイシー・リー・デュガード誘拐事件。その真相は映画より何倍も衝撃的である。

1991年6月10日朝、米カリフォルニア州サウスレイク・タホに住む小学5年生の少女ジェイシー・リー・デュガード（当時11歳）が自宅近くのバス停でスクールバスを待っていると、突然Uターンした1台の車から2人の人影が現れ、ジェイシーを力ずくで車内に押し込んだ。その様子は彼女の父と数人の同級生が目撃しており、父はとっさに自転車で追いかけたものの追いつくことはできず、車はそのまま逃走。ジェイシーの家族は警察に通報する。

映画同様、警察は当初、ジェイシーの父が事件に関与しているものと疑い取り調べる。実は彼女の母親は一度離婚しており、ジェイシーは前の夫との間にでき

**白い沈黙**

2014／カナダ／監督：アトム・エゴヤン●失踪した娘を捜す父親が、事件に隠された真相に迫っていく姿を描いたサスペンスミステリー。1991年に米カリフォルニア州で11歳の少女が誘拐された実際の事件がモチーフになっている。

た子供だった。警察はその実父が娘を誘拐した可能性があるとみてポリグラフにかけるが、結果はシロ。再婚相手の継父も捜査の対象になったものの、すぐに疑いは晴れた。

捜査が継続される一方、数十人のボランティアが数万枚のチラシやポスターを作成し配布、大手テレビ局フォックスでも特集が組まれ情報を募ったが、有力なものは一切得られなかった。

劇中の少女は失踪から8年後、警察がインターネットに本人らしき画像を発見したことから、彼女が児童買春組織に誘拐され、そこで受付の仕事に就いていることがわかる。対し、ジェイシーは失踪から18年、人々の記憶から事件が完全に風化した2009年8月24日、思わぬことから存在が発覚する。

この日、1人の男が独自の宗教イベントを開く許可を得るため、カリフォルニア大学バークレー校の構内警察を訪れた。男の名はフィリップ・ガリドー（同58歳）。対応した警官は男の挙動に不審なものを感じ、翌日再訪するよう告げた後、ガリドーの犯罪歴を調べてみると、過去に強姦事件を起こし現在は仮釈放中の身であることが判明した。ガリドーは翌日、2人の少女を連れやって来た。聞けば少女は自分の娘たちだというが、その様子がどうにもおかしい。警察はいったん彼らを帰し、話があるので改めて明日、事務所に来るようガリトーに電話。26日、ガリトーは妻のナンシー（同54歳）と昨日連れてきた2人の少女、さらにアリッサと名乗る女性を伴い現れた。警察がガリトー夫妻と女性たちを離し、彼女たちに話を聞いたところ、驚愕の事実が判明する。アリッサはその時点で29歳になっていたジェイシーで、18年間、ガリトー夫妻に監禁されており、少女2人はガリトーがジェイシーを強姦し産ませたエンジェル（同15

歳）とスターリット（11歳）だというのだ。警察は、その場でガリトー夫妻を逮捕した。

ガリドーは1972年、21歳のとき14歳の少女を暴行し逮捕された。が、被害者が証言を拒否したため有罪を免れ、翌年、高校の同級生の女性と結婚したものの、ガリトーのDVが原因で離婚。1976年、サウスレイク・タホで拉致した女性を約40キロ離れたネバダ州リノの倉庫で強姦。逮捕、起訴され1977年、懲役50年の刑を受け、カンザス州のリーベンワース刑務所に収監される。そこで、囚人である祖父の面会に訪れていたナンシーと出会い1981年10月に獄中結婚。それから7年後の1988年1月、仮出所が認められ自由の身に。常習的な性犯罪者として足首にGPS追跡可能ブレスレットをはめられ、規則的に警察官の訪問を受けるなど監視下に置かれる。

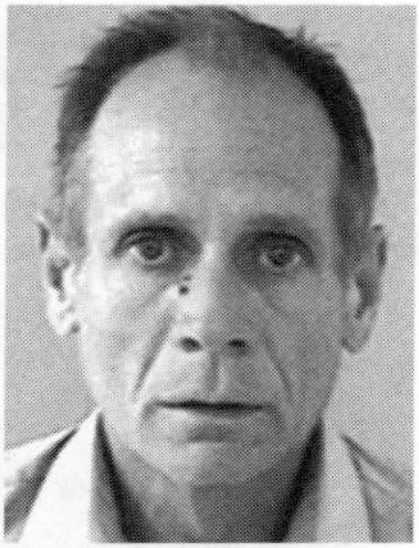

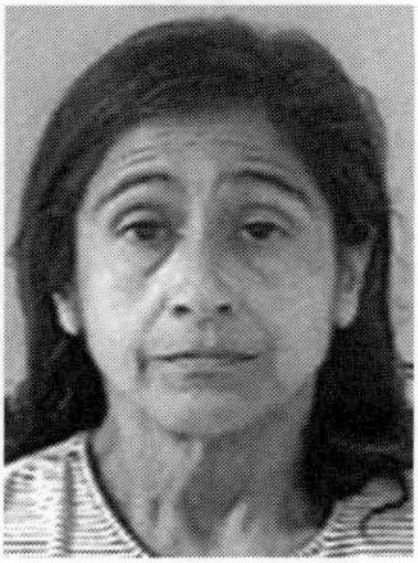

▶主犯のフィリップ・ガリドー（上。逮捕当時58歳）と共犯の妻ナンシー（同54歳）

事件を起こすのはその3年後だ。当時40歳のガリドーは暴力で支配下に置いていた妻ナンシー（同36歳）を共犯に車でジェイシーを拉致。スタンガンで気絶させた後、自宅に持ち帰る。目的は彼女を自分の〝性奴隷〟にするためだった。

ガリドーの家は、ジェイシーが住

▶カリフォルニア州アンティオック・ウォルナット通り1554番地にあったガリドーの自宅。ジェイシーは裏庭のテント小屋に監禁されており、その中には衣類がけや本棚も置かれていた

んでいたサウスレイク・タホから西に120マイル（約193キロ）離れた、サンフランシスコにほど近いコントラコスタ郡アンティオックにあった。木立《こだち》に囲まれた人の目につきにくい広大な土地に母家、2・4メートルのフェンスで覆われた裏庭には幾つもの不衛生なテント小屋やプールなどが置かれ、ジェイシーはそのテント小屋の一つに監禁される。

彼女は誘拐直後から手錠をかけられ全裸にされたうえで、ガリドーから1週間連続でレイプされ、その後3年間、週に一度の割合で凌辱され続けた。そして1994年8月、13歳のときにガリドーとの間にできた娘エンジェルを密かに出産。立ち会ったのはナンシー1人だけだった。3年後の1997年11月、17歳で次女スターリットを出産。その後、ガリドーが自宅で営む印刷会社でグラフィックデザイナーとして働くようになる。仕事のためには電話もメールも自由。外出も許され、近隣住民には自分はガリドー夫妻の娘で、子供たちは歳の離れた妹だと紹介していた。

こうした監禁事件で人々が思うのは、なぜ逃げなかったのかという疑問である。本気で脱出を考えれば地獄から解放されることも可能だったのではないか、と。しかし、ジェイシーは後年、それは困難だったと語っている。彼女は監禁直後からガリドーからレイプと同時に定期的に拷問され、さらに中枢神経刺激薬のメタンフェタミンを使った「ラン」という洗脳を受け続けていた。自分（ガリドー）は神に選ばれたしもべである。自分の意思に逆らえば地獄に墜ちる――。長期にわたる刷り込みでジェイシーの思考は停止し、脱出の発想すら消滅。どころか、近隣住民や取引先と親しく接し、彼女が監禁されていることを疑う者など周囲に誰一人いなかった。

とはいえ、ジェイシーが救出される機会は幾度かあった。最初は誘拐翌年の1992年4月。ガリドーの家からほど近いガソリンスタンドに、行方不明のポスターに掲載されたジェイシーに似た少女がいるとの通報がコントラコスタ郡保安官事務所に入った。しかし、当事務所はこの情報を軽く捉え、ガリドーの自宅を訪ねることはもちろん、彼が仮釈放の身にあることすら把握していなかった。

10年後の2002年6月にはガリドー家のプールで遊んでいた少年が負傷し、地元の消防署がガリドーの裏庭に立ち入った。そこで彼らはジェイシーや娘たちを目撃したものの、不審を覚えず、そのまま立ち去っている。決定的だったのは2006年、近隣住民がガリドー家の裏庭に子供たちが住んでおり、怪しいテントが設置されていることを告げたうえで、ガリドーが精神を病んだ性的依存者であると保安事務所に電話をかけたことだ。しかし、対応した副保安官はガリドーの家を訪問したものの、家の前で30分間立ち話をしただけで、裏庭を調べることもなく、その場を後にした。

▶裁判に出廷するガリドー(後ろ)とナンシー。当初2人は無罪を主張したが、公判途中で有罪を認める供述に転じた

誘拐、強姦。監禁などの罪で起訴されたガリドー夫妻の裁判は2009年9月、カリフォルニア州エルドラド郡高等裁判所で始まり、1年9ヶ月の審理を経て、2011年6月、ガリドーに懲役431年、ナンシーに懲役36年の判決が下された。その後、ガリドーはカリフォルニア州立刑務所に、ナンシーは中央カリフォルニア女性施設に投獄され現在も収監中の身にある。

一方、解放されたジェイシーは実母と継父（2人はジェイシーの誘拐後、離婚）と18年ぶりに再会。予想より心身ともに健康的だった娘の状態に安堵したが、彼女の2人の子供は父ガリドーが逮捕されたことを知り号泣したそうだ。時間をかけジェイシーから事情を説明されたものの、娘たちは状況を全く理解できなかったという。

その後、ジェイシーは何度も捜査の失態を冒したとして警察を提訴。2010年7月、カリフォルニア州は裁判所から「当局が犯人を逮捕する機会を逃すなど、類例がなく、悲劇的なケース」と認定され、慰謝料約18億円の支払いを命じられた。さらに仮釈放中のガリドーの監視を怠ったとして国も訴えられたが、2016年3月、裁判所は「当局が、ジェイシーがガリドーの犠牲者になると予想する方法はなかった」と民事請求を棄却している。

解放から2年後の2011年7月、ジェイシーは監禁生活を回顧した『奪われた人生 18年間の記憶』を出版。性的虐待から逃れた人を支援するために自身の体験を洗いざらい記したという彼女は、2016年のABCニュースの取材に、次のように答えている。

「ストックホルム症候群という言葉は、恐怖と虐待によって人質を支配する人間に、愛情を抱き心から一緒にいたいと思わせることを意味します。私は生きるために、それ以外に選ぶ方法はありませんでした。いま思えば吐き気がする18年間でした」

2024年6月現在、ジェイシーは44歳。トラウマ被害者のための非営利団体を立ち上げ彼らの支援活動を行っている。2人の娘は大学に通っているそうだが、プライバシー保護の観点から現在までの経緯や顔写真などは一切公開されていない。

◀解放から2ヶ月後の2009年10月、大手週刊誌『People』の表紙に掲載されたジェイシーの顔写真(上)と、2016年にABCニュースのインタビューに応じた際の様子(下)

# 青い棘

## 10代の若者4人が起こした愛と死のスキャンダル



# ベルリン・シュテークリッツ校の悲劇

▲「自殺協定」を結ぶ高校生ポール・クランツ（左。演：ダニエル・ブリュール）とギュンター・シェラー（演：アウグスト・ディール）。映画「青い棘」より

▲ハンス（中央）をめぐる兄ギュンター（右）と妹ヒルデ（左）の愛憎が事件の発端の一つだった。映画「青い棘」より

2004年公開の「青い棘《とげ》」は1927年、ワイマール共和国時代のベルリンで実際に起きた『シュテークリッツ校の悲劇』と呼ばれる事件をほぼ史実どおりにドラマ化した青春映画だ。高校生による殺人、親友同士で結ばれた自殺協定、同性愛。事件はセンセーショナルに報じられ、裁判には日本から特派員が送られるほどだった。

1927年6月、ポール・クランツ（当時19歳）とギュンター・シェラー（同19歳）はベルリンのシュテークリッツ寄宿学校（現在のシュテーグリッツ＝ツェーレンドルフ区内）に通う同級生だった。同校は「ギムナジウム」と呼ばれる中高一貫の名門校で、ポールは労働階級の出身ながら優秀なため入学を許され、かたやギュンターは名家の子息。家庭環境は全く異なるが、2人は詩や文学、思想面などで共感しあい、10

▲ギュンター（左。少年期）とヒルデ本人。ハンス本人の写真は残されていない

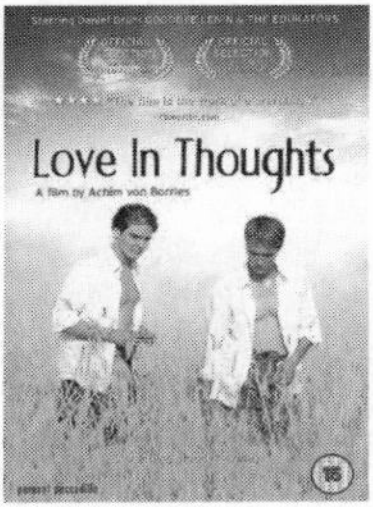


**青い棘**

2004／ドイツ／監督：アヒム・フォン・ボリエス●1920年代後半、名門高校に通う男子学生が、妹の恋人であり、自分の元恋人でもある見習いシェフを殺害して自殺した実際の事件「シュテークリッツ校の悲劇」を映画化。若者の狂気や同性愛と異性愛が複雑に交錯する世界が描かれる。

代前半から親友同士とも言える関係を築いていた。

　卒業試験を間近に控えたある日、ポールはギュンダーの別荘に招かれ、そこで出会ったギュンダーの妹ヒルデ（同16歳）に一目惚れしてしまう。彼女は性的に奔放な女性で、複数の男性に言い寄られては刹那的な関係を持っていた。そんな小悪魔的な魅力にポールは取り憑かれるが、別荘で開かれたパーティの参加者にヒルデの本命とも言える男性がいることを知る。高校を中退し見習いコックとして働いていたハンス・ステファン（同18歳）。ポールは、ヒルデとハンスがひと目もはばからずイチャつく姿に少なからずショックを受ける。しかし、それ以上に深く傷ついていたのがギュンターだ。彼とハンスはつい最近まで交際していた同性愛の元恋人で、ギュンターは彼に未練を持っていた。1人の男をめぐる実の兄妹の愛憎にポールは驚くよりなかった。

　パーティでアルコールを大量に飲んだポールとギュンターは勢い半分に「自殺協定」を結び、以下のルールを定める。

1　自殺クラブの名称は「フェオ」（完璧なる死）とする。
2　我々が死ぬ理由は愛のみ。
3　我々が殺す理由も愛のみ。

若者特有の死への憧れと思えるが、彼らは真剣だった。具体的にはポールがヒルデを、ギュ

▲裁判でスキャンダラスな事件の詳細を証言したポール（中央）

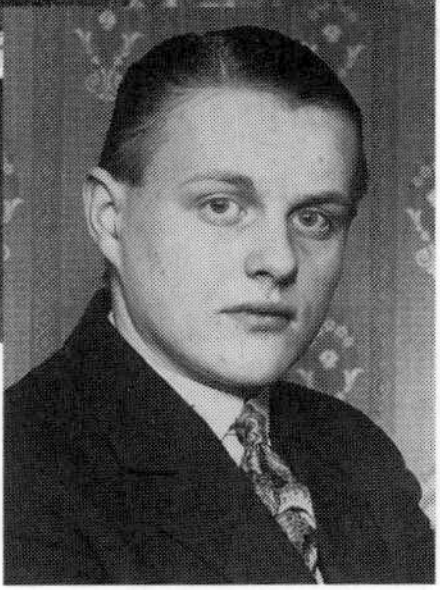

▲ポール・クランツ本人

ンターがハンスを殺した後、２人とも自殺を図るという計画である。

決行の日は6月28日。２人はギュンターの両親がスウェーデン旅行に出かけたこの日、ベルリンにあるシェラー家の自宅アパートにヒルデとハンスを呼んだ。もちろん、自分たちの計画は一切漏らしておらず、ヒルデとハンスはいつものようにベッドルームで性行為に及ぶ。

嫉妬と憎しみが渦巻くなか、別室で２人は遺書を綴った。

「今夜、我々は復讐する。我々が愛し、その愛を裏切った者たちに。復讐したら微笑みながらこの世を去ろう。全宇宙のほんの一部がこの世を去る。一細胞の死は取るに足りないことだ。すぐ忘れ去られる。この世で一瞬輝いた光が灰になるだけだ」

書き終わると、ギュンターがピストルを手にハンスのもとへ向かう。不穏な動きを感じたハンスは咄嗟にクローゼットの中に隠れるが、ほどなくギュンターに見つかり銃弾を数発撃ち込まれる。その直後、ギュンターは頭を撃って自殺。一方、ポールは約束を破りヒルデを殺すとも、自殺を選ぶこともなかった。

殺人罪で起訴されたポールの裁判は1928年2月9日に始まった。事件が大きく報じられたことでベルリンの法廷には世界中からメディアが集まり、その中には、東京大学の学長が率いる日本の弁護士の研究委員会のメンバーも含まれていた。

証言台に立つポールから明かされた事件のスキャンダラスな詳細に世間は驚愕する。弁護人質問で、自分が計画を実行しなかった理由についてポールは「意義を見出だせなかった」とだけ供述。下った判決は銃の不法所持の罪による3週間の禁固刑だった。

劇中では最後にクレジットで簡単に示されるだけだが、ポールはその後、ヘッペンハイム(現在のドイツ・ヘッセン州ベルクシュトラーセ郡の都市)のオーデンヴァルト校に転校し卒業。1929年にフランクフルト大学に入学してから文筆活動に勤しみ、1931年にアーネスト・エリック・ノースのペンネームで事件に触れた自伝的小説『住みか』を発表。しかし、当時のドイツでは自殺が急増し社会問題化していたことから、翌年発禁処分となり、1933年5月には「ナチス・ドイツの焚書《ふんしょ》」(ナチズムの思想に合わないとされた書物が焼き払われた儀式)の火にくべられる。大学からも追放されたポールはフランスに移り住み1940年まで雑誌『カイエ・デュ・シュッド』の編集者を務めた後、アメリカに移住。大手メディアNBCでドイツ語のラジオ番組制作に関わり、1949年から1959年まで文芸雑誌『ブックス・

アブロード』を発行する一方、オクラホマ大学やマルケット大学などで現代言語や文学の教鞭《きょうべん》を執った。１９６３年、拠点を再びフランスに移し、出版編集者の傍らパリ大学やマルセイユ大学の講師に。１９７０年から母国ドイツに戻り、長年執筆活動に励んだ。亡くなったのは発禁処分とされた『住みか』が再販された翌年、１９８３年１月のことだ（享年73）。

事件で生き残ったもう一人の主人公とも言えるヒルデは、裁判の後、様々な新聞や雑誌でドイツの道徳を乱した悪女としてスキャンダラスに報じられ、私生活では両親の判断でベルリン郊外の矯正施設送りに。その後、ベルリンを追放され図書館司書となったが、詳細は伝えられていない。

▼晩年のポール・クランツ（右）と、事件から4年後の1931年に、アーネスト・エリック・ノースのペンネームで出版し発禁となった『Die Mietskaserne. Roman』（邦題：住みか）。写真は1982年に再販された復刻版の表紙

©2021「空白」製作委員会

▲主人公のスーパー店長を演じた松坂桃李。映画「空白」より

▲事故後、ブックアイランド川崎店にはマスコミが押し寄せた

FILMS

# 空白

## 警察を呼んだ店長に激しいバッシングが

## 川崎・古書店 中3男児万引き死亡事故

　２０２１年公開の映画「空白」は、万引きを見つかった女子中学生が交通事故に遭い死亡したことをきっかけに起こる様々な人間模様を描いたヒューマン・サスペンスである。オリジナルの脚本を執筆した吉田恵輔監督が作品のモチーフにした実際の事件がある。２００３年に神奈川県川崎市の古書店で起きた万引き少年逃亡死事故。映画同様、万引きの被害に遭った店長は少年を死亡させたことで世間から激しいバッシングを受け、その後、廃業を余儀なくされている。

　ある港町に住む女子中学生が小さなスーパーで化粧品を盗んだところを店長（演：松坂桃李）に見つかり別室に呼ばれる。が、一瞬の隙を見て逃げ出した少女を店長が全力で追いかけたところ、少女は思わず車道を横切ろうと飛び出し車に轢かれ、さらに後ろから来たトラックにも轢かれて、車輪に巻き込まれたまま何メートルも引きずられた挙げ句に死亡する。少女の父（演：古田新太）は娘の万引き行為を認めず、店長の行動を激しく非難。対して、店長は道義的責任があると謝罪したものの、マスコミは事件を面白おかしく報道、ＳＮＳにも店長の対応を中傷する言葉が溢れかえり、日に日に店長は疲弊し店も廃業に追い込まれる。

　本来は被害者である店側が加害者として非難を受ける構図は実際の事件にも、まん

**空白**

2021／日本／監督：吉田恵輔●万引きを目撃され逃走中に車と衝突した女子中学生の死をめぐり錯綜する被害者の父親と、スーパーの店長など事故に関わる人々の姿を描いたヒューマンドラマ。2021年度キネマ旬報ベスト・テン第7位。DVD販売元：バップ

▶少年が死亡した京浜急行八丁畷駅前の踏切

ま当てはまる。

２００３年１月21日16時20分頃、神奈川県川崎市川崎区の古書店チェーン「ブックアイランド川崎店」で、川崎市内の中３男子生徒（当時15歳）が漫画の単行本６冊（計１千７５０円）を服の中に入れて店の外へ出た。防犯カメラで様子を見ていた男性店長（同44歳）が慌てて呼び止めたものの、少年が正しい名前や学校名、連絡先などを話さなかったため警察に通報。駆けつけた４人の川崎警察署員に対して少年は素直に万引きを認めたものの、それでも連絡先を言わない。そこで、署員が任意同行を求めたところ、少年は「自転車で来たので、鍵をかけさせてほしい」と話し店外に出て、隙をついて突然持っていたリュックサックを投げ捨てて逃走。警察官１人が後を追ったが、少年は店の目の前にあった京浜急行・八丁畷《はっちょうなわて》駅の遮断機の下をくぐって踏切内に侵入し、16時50分、青砥《あおと》発三崎口行き快速特急（８両編成）にはねられ、全身を強く打って死亡した。

この事件がマスコミで報じられると、世間から店長に対して激しい非難が寄せられた。店に来て「人殺し」となじる者をはじめ、テレビのインタビューで、ある女性は「私は（書店を）許せません。何が何でもパトカーを呼んだりしたら子供が何を起こすかわからないと（書店に）

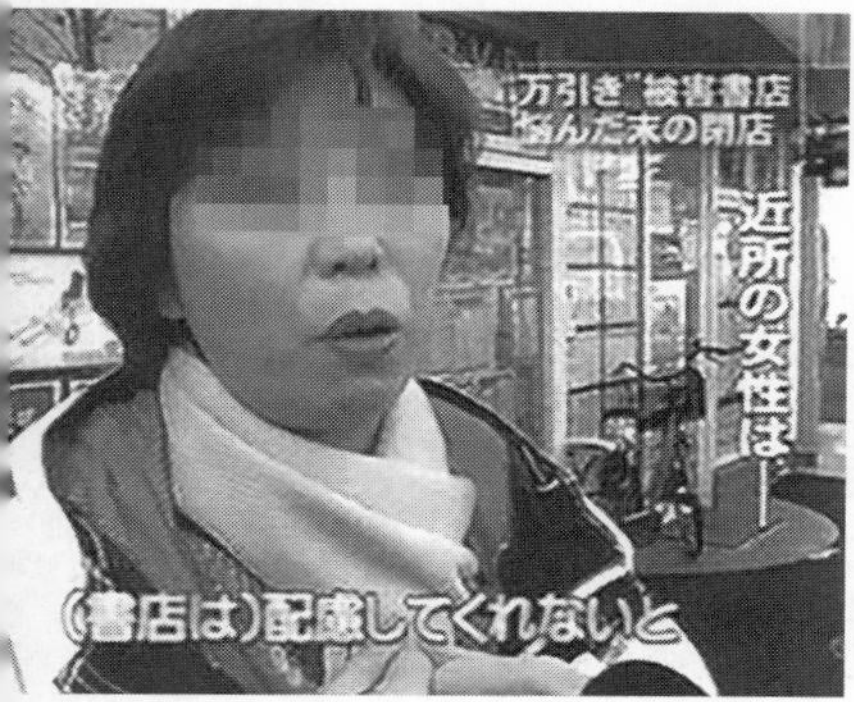


◀テレビのインタビューに「子供相手の商売してるなら万引きはよくある。(書店は)配慮してくれないと」と答える女性(実際の写真)

言った」と答え、ある女性は「子供相手の商売してるなら万引きはよくある。（書店は）配慮してくれないと」と返答し、別の女性は「中学生くらいの子が万引きをしたりするのは、誰でもやっていることで、そんなことで警察を呼ぶなんて本当にひどい」とその対応を非難。死んだ少年の父親も「廃業していただければ本当にうれしい。あそこを通るのはつらいし。本屋さんの中でウチの子はどんなつらい思いをしたか。きっと一生懸命、謝ったと思うんですよ。しかし、あんな形で死んでしまって本当に悲しい死に方でした」とインタビューに答えた。

精神的に追い詰められた店長は、事件から5日後の26日朝、「意見を真摯に受け止め廃業します」と店に貼り紙を張って店を閉めた。「特に落ち度はなかったと思っているが、それと1人の少年の死との折り合いがつけられなかった」「閉店が皆さんの納得する形ではないか」と思ったのだという。廃業宣言をしてからも、家に引きこもり、気持ちの整理をつけるため、テレビなどは見なかったそうだ。

一方、貼り紙を見た商店街役員が「店を閉めるべきではない」との手紙を寄せ、さらに店長がフランチャイズ契約を結んでいたブックアイランドの本社に「店をやめないで」「通報は正しい」などの激励がメールで700〜800件、電話などで200件以上届いたことで、いったん店は営業を再開するが、結局は短期間で廃業。店長は改めて貼り紙を出し、次のように記した（一部省略）。

〈この度の件につき、皆様方からいただいたご意見を真摯に受け止めました結果、当店は閉店・廃業することに致しました。

「人殺し」とご指摘された方々へ。

当店がここで営業したことにより、尊い命が失われたことについては、重く受け止めております。返す言葉がございません。

配慮が足りないとご指摘の方々へ。

当方としては出来る限りの配慮はしたつもりでしたが、やはり今一つの努力が足りなかった



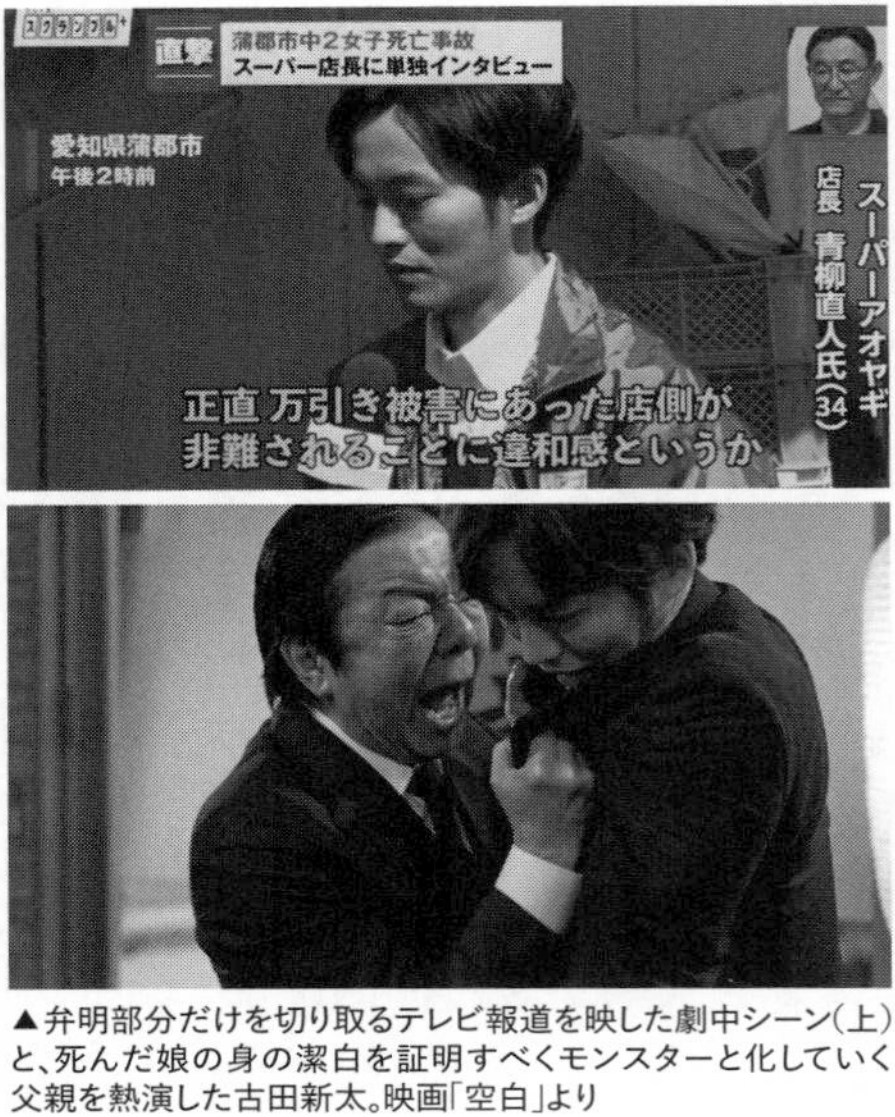


▲弁明部分だけを切り取るテレビ報道を映した劇中シーン(上)と、死んだ娘の身の潔白を証明すべくモンスターと化していく父親を熱演した古田新太。映画「空白」より

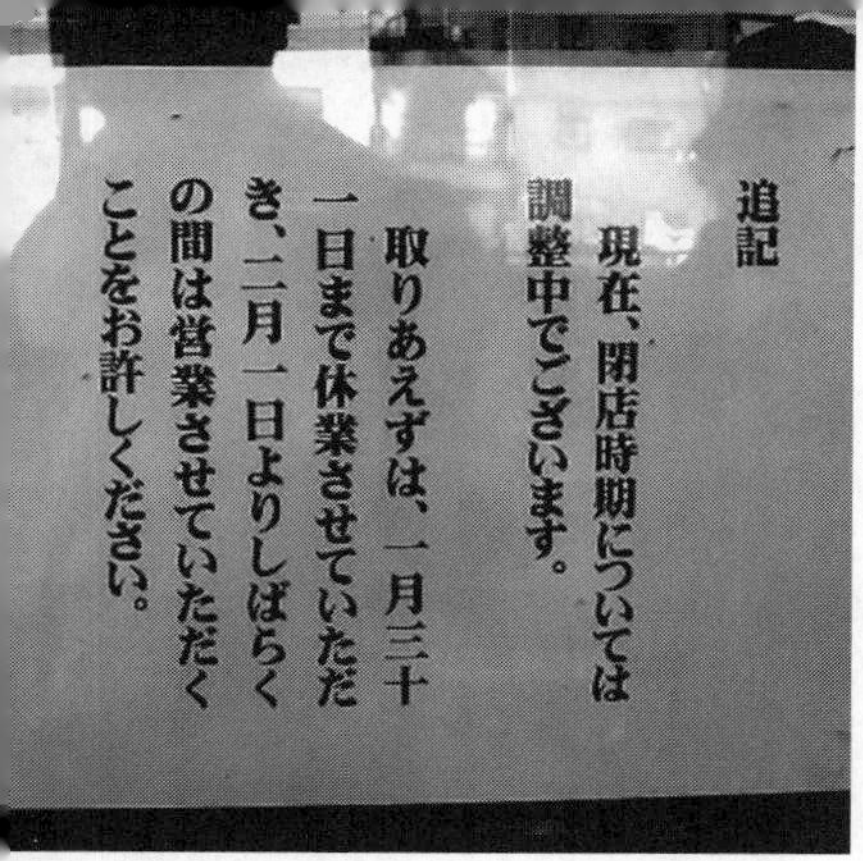
追記
現在、閉店時期については
調整中でございます。
取りあえずは、一月三十
一日まで休業させていただ
き、二月一日よりしばらく
の間は営業させていただく
ことをお許しください。

◀店長が出した実際の貼り紙。事故後、店はいったん営業を再開したが、ほどなく廃業に追い込まれた

とも反省しております。年間十人以上の対処をしなければならず実害はその何倍にも及んでいる現状では、捕まえた一人一人に対するきめ細やかな配慮まで行う心の余裕がなかったことは否定できません。一人一人の性格や置かれた環境や背景を的確に瞬時に洞察する能力は当方にはございませんでした。

警察への引渡しについて。

氏名、学校、連絡先等が不明の状況では、警察への引渡しが妥当な措置と考えておりましたが、当方の未熟による行動だったとお詫びいたします。氏名等を明かさない理由を推察する能力もございませんでした。また、パトカーに乗り込み姿が見えなくなるまで一時も目を離さず監視すべきだったという点につきましては、そこまで考えがいたらなかったことを反省いたします。

尚、閉店時期につきましては早急に調整するよう努力いたしますが、しばらくの間は不愉快な姿をお目に晒すことになりますことをお許しください〉

映画は最後、別の職に就いた店長にも、愛娘《まなむすめ》を亡くした父親にもわずかな希望の光を当てている。しかし、現実に起きた事件の当事者がその後、どんな人生を歩んだのかは定かではない。

# 第4章
# 驚愕

映画「シカゴ」より

▲主演ジャック・ニコルソン（左）の狂気に満ちた表情を撮るためにキューブリックはわずか2秒程度のシーンを2週間かけ、190以上のテイクを費やしたという。映画「シャイニング」より

# シャイニング

## 映画公開後、全米有数の心霊スポットに

◀スティーヴン・キングが宿泊し原作の着想を得たスタンレーホテルと、彼が悪夢を見た217号室に飾られているキング（左）の額入り写真

# 原作者S・キングがスタンレーホテルの217号室で見た悪夢

ホラー映画の頂点にそびえ立つスタンリー・キューブリック監督作「シャイニング」。主人公の精神崩壊、ホテルの廊下に現れる不気味な双子の姉妹、最後に登場する古い写真の意味。観る者を謎と狂気に満ちた迷路に誘い込む本作は1977年に作家のスティーヴン・キング（1947年生）が発表した同名小説を原作としており、その物語はキング自身が実際に見た悪夢にインスパイアされている。

映画の舞台は米コロラド州のロッキー山上にあるオーバールック・ホテル。小説家志望、アルコール依存症を患っているジャック・トランス（演：ジャック・ニコルソン）は、雪深く冬期には閉鎖されるこのホテルへ妻のウェンディ、一人息子のダニーを引き連れて訪れる。そこで、支配人が言う。このホテルは以前の管理人が、孤独に心を蝕まれたあげく家族を斧で惨殺し、自殺した曰く付きの物件だ——。しかし、ジャックたち一家はそんなことは気にしない。なぜなら、彼らは冬の5ヵ月間閉鎖されることになるホテルの期間限定の管理人としての職も求めていたから。やがて全てのスタッフが去り、唯一住み込みとしてホテルに残ったジャックたちは様々な超常現象に遭遇することになる。

映画冒頭の下りは1974年の晩秋、スティーヴン・キングが妻タビサとコロラド州ボールダーにあるスタンレーホテルに滞在した際の体

**シャイニング**

1980／アメリカ／監督:スタンリー・キューブリック●1977年に出版されたスティーヴン・キングの同名小説を映画化したキューブリックの代表作。映画が原作を大幅に改変していることについて、キングが激怒しキューブリックに批判を繰り返したのは有名な話。

験に基づいている。キングはこのとき27歳。同年4月に発表した初の長編小説『キャリー』（１９７６年に映画化）が大ヒットし売れっ子作家の仲間入りを果たしたものの、駆け出しの頃からアルコール依存症に悩まされていた。映画の主人公ジャックもまたアルコール依存症で、執筆が進まないストレスを家族にぶつけ、やがて狂人へと化す。キングは後に「酒に飲まれて家族を無意識のまま傷つけてしまうのではないかという恐怖に支配されていた」と、ジャックの造形に自身を投影したことを認めている。

キング夫妻が訪れたスタンレーホテルは１９０９年7月、発明家・実業家として知られていたフリーラン・オスカー・スタンレー（１８４９年生）が建て、上流階級のためのリゾートと肺結核の患者のための療養施設としてオープンした。１９７４年秋にそれまで住んでいたメイン州を離れコロラド州ボールダーに移住したキング夫妻は、転居して1ヶ月も経たぬうちに同ホテルに宿泊する。が、このときの客は彼らのみ。なぜなら、ホテルは翌日から冬の閉鎖期間に入ることになっていたからだ。この設定も映画のままである。

キングは誰もいないホテルを探索しているうち「このホテルは幽霊話の舞台にピッタリだ」とインスピレーションを受けたという。それを決定づけたのがチェックイン当日の夜のことだ。あらかじめ録音されたオーケストラの音楽を聞きながらダイニングルームで夕食をとり、宿泊

▼小説『THE Sining』初版の表紙カバー（1977年刊）

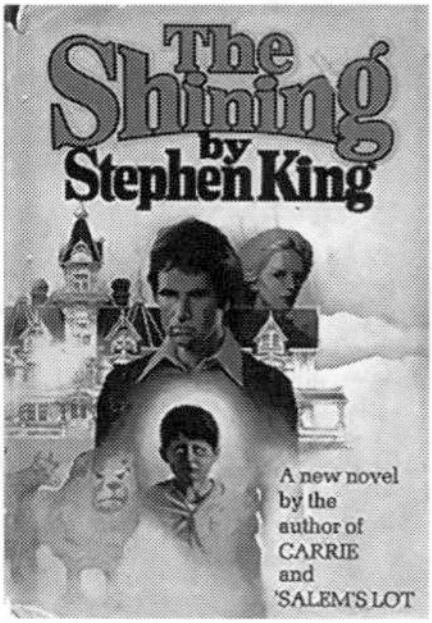

部屋である217号室へ。やがて眠りにつき、キングは不思議な夢を見る。彼の3歳になる息子が消防ホースに追われながら廊下を走り、肩越しに振り返り、目を大きく見開いて叫んでいた。キングは激しい痙攣とともに汗まみれで目覚め、タバコに火をつけ気を鎮めながら一気に『シャイニング』のプロットを創る。この夢が、劇中で三輪車に乗りながらホテル内を探索する息子ダニーに投影されていることは言うまでもない。

▲劇中に登場する双子の姉妹と、息子ダニーがホテル内を三輪車で探索するシーン。映画「シャイニング」より



実は、スタンレーホテルではオープン2年後の1911年6月25日にガス爆発が起き、エリザベス・ウィルソンなるメイドが2階から1階に投げ出され両方の足首が折る大怪我を負っていた。そのエリザベスが普段ベッドメイキングを担当していたのが、キング夫妻が泊まった217号室だった。彼女は事故で死亡していないが、巷で

はキングの見た夢はエリザベスによってもたらされたものと囁かれている。

　1977年1月、キングが発表した小説『シャイニング』は大ヒットし、1980年にキューブリックによって映像化され、映画もまた約9千500万ドルの興行収入を叩き出す。一方、スタンレーホテルは映画公開後、アメリカでも屈指の心霊スポットとして有名になった。宿泊客が次々に超常現象に遭遇したのだ。曰く、コンサートホールの周りでホテル創業者のスタンレーやホームレスの女性の霊が出る、401号室でいないはずの子供の笑い声が聞こえる、428号室で勝手に家具が動き回り、さらには首を吊って亡くなったカウボーイの霊が現れる、そして217号室には事故に遭ったエリザベスの亡霊が出現する等々。

◀2016年4月に撮影された修道女らしき女性

　こうした噂が噂を呼び、スタンレーホテルには霊を見たさに世界中から観光客が集まり始め、現在では定期的に心霊ツアーも実施。実際に霊に遭遇したという報告も少なくない。2016

年4月、宿泊客の1人がホテルのロビーで写真撮影をしていたところ、階段の踊り場付近に修道女のような人影がはっきり映っていた。撮影者はその夜、原因不明の体調不良に襲われたそうだ。また2017年9月には心霊ツアー参加者の1人が撮った写真に少女が映り込んでいるのも確認されている。画像はそのとき一緒に参加していた11人に送られたが、誰一人としてその少女を目撃していなかったそうだ。

▲2017年9月実施の心霊ツアーで撮られた少女

怪現象の真偽は不明である。ただ、そもそもスタンレーホテルが建てられたコララド州ボールダーは19世紀半ばから後半にかけ、戦いに敗れた原住民から白人植民者によって取り上げられた土地。彼らの霊が今もホテル内を彷徨っているとしても何ら不思議ではない。

# シルクロード.com
—史上最大の闇サイト—

違法ドラッグの取引から殺人依頼まで

FILMS

▶ロス・ウルブリヒト本人(右)と、彼を演じたニック・ロビンソン。映画「シルクロード.com —史上最大の闇サイト—」より

▲実際の「シルクロード」の画面。あらゆる違法ドラッグが購入可能で「闇のAmazon」「ドラッグのeBay」とも呼ばれた

## 闇のウェブマーケット「シルクロード」創始者、ロス・ウルブリヒトの野望と破滅

２０１３年、米サンフランシスコでロス・ウルブリヒトなる男が逮捕された。マリファナ、ＬＳＤ、ヘロイン、コカインなどの禁止薬物の販売から殺人依頼まで匿名でやりとりできる闇サイト「シルクロード」の運営者である。２０２１年のアメリカ映画「シルクロード.com －史上最大の闇サイト－」は、ウルブリヒトと、彼の逮捕に尽力する中年捜査官の攻防を描いたサスペンスである。

劇中に詳しい説明はないが、ウルブリヒトは１９８４年３月、テキサス州オースティンで生まれた。幼少期から頭脳明晰で２００２年に高校を卒業後、テキサス大学ダラス校に全額給付の奨学金で進学。２００６年に物理学の学士号を取得し、卒業した後はペンシルベニア州立大学の大学院に進学し、材料工学の修士課程に在籍し結晶学を学んだ。２００９年に同学院を卒業し地元オースティンへと戻ったものの一般企業に就職する気はなく、友人とオンラインの中古本販売会社を設立した。

事業は順調だったが、ウルブリヒトは満足できず新たに匿名で違法ドラッグが買える闇の市場をオンライン上に作ろうと画策する。実名登録をベースとしたフェイスブックとは真逆の、匿名をポリシーとしたシステムに大きなニーズがある

**シルクロード.com**
**-史上最大の闇サイト-**

2021／アメリカ／監督：ティラー・ラッセル●2010年代初頭、アメリカに実在した違法ドラッグから武器の売買、殺人依頼まで匿名で取引できる闇サイト「シルクロード」摘発事件を映画化したサスペンス・スリラー。

と考えたのだ。

接続経路を不明化するソフトウェア「トーア」と暗号通貨「ビットコイン」を用いてサイト作りに没頭すること3ヶ月。ベータ版が完成したところで、試しに使ってみるとドラッグは警察の監視を潜り抜けて無事に到着。本格的なサイト運営が始まる。このときサイト名の候補として「シルクロード」を挙げたのが、劇中にも登場するウルブリヒトの恋人ジュリア・ビーだ。彼女は、ウルブリヒトがペンシルベニア州立大学の院生だった2007年に同大学に入学した新入生で、初対面で恋に落ち交際に発展。2009年にウルブリヒトがオースティンに戻った際に学校を辞め同棲を始める。が、ウルブリヒトがシルクロードの運営に熱中し、本拠地をサンフランシスコに移したことで関係は破局。映画とは異なり、ジュリアは彼が違法行為に携わっていることは全く知らなかったそうだ。

2011年2月から稼働し始めた「シルクロード」は大手ブログ『ゴーカー』に取り上げられたこともあり、瞬く間にその存在が全米に広まり、全盛期には約96万人のユーザーを保有、

▼「シルクロード」開設時、恋人同士だったジュリア・ビー(左)とウルブリヒト

1日の売り上げは120万ドル（当時の日本円で約1億3千万円）を超えた。野望を成し遂げたウルブリヒトはサイト内で「DPR（ドレッド・パイレーツ・ロバート）」というハンドルネームを使い闇の帝王として君臨する。この名前は、本書16ページでも取り上げた映画「ミザリー」や「スタンド・バイ・ミー」「恋人たちの予感」などを手がけた名匠ロブ・ライナーの1987年の監督作「プリンセス・ブライド・ストーリー」に登場する海賊に由来し、代々の海賊たちに引き継がれてきた「名跡《めいせき》」のようなもの。個人が特定されることなく、匿名性を何よりも重視する「シルクロード」を象徴していた。

一方、警察やDEA（アメリカ麻薬取締局）は「シルクロード」開設当初から尻尾を掴むのに躍起になっていた。が、サイバー捜査は簡単に運ばない。そこには、「シルクロード」が深層ウェブという隠されたインターネットに存在し、グーグルなどの検索エンジンではヒットせず、トーアを通じてのみ利用できる巧妙な仕組みが立ちはだかっていた。

▲「シルクロード」で売上金の管理を任されていたカーティス・グリーン。彼は最後までウルブリヒトの名前を知らず、「DPR（ドレッド・パイレーツ・ロバート）」と信じていたという

摘発の端緒は、劇中にも登場する「シルクロード」のスタッフの1人、カーティス・グリーン（2012年時47歳）の存在である。彼はユタ州スパニッシュフォークで違法薬物を取り扱い、

以前から「シルクロード」を利用していたが、2011年11月頃にオンラインでウルブリヒトと知り合い、そのスキルを買われ、同サイトの預金口座の管理やユーザー対応を任されていた。DEAは捜査のため「シルクロード」で以前注文した薬物の差出人が同じ消印を使用していたことからグリーンの住所を突き止め、2013年1月、家宅捜索に入る。このことを知ったウルブリヒトはグリーンが裏切ったものと思い込み「シルクロード」上でやり取りしていたある人物に彼の殺人を依頼する。実はその人物、身分を偽ってウルブリヒトに接触していたDEAの覆面捜査官で、彼は依頼どおりグリーンに拷問を加えたうえで、殺人を偽装した画像をウルブリヒトに送信した。

映画でも再現されているこのシーン、劇中ではジェイソン・クラーク扮するリック・ボーデン捜査官が行ったことになっているが、彼は本事件に関わった幾人かの実在の捜査官の要素を組み合わせて作りあげた映画オリジナルのキャラクターである。

その後、「シルクロード」で違法ドラッグを購入した若者が中毒に陥り、死者まで出るなど

▼ウルブリヒト摘発に燃えるDEAのボーデン捜査官(演:ジェイソン・クラーク)は複数の捜査官のキャラクターから創作された架空の人物。映画「シルクロード.com –史上最大の闇サイト–」より

▲他の受刑者とカメラに収まるウルブリヒト（前列左）

社会問題と化したことで、事態を重く見たＦＢＩ（連邦捜査局）が２０１３年初頭から本格的に捜査に関与。同年中頃にはウルブリヒトが「シルクロード」の管理者であることを突き止め、10月4日、サンフランシスコ公立図書館のグレンパーク分館で彼を逮捕する。劇中で詳細は描かれないが、このとき、サイトの運営に用いていたノートパソコンのデータをウルブリヒトが暗号化、または削除するのを防ぐために2人の捜査官が口論する恋人同士を装い気を逸らしたうえで、第3の捜査官がコンピュータを持ち去りＵＳＢフラッシュドライブを挿入、ハードドライブの全データを複製した後、逮捕状を提示したそうだ。

　ウルブリヒトは資金洗浄、コンピュータハッキング、麻薬の不正取引の共謀の罪で起訴され（殺人の周旋罪は除外された）、２０１５年5月29日、裁判で仮釈放なしの終身刑が言い渡される。２０１７年5月31日の第二審判決も控訴を棄却し、その後、上訴されなかったことで刑が確定。また、映画の最後にクレジットで示されるとおり、グリーンに暴行を働いたＤＥＡの捜査官にも実刑判決が下されたという。２０２4年6月現在、ウルブリヒトはコララド州のフローレンス・ハイ連邦刑務所に収監中の身にある。

# アイ・アム・キューブリック!

## 風貌の全く違う男が世界的名監督を詐称

▲コンウェイを演じたジョン・マルコヴィッチ。
映画「アイ・アム・キューブリック！」より

▲晩年のキューブリック（左）とアラン・コンウェイ。似ても似つかぬ風貌ながら別人物と気づく者はほとんどいなかった

## S・キューブリックになりすました詐欺師、アラン・コンウェイの犯罪

FILMS

「博士の異常な愛情」「2001年宇宙の旅」「時計じかけのオレンジ」など、映画史に刻まれる多くの名作を世に送り出した監督スタンリー・キューブリック（1928年生）。1990年代初頭、イギリス・ロンドンでこの世界的巨匠になりすまし人々から酒や食事をかすめとっていたアラン・コンウェイなる詐欺師がいる。2005年のアメリカ映画「アイ・アム・キューブリック！」は、キューブリックの助監督を務めてきたブライアン・クックが名優ジョン・マルコヴィッチを主演にコンウェイの実話をドラマ化したブラックコメディである。

キューブリックは1961年、それまで住んでいた米ビバリーヒルズからロンドンに拠点を移した。1975年に歴史劇「バリー・リンドン」を発表した前後からほとんど公の場所に出ることはなく1980年に「シャイニング」（本書200ページ参照）、1987年にベトナム戦争を描いた「フルメタル・ジャケット」を監督した以外は、大半の時間を自宅やスタジオで企画立案や脚本作りに費やしていた。その姿を見たものはほとんどいない超セレブ、キューブリック。これに目を付けたのがアラン・コンウェイだ。

コンウェイはキューブリックより6歳下。1934年、ロンドンに生まれた。詳しいプロフィールはわかっていないが、成人になった頃から様々に経

**アイ・アム・キューブリック！**

2005／イギリス・フランス／監督：ブライアン・クック●世界的映画監督スタンリー・キューブリックを騙り、多くの人々から寸借詐欺を働いていたアラン・コンウェイの実話を映画化。劇中、キューブリック監督作へのオマージュが多用されている。日本では劇場未公開。

▲騙す相手の多くはショウ・ビジネスの世界を志す若者だった。
映画「アイ・アム・キューブリック!」より

歴を詐称、自分はナチスの強制収容所に投獄されていたポーランド系ユダヤ人であると語ったこともあるそうだ。1980年代前半まで旅行代理店を経営していたものの、ゲイであることを自覚し妻と離婚。恋人の男性と生活を共にするが、ほどなく恋人がエイズで死亡。時を同じくして代理店は倒産し、アルコール依存に陥った。

やがて日々の暮らしにも困窮するようになったコンウェイは、1990年代初め、キューブリックになりすまし詐欺を働くことを思いつく。キューブリックとは似ても似つかぬ風貌だったが、当時のキューブリックはメディアにも姿を現さず、映画関係者を除き誰も実物を見たことはない。自分がキューブリック本人と名乗っても簡単にバレない、どころか周囲は世界的な映画監督に出会えたことで狂喜乱舞するに違いないと考えたのだ。ちなみに、コンウェイはキューブリックの監督作品をほとんど見たことがなく、書物で基礎知識を入手したそうだ。

コンウェイの騙しの手口は劇中で描かれているとおりだ。例えばライブハウスに出演していたメタルバンドのメンバーには、自分がスタンリー・キューブリックだと打ち明けた後、こんな風に話を進めた。

君たちはスター性を備えたバンドだ。いま構想中の次回作にはメタルバンドを重要な役どころと考えている。良かったら出演しないか。ちなみに、その映画にはマドンナも出たがっているが、シンガーとして頑張れと断った。トム・クルーズも出演を希望しているがまだまだ甘い。ジャック・ニコルソンかハリソン・フォードのどちらかにはオファーする予定だ――。

大スターの名前を出し若者を感激させた後、さりげなく続ける。まだ飲み足りないんだが、あいにく手持ちがないんだ。舞い上がっている若者たちは何の疑いもなくコンウェイに酒を奢る。キューブリックのようなセレブは現金を持ち合わせていないものだと、一切疑うことを知らなかった。

▲左はコンウェイがキューブリックの偽物と見破った『ニューヨーク・タイムズ』紙の記者、フランク・リッチ（1991年撮影）。右は晩年、テレビ局のインタビューに答えるコンウェイ

コンウェイは脚本家志望の若者や売れない中年歌手などに同様の手口を使い、一度に数十ポンドから数百ポンドの酒や食事代を負担させた。自分のスタジオが後で支払うので立て替えておいてほしいとの言葉を怪しむ者はおらず、また普段〝オネイ言葉〟を話すコンウェイに誰もがキューブリックはゲイであると信じ込む。

しかし、徐々にその悪行はロンドンに広まり、ウソが見破られていく。劇中でも描かれているように、1人のキューブリックファンの若者は彼の監督作を次々に挙げ、特に

「ニュールンベルグ裁判」がお気に入りだと、コンウェイを罠にはめた。同作は同じスタンリーでもキューブリックではなく、スタンリー・クレイマーが１９６１年に監督した法廷ドラマ。そのことを知らなかったコンウェイはまんまと引っかかり「あの映画は仕上がりは良かったが、問題が次から次に起き難産だった」と口走ってしまう。

極めつけは『ニューヨーク・タイムズ』紙の演劇担当記者、フランク・リッチ（１９４９年生）にレストランで遭遇したことだ。映画でも描かれるように、このときコンウェイは大胆にも自らリッチに近づき、彼の妻に指輪をプレゼントしている。リッチも業界の人間ながら、キューブリックに会ったことはなく、コンウェイが本物だと思い込んだ。ただ一つ違和感を覚えたのは、目の前の男が自分の知っている鬚《ひげ》を生やした

▲1998年、遺作「アイズ ワイド シャット」撮影中のキューブリック（右）。向かい合っているのが主演のトム・クルーズとニコール・キッドマン（当時、実際の夫婦だった）。本作撮影中、コンウェイの事件がキューブリックのもとに届き、本作の助監督だったアンソニー・フルーウィンが後年、事件を題材に「アイ・アム・キューブリック！」の脚本を執筆、同じく助監督のブライアン・クックが監督を務めた

キューブリックではなかったことだ。当然、鬚を剃っていてもおかしくないのだが、どこか引っかかりを感じたリッチはキューブリックの映画を製作していたワーナー・ブラザーズの幹部に確認する。そこで男が偽物であることを知り、『ニューヨーク・タイムズ』に事実を暴露した記事を掲載。こうしてコンウェイの詐欺は白日の下に晒される。

一方、劇中では描かれないが、キューブリックのもとにもコンウェイの悪行の情報は届いていた。当時キューブリックは遺作となる「アイズ ワイド シャット」の撮影中だった。この間、彼のアシスタントに、キューブリックを名乗る男から詐欺に遭ったとの苦情が数多く寄せられていた。そのことを知ったキューブリックは笑い飛ばしながら、被害者を探して警察に届けを出すよう指示。しかし、実際に名乗り出る者は少なかった。超高額な詐欺被害ではないことに加え、自分が騙されたことを恥じ公にしたがらなかったのだ。

コンウェイはほどなく詐欺罪で逮捕されたものの、精神障害と認定され不起訴に。その後は自身の体験を語るなどメディアにも顔を出し、1998年12月、心臓発作で死亡した（享年64）。キューブリックが死亡したのはその3ヶ月後の1999年3月7日。「アイズ ワイド シャット」の完成披露試写会が開かれた6日後のことだった（享年70）。

▲1999年公開の「アイズ ワイド シャット」。ニューヨークに暮らす開業医夫妻のセックスの問題を描き、世界的ヒット作となった

# サイレントヒル

## 映画の舞台のモデルになったゴーストタウン

## 今なお炎が絶えない米セントラリア炭鉱地下火災の恐怖

▲娘を探してゴーストタウンに迷い込む主人公のローズを演じたラダ・ミッチェル。映画「サイレントヒル」より

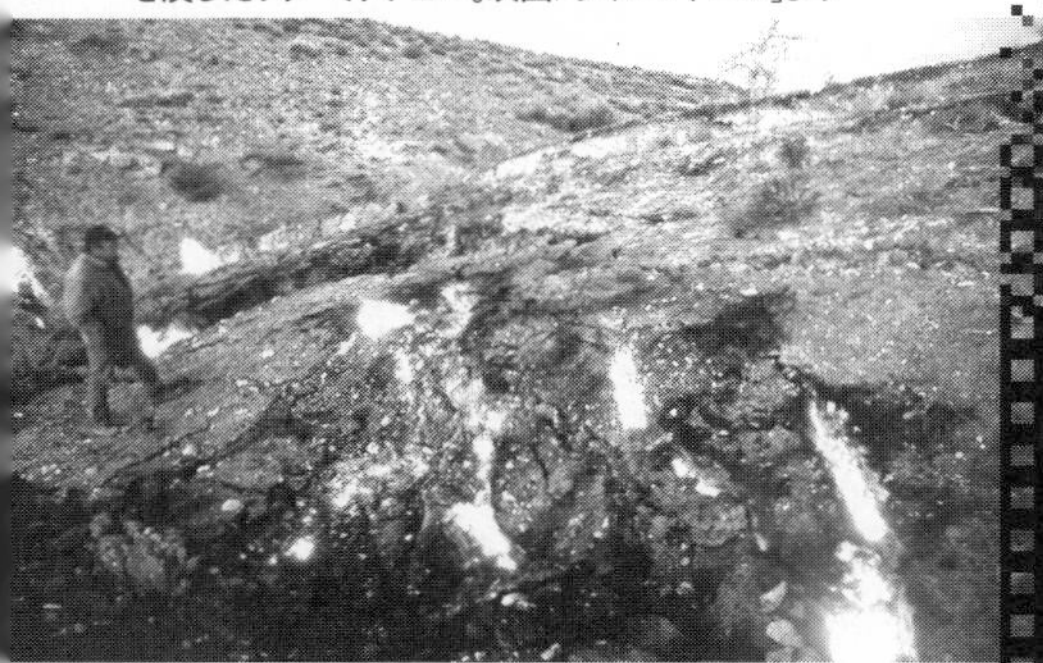

▲現在も火は燃え続け鎮火の見込みは立っていない

2006年に公開された「サイレントヒル」は、1999年にコナミ（現・コナミデジタルエンタテインメント）からリリースされたプレイステーション1用のゲームソフト『サイレントヒル』をモチーフにしたアメリカ映画である。

物語の舞台になっているのはアメリカの架空都市サイレントヒル。心に闇を抱いた者を引き寄せ、異世界へいざなうゴーストタウンに迷い込んだ主人公たちが得体の知れない異形のモンスターと戦いを繰り広げる。ゲームは全世界で大ヒットし、シリーズ4作の合計累計販売本数は840万本（2013年7月時点）を記録したが、映画は1作目を忠実に再現している。主婦ローズ（演：ラダ・ミッチェル）が、姿を消した娘の言葉に従って「サイレントヒル」なる街を訪れると、そこは30年前の坑道火災で多数の死者を出した忌まわしいゴーストタウン。ローズは、深い霧と灰に覆われた街で襲い来るモンスターや、殺人をも厭わないカルト集団と戦いながら娘を探し出す――。

物語自体はフィクションながら、舞台となった街は、火災で住民が去りゴーストタウンと化した米ペンシルベニア州の「セントラリア」がモデルである。

セントラリアは、周辺に鉱山が見つかったことで1866年に自治区として設立。輸送のために鉄道が敷設され、炭鉱

**サイレントヒル**

2006／カナダ・フランス・アメリカ・日本／監督：クリストフ・ガンズ●コナミから発売されたゲーム『サイレントヒル』を原作に製作されたホラー映画。2012年10月（日本では2013年7月）に続編である「サイレントヒル：リベレーション3D」が公開された。

▶セントラリアのメインストリート。賑わいが残っていた1960年代(上)と現在

の街として繁栄した。国勢調査によると、1890年に人口2千761人を記録し、銀行や郵便局などのインフラはもちろん、7つの教会、5つのホテル、2つの劇場が整うほど賑わっていたという。

ところが、第一次世界大戦（1914－1918）で若い鉱夫たちが戦場へ送られ街の活気がなくなったことに加え、ウォール街の大暴落（1929年）の影響を受け5つの鉱山が閉鎖。その後も街は一定の賑わいを見せていたが、1962年5月27日に発生した炭鉱火災で危機的状況に追い込まれる。

当時、セントラリアでは、毎年、戦没者追悼記念日（5月の最終月曜日）に向け、事前にボランティアが会場周辺のゴミを燃やし掃除するのが習慣だった。が、1962年は式典の場所が変更され、廃坑の埋立地を使うことに。そこで、ボランティアたちは埋立地周辺を掃除した後、ゴミ処理場のゴミを焼却したのだが、その火種が埋立地から潜り込み、地下に広がる採炭場に燃え移ってしまう。放水によりいったんは消えた火は2日後に再炎上。以降、何度も炎上、消火を繰り返したものの、60年以上経った現在も鎮火には至らず、地表から有毒ガスが絶え間なく吹き出している。ある調査結果によれば、火は今後250年は燃え続けるという。

ところが、火災発生当時、セントラリア住民は経緯がよくわからないうえに目に見える被害が出ていなかったためか反応は鈍かった。行政は原因調査を行い、火が燃え広がらないよう炭層の間に耐火性の粘土バリアを設置するなどしたが、効果なし。技術的な問題に加え莫大な費用がかかることもあり、人為的な消火は不可能と結論づけ、自然鎮火を待つことになった。

事態が動くのは1979年。当時の市長が、自身が経営していたガソリンスタンドの地下タンク内のガソリン温度を計ったところ、摂氏77・8度を記録。一般的にガソリンの引火温度は摂氏50～70度と言われるため、危険このうえない状況である。

さらに人々を驚愕させたのが1981年のバレンタインデーに起きた事故である。街で12歳の少年が芝生の地面から白い煙が上がっているのを発見、近づいたとたんに地面に巨大な穴が開いたのだ。とっさに木の根を掴み、ぶら下がっている間に救出さ

◀街中に噴き上げる有毒ガス。下はセントラリアへ続く国道61号線。現在も割れ目から蒸気が発生

れたものの、少年の足元に広がった穴は深さ46メートル。地下水や石炭層が燃えて消失したことによる地盤沈下だった。しかも、穴からは一酸化炭素ガスが噴き出しており、もし落ちていたら即死は免れなかった。

それ以前にも道路に亀裂が入ったり、有毒ガスによる住民への健康被害が多発していたことから、1983年、政府は60億円余りの予算を割り当て、住民に強制退去勧告を発令。結果、1千人以上が街から転居し500棟以上の建造物が取り壊された。さらに2002年、アメリカ郵便公社はセントラリアの郵便番号を廃止、街に通じる全ての道路を封鎖する。こうして、セントラリアは公的にゴーストタウンとなったのである。

映画のストーリーは完全な創作ながら、セントラリアの歴史にインスパイアされた部分がある。主人公たちを追い詰めるカルト集団の存在だ。実は長年の間、セントラリアには犯罪に手を染める「モリー・マグワイアズ」(アイルランドを起源とする労働者階級の社会運動組織)なる秘密結社が実在すると信じられていた。彼らは、複数の殺人や誘拐、放火、暴力事件を働き、1868年に街の創設者であるアレクサンダー・レイを殺害して絞首刑になった3人の男性もモリー・マグワイアズに所属していたと噂されていた。

ところが現在、この話は炭鉱会社のでっち上げだったと考えられている。当時、給料を削減され、労働組合に加入し待遇改善を要求したアイルランド系の坑夫たちを、会社側が秘密結社に属する犯罪者と名指しで弾圧したのが真相だった。さらに、後の調査で、モリー・マグワイアズが存在したことを示す証拠は全くないことが判明。後世に残された情報は特定の実業家および調査員の偏見的報告だったこと、捜査や裁判、また刑の執行が不適切な形で行われたこと、さらには街の自警団に坑夫たちの情報を流して本人どころか家族まで襲わせたことまで明らかになっている。

映画は、ローズが娘を探し出してサイレントヒルを脱出、家に帰りついたにもかかわらず、なぜか夫には2人が見えない。彼女たちは異世界に引き込まれたままなのかとの疑問を残して終わる。

一方のセントラリアでは、２０１２年、大気汚染については問題ないと住民が訴訟を提起。翌年、生涯にわたって家にとどまる権利と補償金を受け取って和解した結果、２０２０年時点で5人がセントラリア自治区内に居住している。ちなみに、映画では異世界のモンスターから逃げ延びた人々が教会に駆け込むが、現実のセントラリアでもカトリック教会が存在し、街に残った住民の安息の場所となっている。

▼生存者が教会に駆け込む劇中シーンと、現在、セントラリアに残る唯一の教会（右）。映画「サイレントヒル」より

# さらば愛しきアウトロー

## 一度も銃を使わず2年半で400万ドル以上を奪取

## 老齢の銀行強盗、F・タッカーの伝説

▶本作の出演で俳優引退を発表した主演のロバート・レッドフォード。映画「さらば愛しきアウトロー」より



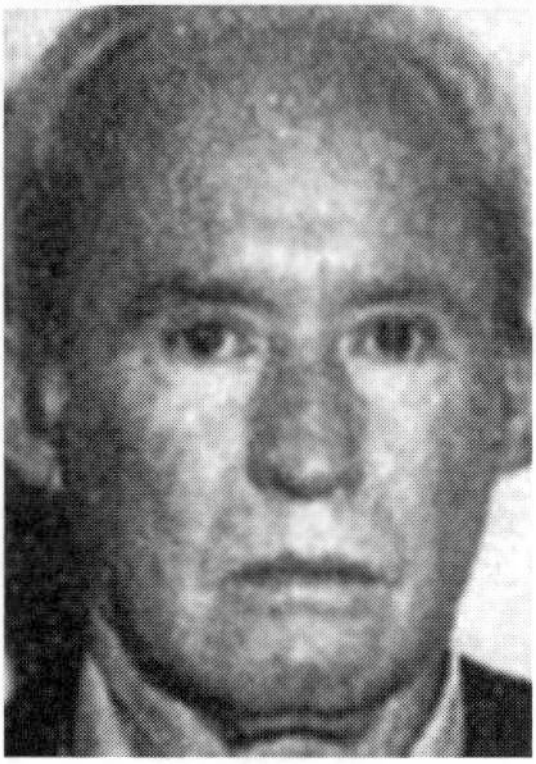

◀フォレスト・タッカー本人。写真は2000年の逮捕時に撮られたもの（当時79歳）

アメリカの銀行強盗といえば、1930年代前半に〝社会の敵ナンバーワン〟と称されたジョン・デリンジャーや、映画「俺たちに明日はない」(1967)で知られるボニー&クライドが有名だが、彼らが殺人も厭《いと》わぬ凶悪犯罪者だったのとは逆に、1980年代前半、一滴の血も流さず銀行強盗を働き続けたフォレスト・タッカーなる男がいる。ロバート・レッドフォードの俳優引退作となった2018年のアメリカ映画「さらば愛しきアウトロー」は、この老齢の強盗タッカーの晩年を描いた犯罪ドラマである。

タッカーは1920年6月、フロリダ州マイアミで生まれた。若い頃から犯罪に手を染め、1935年、15歳のとき車を盗んだ罪で初めて逮捕、同州の少年刑務所に収監されるが、翌年1936年6月に金ノコとノミを使用して脱獄を果たす。以来、彼は事務所荒らしや金庫の窃盗などで1970年後半までの40年以上、主にカリフォルニア州内の刑務所に投獄されるが、驚くべきはその間、18回も脱獄に挑んだ事実だ。劇中では描かれていないが、脱出不可能と言われたサンフランシスコ湾に浮かぶアルカトラズ刑務所に収容されていた1956年には、腎臓を悪くし移送されたロサンゼルスの病院の手術室から医師や看護師と格闘のすえ建物から飛び降りて脱走。5時間後、盗んだ車に給

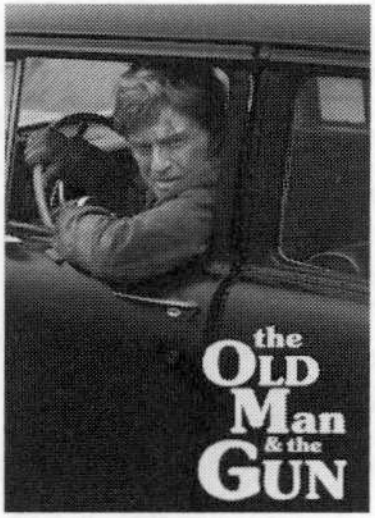


**さらば愛しきアウトロー**

2018/アメリカ/監督:デヴィッド・ロウリー●誰ひとり傷つけることなく大胆不敵な犯行を繰り返した伝説の銀行強盗フォレスト・タッカーの実話を映画化。原題の「The Old Man & the Gun」はアーネスト・ヘミングウェイの小説『老人と海(The Old Man and the Sea)』に由来する。

油するため訪れたガソリンスタンドで病院のガウン着のままトウモロコシ畑で捕らえられている。

1978年10月、窃盗罪でカリフォルニア州サン・クエンティン刑務所に投獄されたタッカーは、後に共に銀行強盗を働くジョン・ウォーラー（1942年生）ら囚人仲間3人で木材やプラスチック、布切れなどを使い簡素なカヤックを作成。翌年1979年8月10日夜、看守の目をかいくぐり刑務所を出て近くの海岸から船を漕ぎ脱獄に成功した。

ウォーラーらは3ヶ月後に拘束され、刑務所に呼び戻されたが、タッカーはそのまま逃げのび、2年後の1981年、出所したウォーラー、以前からの悪党仲間だったテディ・グリーン（1915年生）と銀行強盗を計画・実行に移す。

映画はこの辺りから始まるが、劇中のとおり彼らの犯行は単純かつ鮮やかだった。ウォーラーとグリーンを見張り役に、タッカーが銀行の窓口に近寄り極めて冷静に「僕は銀行強盗だ」とスーツの脇から銃を見せる。驚いた職員が金を詰めた袋を静かに受け取り、そのまま逃走。こんな幼稚な手口で強盗が成功するとは思えないが、彼らは約2年半の間にフロリダ、テキサス、オクラホマ、ミズーリ、アーカンソーの5州で93件もの犯行を働き400万ドル以上を手

▼1979年8月、タッカーらが脱獄に使用した自家製のカヤック

◀共犯のテディ・グリーン(上が本人。演:ダニー・グローヴァー)

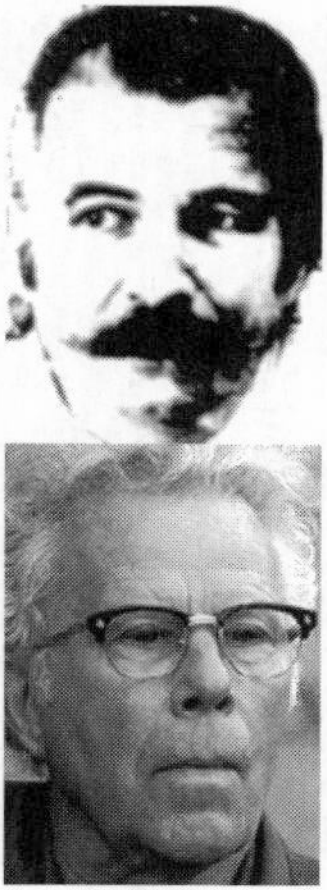

◀共犯のジョン・ウォーラー(上が本人。演:トム・ウェイツ)。いずれも、彼らのその後はよくわかっていない

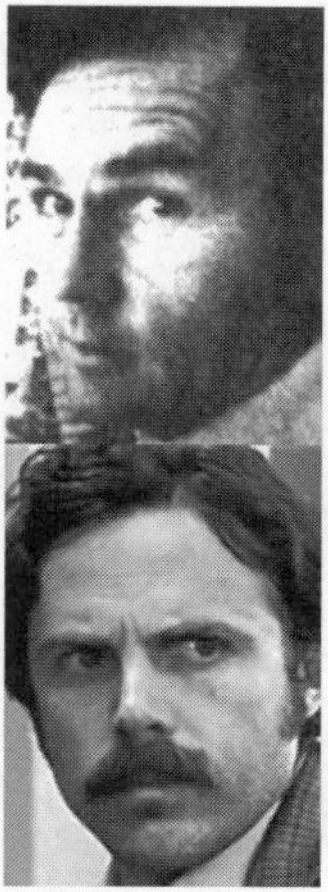

◀タッカー逮捕に尽力したテキサス州オースティン警察署の捜査官、ジョン・ハント(上が本人。演:ケイシー・アフレック)。映画は彼の私生活にも大きな時間を割いている

「さらば愛しきアウトロー」より


にする。その間、一度も発砲することなく、被害に遭った銀行職員らは「極めて紳士的だった」「優しい言葉遣いだった」「礼儀正しかった」と口を揃えたという。

見た目が高齢だったことから「オーバー・ザ・ヒル・ギャング」(劇中では「黄昏ギャング」と呼ばれている)と称されたタッカーらの逮捕に執念を燃やした1人が劇中でケイシー・アフレックが演じたジョン・ハント刑事だ。設定はテキサス州ダラス警察署の捜査官になっているが、実際のハントは同州オースティン署の刑事で、タッカーらを2年以上も追跡した。が、成果は出ず、やがて捜査はFBIの手に移ることになる。

映画の前半で、タッカーは車を故障させ困っていた農場経営者の未亡人ジュエル(演:シシー・スペイセク)と出会い、恋

仲になる。彼女も実在の女性で、本名はジュエル・センターズ（生年不明）。2人が知り合ったのは1981年半ばで、映画とは異なりテキサス州の社交クラブが出会いの場所で、彼女は引っ越し会社を経営する夫を少し前に亡くしたばかりだった。劇中では描かれていないが、彼らは1982年に結婚。タッカーは妻にボブ・キャラハンと名乗り、仕事も証券マンと偽り、出張と称して銀行強盗を働いていた。ちなみに、劇中でタッカーは過去に一度結婚し、息子と娘がいたことになっているが、実際は二度離婚を経験しており。最初の妻との間に息子、再婚相手との間に娘をもうけていた。

タッカーらの犯行が終焉を迎えるのは1983年6月である。共犯のグリーンの動向を把握していたFBIの捜査官が、彼とタッカーの面会場所を急襲し、現行犯逮捕。この際、現場から逃走したタッカーが4発の銃弾を受け、血を流しながら母子の運転する車に乗り込んだものの、最終的に投降したのは劇中で描かれるとおりだ。

初めてタッカーの正体を知ったジュエルはそれでも夫を見捨てず、映画のとおりタッカーの服役中、何度も刑務所に面会に訪れた。出所したのは1993年。このとき、すでに73歳にな

▼タッカーの恋人ジュエルを演じたシシー・スペイセク。モデルになった彼の妻ジュエル・センターズの写真は公開されていない。映画「さらば愛しきアウトロー」より

▲1983年6月、FBIの捜査官に逮捕・拘束されるタッカー

っていたタッカーは妻の待つフロリダの自宅に戻る。犯罪からは完全に足を洗ったつもりだった。
しかし、彼は1999年、79歳でまたも強盗を三度働き2000年に逮捕される。裁判で下った判決は懲役13年。テキサス州フォートワースの連邦矯正施設に収監され、2004年5月29日、83歳で獄死した。
映画の最後に、面会に訪れたジュエルにタッカーがこれまでの脱獄記録を見せるシーンがある。が、それを本当に見せられたのは、大手週刊誌『ニューヨーカー』のスタッフライター、デビッド・グラン（1967年生）である。グランは2001年、収監されていたタッカーに詳しい経歴を取材し、2003年に同誌に記事を掲載。これが映画の原作となった。グランによれば、取材時、タッカーは自分の伝記の映画化を望んでおり、監督にはクリント・イーストウッドの名を挙げていたという。

# シカゴ

## 大ヒットミュージカルの元ネタになった女性2人の犯罪

FILMS

▲ロキシー・ハートを演じたレネー・ゼルウィガー（左）とヴェルマ・ケリー役のキャサリン・ゼタ＝ジョーンズ。映画「シカゴ」より

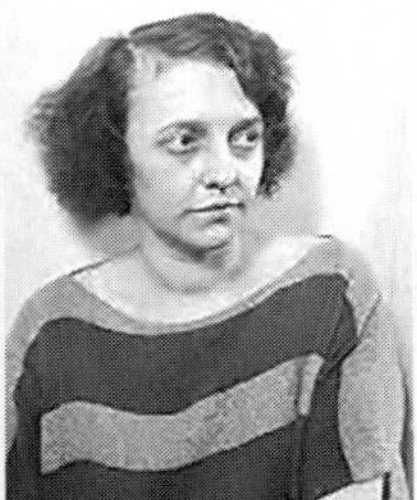

▲ロキシー・ハートとヴェルマ・ケリー、それぞれのモデルになったビューラ・アナン（左。事件当時24歳）とベルヴァ・ガートナー（同38歳）

# ビューラ・アナン&ベルヴァ・ガートナーの不倫相手殺人事件

２００２年公開の「シカゴ」は１９２０年代のシカゴを舞台に、スターを夢見ながらも殺人事件を起こし、刑務所に収容され争いに巻き込まれるショーガールの波乱を描いた傑作である。映画は同名の大ヒットブロードウェイミュージカルを映像化したものだが、劇中で華麗な歌と踊りを見せるロキシー・ハート（演：レネー・ゼルウィガー）と、ライバルのヴェルマ・ケリー（キャサリン・ゼタ＝ジョーンズ）の２人のヒロインには実在のモデルがいる。

物語の舞台は禁酒法時代の１９２４年のイリノイ州シカゴ。ロキシー・ハートはショービジネスの世界に憧れ、業界にツテがあるという妻子持ちの家具セールスマンと肉体関係を結ぶが、彼の話がウソだったことがわかり思わず射殺する。一方、すでに舞台で活躍していたヴェルマ・ケリーも夫と自分の妹が不倫している現場を目撃し殺害。２人は刑務所に収監されるも、無罪を訴え、腕利きの弁護士にビリー・フリン（演：リチャード・ギア）に裁判での弁護を依頼する。

ロキシー・ハートのモデルになったのは、１８９９年11月にケンタッキー州で生まれたビューラ・アナンという女性である。10代で早い結婚をした後、自動車整備工のアルバート・アナンと出会い、２人でシカゴに転居し１９２０年３月に再婚。クリーニング店で簿記係の職に就いたが、そこで知り合ったハリー・カルステットなる

**シカゴ**

2002／アメリカ／監督：ロブ・マーシャル●1975年にオリジナルのブロードウェイ公演が行われて以降、現在もロングランを続けている大ヒットミュージカル「シカゴ」を映像化。第75回アカデミー賞で最優秀作品賞、最優秀助演女優賞（キャサリン・ゼタ＝ジョーンズ）など6部門で栄冠に輝いた。

男性と不倫関係になる。1924年4月3日、ビューラ（当時24歳）はいつものように自宅の寝室にカルステットを招き関係を結ぶ。が、行為が終わりワインを飲んでいる間に痴話喧嘩が始まり、やがてそれは激しい口論に発展。2人ともベッドの上の銃に手を伸ばしたが、ビューラが最初に掴んでカルステットを射殺。犯行後、彼女は「フーラ・ルー」という曲を流し、カルステットの死体を眺めながらカクテルを飲み4時間を過ごした後、夫のアルバートに電話をかけ「私を襲おうとした男を撃った」と告げ、警察に出頭した。

一方、ヴェルマのモデルになったベルヴァ・ガートナー（1884年9月生）は20代でキャバレーの歌手として働き、2度の離婚を経験。1917年に20歳上のウィリアム・ガートナーという裕福な男性と3度目の結婚を果たしシカゴで何不自由のない暮らしを送っていたが、彼女もまた浮気癖があり複数の相手と肉体関係を結んでいた。事件が起きたのは1924年3月11日。ベルヴァ（当時38歳）の愛人だった10歳下のウォルター・ロウという男の射殺死体が彼女の車の中で発見されたのだ。車内にはジンのボトルと拳銃が転がっており、翌12日、警察は殺人罪でベルヴァを逮捕。取り調べに、ベルヴァはウォルターと共に様々なバーやジャズ・クラブで飲んでいたことや、護身のために銃を持っていたことを認めた。

1920年初頭、女性が殺人を犯すなど極めて稀。しかも被害者はどちらも不倫相手である。シカゴの新聞社は格好のネタに飛びつき、連日スキャンダルな報道を繰り返すことになる。

劇中のロキシーは冴えない夫に頼んで弁護士フリンを雇うが、ビューラの場合も、自らの預金を下ろし評判の弁護士ウイリアム・スコット・スチュワートを雇ったのは夫アルバートである。公判でビューラの証言は二転三転し、当初は犯行を認めたものの、後にレイプの恐怖による正当防衛だったと主張。また、映画のロキシーがそうだったように獄中から妊娠を公表し世間の同情を買い、１９２４年5月25日、無罪を勝ち取った。その後、これまた劇中描写同様、妊娠が愛人と関係を結んでいた時期と重なるとわかり怒る夫に対して、「だって彼はのろまだから」と言ってのけたという。

Wealthy Manufacturer Says He Will Spend Last Cent Defending Ex-Wife, Held In Murder Mystery

WILLIAM GAERTNER
Chicago has a new murder mystery. Walter Law's body was

BELLE GAERTNER
wealthy manufacturer of scientific instruments.

WALTER LAW.
which was the better shot. After one was killed, the other was to

◀上／ベルヴァ・ガートナーの事件を報じるシカゴの地元紙。写真左からベルヴァの夫ウィリアム、ベルヴァ、射殺体で見つかったベルヴァの愛人ウォルター・ロウ。下／ビューラ・アナンの審理の様子。前列左から弁護士のウイリアム・スコット・スチュワート、ビューラ、裁判を支え続けたビューラの夫アルバート

かたや、ベルヴァも腕の立つ弁護士W・W・オブライアンを味方につけ、劇中のとおり「酔っていて何も覚えていない」と主張する一方、新聞社の獄中取材に対し「女にとって嫉妬で殺すほどの価値がある男なんていない、代わりはいくらでもいるでしょ。ジンと拳銃、一つだけでも厄介なのに、両方ともあったんだからとんでもないことになって当然じ

ゃない？」と奔放な発言を口にしたそうだ。1924年6月、陪審員が出した結論は無罪。「ウォルターは自殺した可能性がある」という弁護士の主張が通ったのだ。ちなみに、劇中で2人の無罪を勝ち取る弁護士フリンは、スチュワートとオブライアンの両弁護士を組み合わせた映画オリジナルのキャラクターである。

この2人の事件を『シカゴ・トリビューン』紙で大々的に書き立てたのが、映画ではメアリー・サンシャインの名で登場する女性記者モーリン・ダラス・ワトキンス（同27歳）だった。劇中に説明はないが、彼女はビューラもベルヴァも有罪だと信じていたものの、読者の注目を集めるため2人をジャズと酒の世界に誘惑されてしまったか弱い純真な女性に仕立て上げ、ビューラには「監獄の美女」、ベルヴァには「最もスタイリッシュな女殺人者」と命名。ワトキンスの狙いどおりシカゴ市民は2人の美女に注目、同情し、裁判の模様を報じる新聞各社はこぞって部数を伸ばしたという。

その後、ワトキンスは、ビューラとベルヴァの裁判を基にした戯曲「シカゴ」を書き上げ、1927年にブロードウェイで初上演。好評を博したことでサイレント映画になり、以降、様々な舞台や小説の題材として扱われ、2002年の映画化にも繋がっていく。

▼百戦錬磨の弁護士ビリー・フリンを演じたリチャード・ギア。映画「シカゴ」より

映画は最後、敵同士だったロキシーとヴェルマがタッグを組み、〝元殺人犯の2人の女性が演じる世にも珍しいステージ〟を上演、観客から拍手喝采を浴びるシーンで終わる。

現実の〝その後〟はもちろん違う。ビューラは彼女を見限った夫から1926年に離婚を申請され、翌年正式に離婚。ボクサーの男性と再婚したものの3ヶ月で離婚し5千ドルもの巨額の慰謝料を手にした後、別の男性と三度目の結婚を果たしたが、結核を患い1928年3月、シカゴ郊外のサナトリウムで亡くなった(享年28)。一方のベルヴァは複数の男性と関係を持ち、年長の夫ウィリアムと離婚と再婚を繰り返しつつ、自分をモデルにした舞台「シカゴ」の公演初日を鑑賞するなどセレブ気分を引き続き満喫。1948年に夫が亡くなるとカリフォルニア州パサデナに移住、晩年は姉妹と共に暮らし、1965年5月14日、80歳でこの世を去った。

◀『シカゴ・トリビューン』紙の記者で、事件と裁判を取材し後に「シカゴ」の原作となる戯曲を執筆したモーリン・ダラス・ワトキンス(上。1969年8月、73歳で死去)。下は劇中、メアリー・サンシャインの役名で彼女を演じたクリスティーン・バランスキー。映画「シカゴ」より

# ジャングル

## ギンズバーグ 19日間の軌跡

### 泥水に溺れ、ジャガーに襲われる恐怖

FILMS

# 南米ボリビアの密林で遭難した22歳、Y・ギンズバーグの地獄のサバイバル劇

▲映画「ハリー・ポッター」シリーズのダニエル・ラドクリフが遭難したヨッシー・ギンズバーグを熱演した。映画「ジャングル ギンズバーグ19日間の軌跡」より

▲ジャングルに向かう前に撮影されたヨッシー・ギンズバーグ（右）とケビン・ゲイル本人

２０１７年公開の「ジャングル　ギンズバーグ19日間の軌跡」は、南米ボリビアの密林で遭難した冒険家ヨッシー・ギンズバーグの実話をドラマ化したサバイバル映画だ。野生生物や自然の脅威にさらされ、肉体的にも精神的にも追い詰められながらも生還を果たした彼の体験は、まさに壮絶の一言に尽きる。

ギンズバーグはホロコーストの生存者である両親のもと、１９５９年にイスラエルで生まれた。彼が長じて冒険家を志したのは、フランスの元受刑者アンリ・シャリエール（１９０６－１９７３）の著書『パピヨン』の影響だという。スティーブ・マックイーン主演の同名映画は監獄島からの脱出をメインに描かれているが、同書に脱獄途中に南米コロンビア北部の秘境で先住民と何ヶ月か過ごした様子なども詳細に記されており、ギンズバーグはシャリエールの足跡を辿る旅に出たいと熱望するようになった。

イスラエル海軍で3年の兵役を終えた後、ノルウェーで建設作業、アラスカで漁業、ニューヨークで荷物積みなどをしながら資金を貯め、南米に旅立ったのは１９８１年、22歳のときだ。ヒッチハイクでベネズエラからコロンビアを経由し、10月にボリビアへ。そこで出会ったのが、スイス出身のバックパッカーであるマ

**ジャングル**
**ギンズバーグ**
**19日間の軌跡**

2017／オーストラリア・コロンビア／監督：グレッグ・マクリーン●南米の秘境探検に出かけた青年ヨッシー・ギンズバーグがボリビアのジャングルの奥地で仲間とはぐれ、1人死地をさまよう様を描いたサバイバルアドベンチャー。ギンズバーグ本人が自身の悲惨な体験を綴った『JUNGL』が原作。

ーカス・スタン、世界中を旅して写真を撮っていたアメリカ人のケビン・ゲイル、自称地質学者のオーストリア人カール・ルプレヒターの3人だ。

ルプレヒターは、ジャングルの奥深くにひっそり暮らしている先住民族の村を訪ね、近くの川で砂金を探す計画を立てていた。過去にも訪問の経験があり、村民は生涯で白人を見たことがないという。まさにシャリエールの手記に出てきたような村ではないか。興奮するギンズバーグに押されたスタンとゲイルは、数日分の食料やテントなど必要な装備をバックパックに詰めジャングルを目指す。

まずはアポロという街まで飛行機で向かい、そこからルプレヒターを先頭に密林へ。大雑把な地図しかないため川を頼りにトゥイチ川に沿って歩き、トゥイチ川とアサリアマス川の合流点にあるアサリアマスと呼ばれる村へ到着。そこで食料と必要な物を補充すると、いよいよルプレヒターが以前、訪れたことがあるという古代の先住民族の村へ向かう。が、すぐに食料が底を尽き、ルプレヒターが撃ったサルを食べることになる。

映画では、ここで二手に分かれることになっているが、実際は4人でアサリアマスの村に戻って体制を立て直し、ルプレヒターの提案で、トゥイチ川を筏で下って奥地のルレナバケ村に向かった。しかし、途中のイプラマ川の合流点に来るとルプレヒターが、この先のサンペドロ

▼ギンズバーグらが向かったボリビアのジャングル

◀現在も行方がわからないマーカス・スタン(上)とカール・ルプレヒター

渓谷の急流は筏《いかだ》では通れないと言い出した。一方、ギンズバーグとゲイルは、すでに歩くことが困難になっていたスタンを、彼が1人だけサルを食べなかったからだと非難。雰囲気は最悪となり、グループは分裂する。ギンズバーグ&ゲイルは予定どおり筏で川を下り、スタン&ルプレヒターは近くのイプラマ村まで歩き、そこからアポロに戻ることに。4人はボリビアの首都ラパスでの再会を約束して二手に分かれた。

映画で描かれるとおり、ギンズバーグとゲイルが乗った筏は途中で大岩に衝突。2人ともに水中に投げ出され、ゲイルは岸にたどり着いたものの、ギンズバーグは川に流される。幸い、流れが穏やかになった所で岸まで泳ぎ着き、自分のバッグパックを拾うことにも成功したが、ここから地獄のサバイバルが始まる。10年に一度の嵐に巻き込まれ泥水に全身が埋まって溺れそうになったり、ジャガーに襲われたり。劇中でジャガーはギンズバーグの幻想として描かれているが、これは実際の出来事で、彼は何頭かに取り囲まれたため、とっさに虫よけのスプレーにライターで火を付け、簡易火炎放射器を作って追い払ったのだという。ギンズバーグによれば、映画「007死ぬのは奴らだ」の中

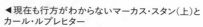

▲ギンズバーグとゲイルの筏が岩に衝突し川に投げ出される劇中シーン。映画「ジャングル ギンズバーグ19日間の軌跡」より



でロジャー・ムーアが部屋に投げ入れられた毒蛇を退治した方法を真似したそうだ。

映画では省かれているゲイルのサバイバルもまた壮絶だ。泳ぎが得意だった彼は急流を泳いで対岸に渡り、鳥の巣から取った卵を食料にした。しかし、日ごとに衰弱し足はボロボロ。5日で歩けなくなった。助かるには川を下るしかないが、筏を作る力は残っておらず、彼は丸太にすがって川に飛び込む。と、運良く川岸を通りかかった2人の先住民がゲイルを発見。ゲイルの「アユダメ（助けて）」の声に、丸太を掴んで岸に引き上げてくれた。

回復したゲイルはラパスに戻ったものの、残る3人の姿はない。そこでイスラエルとオーストリアの領事館を訪れ救助を要請したところ、オーストリア領事館から、ルプレヒターがインターポール（国際刑事警察機構）が指名手配している犯罪者だと知らされる。ルプレヒターは身分を詐称し、先住民の村に行ったという話も全てウソだった。

劇中でも描かれるように、捜索は難航した。ジャングルは広大なうえ、空からでは木々が邪魔。それでもゲイルはあきらめず、川から探すよう提案。そして、遭難から19日目に捜索救助班がギンズバーグを救出する（劇中では川に詳しい地元の船頭1人の協力でギンズバーグを探し出したことになっている)。このとき、彼はあばらが見えるほどやせ細り、回復まで3ヶ月の入院を余儀なくされたそうだ。

スタンとルプレヒターは、結局見つからなかった。後にゲイルとギンズバーグが現地で2人を探したが、目撃情報は皆無。彼らが計画していたルートにも、キャンプファイヤーや人間の排泄物、または動物が殺されたり植生が乱された証拠はなかったそうだ。

ボリビアから戻ったギンズバーグは、イスラエルのテルアビブ大学を卒業し、ユダヤ哲学と経営学の学位を取得。オーストラリアを拠点にIT事業(アプリBlinqの創始者)を展開している。また、1992年にはボリビアに渡り、救助後に介抱してくれた小さな村、ウチュピアモナスの先住民コミュニティを訪問。彼らが収入源と雇用のため、ホステル(簡易宿泊所)の建設を希望していることを聞き、米州開発銀行や環境NGOから資金を調達し、地球上で最大の生物や植物が生息する「マディディ国立公園」への観光拠点となる高床式の客室を備えた「チャラン・エコロッジ」を建設した。

一方のゲイルは、その後も世界中を回って写真を撮影していたが、現在はイスラエルに在住。妻と2人の息子と暮らしているそうだ。

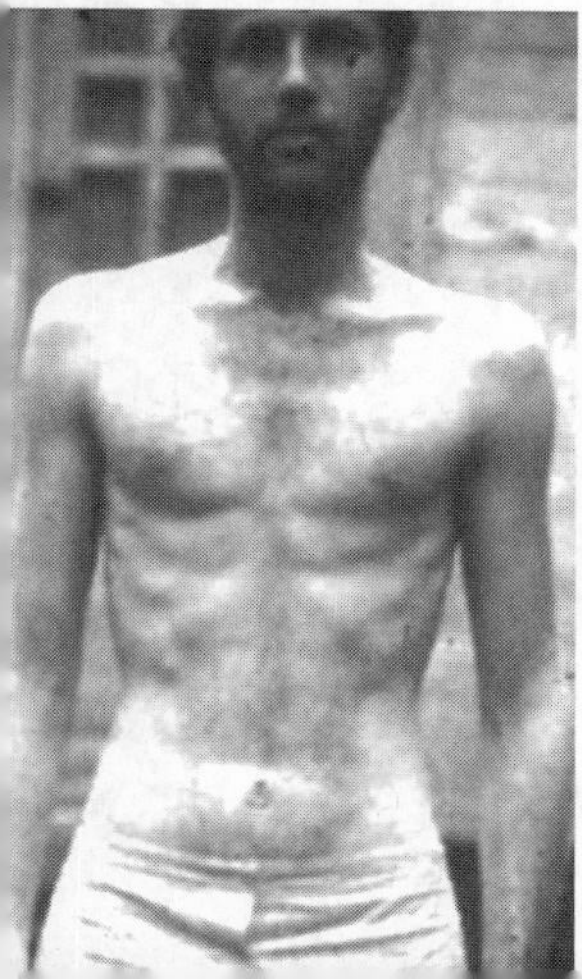

▲救出直後のギンズバーグ。あばら骨が浮きるほど痩せこけていた

# 死ぬほどあなたを愛してる

## 母親から障害者の偽装を強いられた娘が採った最悪の選択

FILMS

# ディーディー・ブランチャード殺害事件

◀偽りの不幸な母娘を演じたマーシャ・ゲイ・ハーデン（左）とエミリー・スケッグス。映画「死ぬほどあなたを愛してる」より

◀ディーディー・ブランチャード（左）と娘のジプシー本人。世間の注目が集まるようディーディーは2人のツーショットを積極的に拡散したという

4歳で白血病を発症し、薬と車椅子なしでは生活できない娘エズメを甲斐甲斐しく世話をするシングルマザーのカミール。周囲はそんな母子の力になりたいと様々な支援の手を差し伸べるが、カミールは極力、娘と外部との接触を拒む。というのも、エズメは実はどこも異常のない健康体。支援金を得るため、母親から障害者の偽装を強いられていたのだ。しかし、成長するにつれエズメは自分を支配する母親に反発。やがて、SNSを介して知り合い恋人関係になった男性に助けを求め、彼を実行犯に母カミールを殺害する——。

2019年の映画「死ぬほどあなたを愛してる」は、ウソを突き通す毒母から逃れるため娘が最悪の選択を採るまでの過程を描いたヒューマンドラマだ。本作の題材となったディーディー・ブランチャード殺害事件は映画の何倍も衝撃的である。

劇中では簡単に語られるだけだが、〝可哀想な母子〟の存在が世間に広まったのは2005年8月のこと。このとき、大型ハリケーン「カトリーナ」が米南東部を襲い、1千800人以上の死者を出すなどアメリカ観測史上最大級の被害をもたらした。避難生活を余儀なくされた者も120万人を数え、その中にミズリー州の浸水した家屋から救出されたディーデ

**死ぬほどあなたを愛してる**

2019／アメリカ／監督:アレックス・カリムニオス●健康である実娘に難病を偽装させ多くの支援金を騙し取ったディーディー・ブランチャードが、娘と恋人に殺害されるまでの過程を描いた人間ドラマ。2000年公開の「ポロック 2人だけのアトリエ」でアカデミー助演女優賞を受賞した。マーシャ・ゲイ・ハーデンが母親を演じている。映画は劇場公開されておらず、日本ではNetflixで配信中。

イー・ブランチャードと、ジプシー・ローズの母娘がいた。母親ディーディーによれば、娘のジプシーは生まれつき筋ジストロフィーや白血病などの病気を抱えて立つこともできず、脳障害により知的能力が7歳児レベルなのだという。そんな母娘の奇跡の救出劇に全米が歓喜し、2人のもとには多くの支援物資や募金が集まった。さらにサポートを呼びかけるサイトが立ち上がり、ディズニーランド旅行や一戸建ての家までがプレゼントされた。

世間がこれほど母娘を支援したのは、ディーディーの苦難に満ちた過去も関係していた。彼女は1990年末、24歳のときに交際相手だった17歳のロッド・ブランチャードの子供を妊娠したことをきっかけに結婚した。しかし、ロッドは酒を飲んでは暴れるDV男で、出産前に離婚。大きなハンディを背負って産まれてきた娘ジプシーを女手ひとつで育ててきた彼女に、皆が深く同情したのである。

それから10年後の2015年6月14日深夜、母娘の自宅から、刃物でメッタ刺しにされたディーディー（当時48歳）の遺体と、ジプシー（同23歳）の車椅子が発見された。強盗や誘拐、元夫の関与などが疑われるなか警察は娘のフェイスブックに注目。そこに残っていた「クソ女は死んだ」とのメッセージから、犯人がアカウントを乗っ取って犯行声明を残したものと睨み、

▼ジプシーは母親から無用の手術や薬物投与を強要されていた

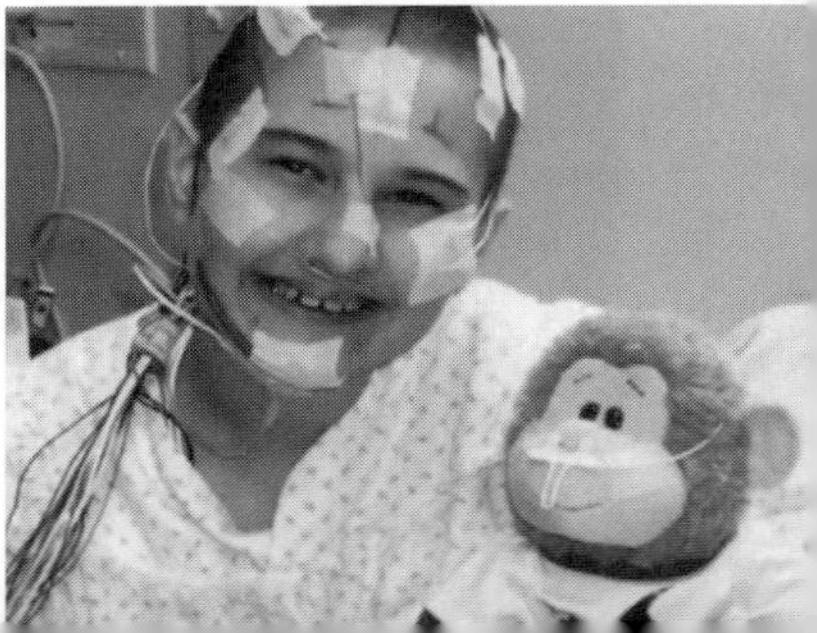

◀ジプシーと実父ロッド。ロッドはディーディーの話とは異なる心優しい人物で、事件後、献身的に娘をサポートしているという

IPアドレスを追跡し、翌日ウィスコンシン州に住む男性ニコラス・ゴデジョン（同26歳）を逮捕する。ニコラスの自宅からは凶器とみられるナイフやディーディーの財布が発見され、さらに行方不明だったジプシーも男の自宅で無事保護。普通に考えれば、ニコラスが母親の殺害後、ジプシーを拉致・監禁したと推測できる。が、警察はジプシーをも殺人罪で逮捕した。なんと、殺人はジプシーがネットで知り合ったニコラスに依頼し実行されたものだったのである。

映画の中盤以降、娘の視点で事の真相が語られるように、事件後に判明した事実は驚愕すべきものだった。1991年7月、ジプシーは何の問題もない健康体で生まれた。が、生後3ヶ月になる前に、ディーディーは娘が睡眠時無呼吸症候群を患っていると思い込み病院へ連れて行くようになり、夜を徹しての睡眠モニターや他の検査を繰り返した。当然ながら医師の診断は問題なし。にもかかわらず、ディーディーは娘が詳細不明の染色体異常に侵されていると考え、8歳の頃から車椅子での生活を強要、栄養チューブを通して食事を与えた。若い頃、看護師助手として働いていた経験のあるディーディーは医学用語に精通しており、病院側がいくら「ジプシーが歩けない理由がわかない」と進言しても、聞く耳を持たなかった。

やがて頭髪を剃られ大きなメガネを装着させられたジプシーは、自身の足で歩けることをわかりつつも、母の言うとおり、どこかに異常があると信じて疑わず、幼少期から不必要な手術を受け、薬を飲み、その一方で、慈善団体などから多額の支援金を受け取りほくそえむディーディーの指示に素直に従っていた。

劇中では事件後に発覚することになっているが、ジプシーが母親に疑念を持ったのは2010年、国民健康保険証の記載で、自分が母親から言われていた生年が1995年ではなく、1991年であることを知ったときだ。その時点で15歳だったはずなのに、実年齢は19歳だったのである。疑いを口にする娘に、母ディーディーは謝罪するどころか、逆に虐待をエスカレートさせ、ハンガーで殴り鎖でベッドに縛り付けた。ジプシーの恐怖は日に日に増大していく。

2012年、母親の厳しい監視を避け、深夜にインターネットを使っていたジプシーはキリスト教系のデートサイトでニコラスと出会い、毎日のように会話を楽しむ。翌2013年、映画でも描かれるように、母親付き添いで参加したコスプレイベントで2人は直接会い、ディーディーが目を逸らしたすきにジプシー自らニコラスを障害者用トイレに誘い、肉体関係を結んでいる。ちなみに、劇中で2人は相思相愛でニコラスも心からジプシーのことを愛する好青年のように描かれているが、実際のところ彼は公然わいせつ罪の犯罪歴と精神疾患の病歴があり、後にジプシーはニコラスのことを「気味が悪かった」と話したという。

それでも、ネットを介して2人の交際は続き、やがてジプシーが自分は健康体であることや過去の経緯を全て告白。映画では母の支配から救ってほしいとニコラスに願ったよう描かれているが、実際は明確に殺人を依頼していた。

そして犯行の日、ジプシーは自宅を訪れたニコラスにテープ、手袋、ナイフなどを渡し、外出から戻ってきた母を刺殺させる。犯行後2人はセックスをした後、バスでウィスコンシン州のニコラスの自宅に移動。ニコラスのパソコンから「クソ女は死んだ」とメッセージを送ったのはジプシーだった。

2016年4月、裁判所に姿を現したジプシーは自らの足で歩き、公判で罪を認め禁固10年、ニコラスには終身刑が言い渡された。が、一つ大きな疑問が残る。なぜ、ディーディーはジプシーに信じがたい過酷な生活を強いたのか。娘を障害者に偽装してまで金品が欲しかったのか。常識では理解しがたい彼女の行動は、識者の間で、他人を虐待して注目を集めようとする精神疾患「代理ミュンヒハウゼン症候群」が原因だったのではないかと言われている。

ジプシーは8間年服役した後、2023年12月28日に仮釈放。メディアの取材を積極的に受ける一方、自身のインスタグラムを開設し、2024年4月時点でフォロワー数は約780万人に達している。

◀上／殺人を実行したニコラス・ゴドジョン。ジプシーの望みを叶えるのが喜びだったと供述している。下／仮釈放直後の2024年1月に撮影されたジプシー。同年5月、Huluのリアリティ番組「The Kardashians」への出演が発表された

# バッド・エデュケーション

## 地区の教育長らが8年間で約12億円を着服

# NYロズリン高校巨額横領スキャンダル

▲大規模な不正を働いていたニューヨーク・ロズリン地区の教育長フランク・タソーン（右）と、彼を演じたヒュー・ジャックマン。映画「バッド・エデュケーション」より

▲事件の舞台となったロズリン高校

2004年、米ニューヨーク州のロズリン高校で1千万ドル以上もの巨額横領事件が発覚した。学校の金を着服していたのは、ロズリン地区で長年教育長と副教育長を務めていた教育スタッフたち。2020年の映画「バッド・エデュケーション」は、当時高校の学生新聞の調査によって発覚したこの一大スキャンダルをほぼ史実どおりにドラマ化したダークコメディである。

ロズリン高校は1925年に開校した、ニューヨーク州ロングアイランド・ナッソー郡にあるロズリン地区唯一の公立高校である。劇中で描かれるように2002年当時、大手新聞『ウォール・ストリート・ジャーナル』が発表した公立学校ランキングでは全米で第4位。ハーバード、ダートマス、イェール、ペンシルベニアなどアメリカ有数の名門大学に数十名の卒業生を進学させていた。

生徒の成績向上には1992年にロズリン地区の教育長に就任したフランク・タソーン（1946年生。演：ヒュー・ジャックマン）が大きく貢献していた。定期的に生徒と昼食をとり、保護者との読書会を開催し勉学の重要さを説く情熱的で社交性に長けた教育者。彼の尽力でロズリン学区には多くの支援金が集まり、教育水準の高い土地として住宅価格も高騰する。

しかし、地域の人格者として名を馳せ

**バッド・エデュケーション**

2020／アメリカ／監督:コリー・フィンリー●2004年、ニューヨークのロズリン高校で発覚し、全米を揺るがした実際の巨額横領事件の全貌を描いたサスペンス。同校に在籍中に事件に遭遇したマイク・マコウスキーが脚本を執筆した。

▶副教育長のパム・グラッキン(下)を「アイ，トーニャ 史上最大のスキャンダル」(2017)でアカデミー助演女優賞を受賞したアリソン・ジャネイが演じた

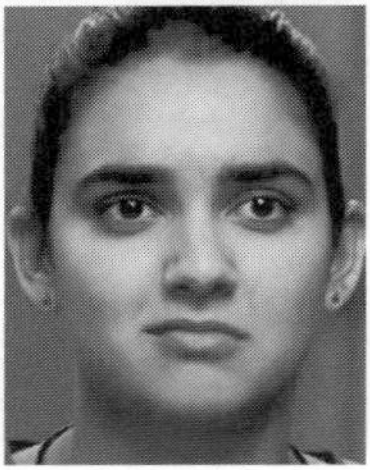

◀不正を追及する新聞部の高校生レイチェル役のジェラルディン・ヴィスワナサン(上)と、彼女のモデルになったレベカ・ロンボム

ていたタソーンには裏の顔があった。学校の運営資金を横領し贅沢な私生活を送っていたのだ。劇中で詳細は省かれているが、彼は普段メルセデスベンツを運転し、高価なスーツを着用、ダイエット治療、国内外の観光地に出かけ高級ホテルに宿泊、旅行の際には必ず旅客機のファーストクラスを使用し、その費用を全て学校側に請求。偽の帳簿を付け数字を誤魔化していた。

ちなみに、タソーンが横領した金を一緒に暮らしていたゲイの恋人に使っていたのも映画のとおりだ。タソーンは学生時代に知り合った女性と結婚したものの1973年にがんで妻を亡くし、以来、事件が発覚するまで30年以上も同世代の男性の恋人と同棲していた。オフィスの机に亡き妻の写真を飾っていたのは、自分がゲイであることを隠すためだったという（劇中、元教え子の男子学生と浮気するのはフィクション）。

もっとも、最初に横領がバレたのは、タソーンの右腕とも言える副教育長で経理責任者のパム・グラッキン（1947年生。演：アリソン・ジャネイ）である。あるとき、グラッキンの息子が学校のクレジットカードを使い、家の改築のために数千ドル相当の建設資材をホームセンターで購入していたことが発覚した。その事実を知った教育委員会のスタッフが彼女をオフィスに呼び、タソーンとともに追及したところ、これまで少なくとも25万ドルの運営資金を私的に使用したことを告白した。しかし、学校の評判が落ちることを案じたタソーンは警察に通報すべきというスタッフを制し、彼女に辞職を勧告する。劇中では描かれていないが、このときタソーンはグラッキンに退職年金として年間16万ドルを支払うことを約束したという。

クラッキンの辞職は表向き、健康上の理由と公表された。しかし、それを虚偽と疑う者がいた。劇中、レイチェルの名で登場するロズリン高校の学生新聞『ヒルトップ・ビーコン』の編集部にいた女子生徒である。当時、ロズリン教育区では多額の予算をかけて校舎と校舎を結ぶ渡り廊下を作る「スカイウォーク」の建設計画が進んでいた。レイチェルはこのプロジェクトに興味を持ち、新聞に掲載することを企画。スカイウォークの予算を細かく調べていくうち、不審な金の使い道や幽霊会社への支払いを発見する。幽霊会社の一つを訪れてみるとそこは普通の住居で、部屋から鍵を持って出てきたタソーンを目撃し、いよいよ不正を確信。この辺りの描写も事実に即しているが、実際の調査は『ヒルトップ・ビーコン』編集部全員で行ったものらしい。ただし、レイチェルには実在のモデルがいて、それが当時同新聞の編集部にいたレベカ・ロンボム（1986年生）。彼女は2004年2月、『ヒルトップ・ビーコン』の編

▼教育委員長のウィリアム・コスティガン本人

▲グラッキンの不正を教育スタッフたちが追及する劇中シーン。左、レイ・ロマーノが演じた教育委員長ウィリアム・コスティガン（左。役名はボブ・スパイサー）も実在の人物である。映画「バッド・エデュケーション」より

集長に就任し、２年前のグラッキンの辞職に関する疑惑や、タソーンに工事資金の不審な流れについて直接インタビューした記事を新聞に掲載する。と、『ニューヨーク・タイムズ』など大手紙も独自取材を行い、横領疑惑について報道。警察当局も捜査に乗り出し、２００４年末、タソーンとグラッキンを逮捕するに至る。当局の調べによると、２人とロズリン地区の教育スタッフは１９９６年から２００４年までの８年間で約１千１２０万ドル（当時の日本円で約12億円）もの大金を着服していたという。

約２２０万ドルの学校運営資金を横領したとして第１級&第２級の大規模窃盗罪で起訴されたタソーンは裁判で有罪を認め、２００６年9月に4年から12年の懲役刑を受け服役。２０１０年2月に釈放された後は自宅を売却し１９０万ドルを国に返還、現在は公の場に出ることなくひっそり暮らしているそうだが、有罪判決を受けた重罪犯でも、約束された公務員の退職金を減額または没収できないことをニューヨーク州憲

法が保証しているため、今も年間約17万3千500ドルの州年金を受け取っているという。一方、約430万ドルを横領したとして第1級大規模窃盗罪に問われたグラッキンには3年から9年の禁固刑が宣告され、2011年に釈放。年間2万1千ドルの年金で慎ましく暮らし、2017年に亡くなった。また、学校の不正を告発したロンボムはロズリン高校を卒業後、ダートマス大学に進学。ここでも大学新聞の編集に関わったものの、2008年に卒業した後はジャーナリズムの道に進まず、7年間、教育関連の仕事に従事。現在は不動産やITビジネスに携わっているそうだ。

映画は勾留中のタソーンが、ロズリン高校が全米1位の公立進学校になったことを夢想する場面で終わる。が、アメリカの大手教育系サイト「キイキー」が2021年10月に配信した記事によれば、同校は全米の公立高校ランキング上位100位以内に入っておらず、ニューヨーク市の公立高校で10位、私立も含めると37位に位置づけられている。

▼2006年9月の判決公判に出廷するタソーン被告

# プリズン・エスケープ 脱出への10の鍵

## 投獄から18ヶ月後に果たしたプリズンブレイク

▶ティム・ジェンキンを演じたダニエル・ラドクリフ(左)とスティーヴン・リー役のダニエル・ウェバー。映画「プリズン・エスケープ　脱出への10の鍵」より

▲脱獄に成功した3人。左から、ティム・ジェンキン、アレックス・ムンバリス、スティーヴン・リー。写真は脱獄後、タンザニアで撮影された1枚

# 1979南アフリカ 反アパルトヘイト運動家のプレトリア刑務所脱獄劇

FILMS

「プリズン・エスケープ　脱出への10の鍵」は、南アフリカのアパルトヘイト（1948年から採用された白人が非白人を差別・隔離する悪名高き政策）の反対運動を続けていた2人の白人青年が、収容先の刑務所から脱獄する過程を描いたサスペンス劇だ。映画は実際に脱獄を果たした1人、ティム・ジェンキン（1948年生）の自伝を原作に、複雑な政治思想や人間関係を極力排し、事実に基づいた脱出シーンを正確に再現している。

映画は1978年3月、反アパルトヘイトの活動家のジェンキンとスティーヴン・リー（1951年生）が逮捕されるシーンから始まる。劇中では描かれていないが、2人はケープタウン大学の社会学のクラスで出会い、非民主的な政府への憤りで意気投合。1974年、南アに変化をもたらしたいという信念のもと、イギリスに本拠地を構える「アフリカ民族会議（ANC＝全人種の自由と平等を求める国際組織）」に参加し、主に宣伝チラシの配布を担当する。

映画に出てくる「リーフレット爆弾」（爆風を使って何百枚ものリーフレットを一気に配布）」はジェンキンが開発したもので、1976年頃からヨハネスブルグやケープタウンで幾度も使用。南ア警察治安部は長年、彼らの行動を監視したうえで、1978年3月2日、2人

**プリズン・エスケープ**
**脱出への10の鍵**

2020／イギリス・オーストラリア／監督:フランシス・アナン●ティム・ジェンキンが2003年に上梓したノンフィクション『Inside Out: Escape from Pretoria Prison』を原作に、アパルトヘイト体制下の南アフリカ共和国を舞台に、難攻不落の刑務所に投獄された活動家が集団脱獄に挑戦した実話を描く。

を「禁止された組織を代表して18の異なるパンフレットを作成および配布し、解放運動に参加するよう人々に促した」として逮捕し、裁判所はジェンキンに懲役12年の実刑、リーには8年の刑を言い渡す。

2人が収監された南ア北西部のツワネ市に建つプレトリア中央刑務所は、看守による囚人への拷問、私刑、精神的屈辱などが行われる非人道的な管理体制で悪名を轟かせ、1948年の開所以来、脱獄したものは1人もいなかった。ところが、2人は入獄されてすぐに脱獄を計画する。裁判中にリーの父親が、実録脱獄映画「パピヨン」（1973）の原作本を差し入れたことが大きく影響していた。

木工所の作業に就いたジェンキンがまず思いついたのは、木から鍵を作ることだ。当時の刑務所の鍵は「棒鍵」と呼ばれる単純な作りで、奥行と鍵山の形さえ合えば開錠可能。奥行は紙を鍵穴に入れて測り、鍵山は看守が腰にぶらさげている鍵を観察して見当をつけた。結果、自分の独房を内側から開ける鍵は、投獄後わずか1週間で完成する。

映画では、ジェンキンとリーの脱走計画は他の囚人たちにバカにされ、唯一、レオナルド・フォンテーヌ（モデルは1973年に懲役12年で投獄されたANCメンバーのアレックス・ム

▼ジェンキンらが投獄されていたプレトニア中央刑務所の独房

◀脱獄に協力した反アパルトヘイト活動家のデニス・ゴールドバーグ。21年の服役後の1985年2月に釈放され、その後もロンドンを拠点に積極的に社会運動に参加。2002年に南アに戻り2020年にケープタウンで死去した（享年87）。写真は釈放直後の取材に応えたときの様子

ンバリス。生年不明）だけが仲間に入る。しかし、事実は違う。当時のプレトリア刑務所には数多くのANCメンバーが収監されており協力体制が確立。ジェンキンとリーの計画には他のメンバーも参加し、ムンバリス以外にも、劇中に実名で登場する著名な反アパルトヘイト運動家のデニス・ゴールドバーグ（1933年生。1964年に終身刑で服役）を含む計8人で脱獄することになっていた。

脱獄するには二重になっている独房の扉の他、9個もの扉を開ける必要があった。映画では、鍵ができるごとに、夜中、パトロールする看守の目を盗んでは開くかどうかトライするジェンキンの姿が描かれるが、実際はこれもチーム戦。鍵を作るのはジェンキンの担当で、開錠の可否や看守に見つからないよう材料を持ち出し壁の穴に隠すのは他メンバーの仕事だった。

ところが計画が進展するにつれ、看守のパトロールをやり過ごすには、途中で小さなクローゼットに隠れなければならないことが明らかになる。そこで話し合いの結果、ジェンキンとリー、ムンバリスの3人だけが脱獄することに決定。それでも仲間たちは協力を惜しまなかった。映画では省かれた部分が多いが、ジェンキンとリーが投獄の際、肛門の中に持ち込んだ紙幣を入れたチューブを安全な場所に保管したのはゴールドバーグだった。さらに、彼はロンドンの仲間に暗号で

▲看守の目を盗み夜中に鍵が開くかどうか試す劇中シーン。
映画「プリズン・エスケープ　脱出への10の鍵」より

手紙を出す。脱出に成功しても、警報が鳴るまでは10分ほどの猶予しかないと計算し、門の外から看守の目の届かない場所まで連れ出す車両の手配を依頼したのである。

運命の日は、ジェンキンらが投獄されて18ヶ月が過ぎた1979年12月11日。ゴールドバーグの手紙に対する返事はまだ来なかったが、見張り棟の増築が始まったため計画を実行することにした。

脱出のプロセスは映画のとおりだ。まずジェンキンがさも眠っているかのようにベッドを膨らませ独房を脱出。すぐさまリーとムンバリスを房から出し、独房エリアから外へ出る。そして看守の事務所近くまで進むと、いったん小さなクローゼットに身を隠し、そのタイミングでゴールドバーグが看守を大声で呼び寄せ、3人は一気に正面入口へ向かう。

ジェンキンらは9つのドアまでは開くことを確認していたが、正面入り口の真上は武装した警備員が24時間張りついている監視棟。そのため最後のドアだけは一発本番だった。果たしてジェンキンが木の鍵を差し込むと、ドアは開かない。そこで、念のため持参していたノミを使ったところ、劇中同様、大きな音が鳴り響いた。が、天は3人に味方し、刑務所の外への脱出に成功した。

走りたい気持ちを押さえ、駅まで歩いた彼らはタクシーに乗車。その後はアンゴラ、ザンビア、タンザニアを経由し、最終的にロンドンへ。途中、ジェンキンとリーは、1980年にザンビア共和国で記者会見し、自分たちの脱獄を報告している。

一方、看守らが3人の姿がないことに気づいたのは翌朝の点呼のとき。すぐに警察による大捜索が行われたが、ジェンキンスらはすでに国外にいた。警察は逃亡を支援したとして夜勤の看守を逮捕したものの、裁判の最中にロンドンに着いたリーが、看守は脱獄に関与していないことを宣誓供述したため無罪放免になっている。

その後、ジェンキンはANCのために暗号化された通信システムを考案し、1991年には南アフリカに戻り、反アパルトヘイトの英雄ネルソン・マンデラ（1918年生）が、ロベン島刑務所から釈放されるまでANCの通信ネットワークの管理を担当。また、リーはロンドンで、ムンバリスもパリでANCの活動に尽力した。

南アでアパルトヘイトが正式に撤廃されたのは、マンデラが大統領に就任した1994年のことである。

▼現在のジェンキン。手に持っているのは映画用に作られた木製の鍵

▲被害者ヤーラを演じたキアラ・ボノ。映画「ヤーラ」より

▲ヤーラ・ガンビラシオ本人。
将来を嘱望される新体操のホープだった

# ヤーラ

## 犯人逮捕に至った驚愕の経緯

# イタリアの美少女、ヤーラ・ガンビラシオ誘拐殺人事件

２０１０年、イタリアで当時13歳の少女ヤーラ・ガンビラシオが行方不明となり、３ヶ月後に無惨な殺害遺体で発見される。警察当局の懸命な捜査にもかかわらず事件は長らく解決しなかったが、遺体発見から3年半後の２０１４年、警察はついに容疑者の男性を逮捕。犯人はあまりに意外な人物だった。２０２１年にネットフリックスで配信されたドラマ「ヤーラ」は、イタリア全土を揺るがした本事件の顛末をほぼ忠実に再現したサスペンスである。

２０１０年11月26日夜、イタリア・ミラノの北東部、ロンバルディア州ベルガモ県にあるブレンバーテディソプラという人口約7千人の街に住むヤーラ・ガンビラシオ（１９９７年生）が突然、姿を消した。この日、ヤーラは17時半に普段から新体操の練習で通っている自宅近くのスポーツセンターに行き18時45分頃に帰宅したところまでは確認されているが、それ以降の目撃証言は皆無。彼女の携帯電話の電波は18時55分頃には消失していた。

帰ってこない娘を心配した家族が地元警察に連絡し、ボランティアを含めた数百人体制で捜索が開始されるも手がかりはなし。家出をする理由も見つからず、地元メディアはヤーラが事件に巻き込まれた可能性もあるとして報道を開始する。普通に考えれば少女１人の失踪を新聞やテレビが取り上げるとは考えにくいが、ブレンバーテディソプラは犯罪とは皆無の街。さら

**ヤーラ**

2021／イタリア／監督：マルコ・トゥリオ・ジョルダーナ●2010年、イタリアで実際に起きた13歳の少女殺害事件の解明に奔走する女性検事の姿を描いたNetflixオリジナルドラマ。

▲犯人を追う主人公の検事レティツィア（演：イザベラ・ラゴネーゼ）は複数の捜査官の人物像を組み合わせたドラマオリジナルのキャラクター。映画「ヤーラ」より

に、ヤーラが新体操の州大会でも好成績を残す有名な美少女だったことが世間の注目を集めた。

行方が掴めぬまま３ヶ月が過ぎた２０１１年２月26日、ブレンバーテディソプラから北に約10キロ離れた草原で、ラジコンを飛ばしていた男性が無造作に遺棄されている腐乱死体を発見、警察の検証によりヤーラと確認される。鉄の棒と思しき凶器による無数の打撲痕、頭部外傷、首の深い傷、６つの刺し傷。性的暴行の痕跡こそなかったものの、遺体の状態から彼女が何者かに殺害されたことは明白で、司法解剖の結果、長時間、寒地に放置されたことによる低体温症が直接の死因と判明した。ヤーラ失踪が迎えた最悪の結末は地元メディアのみならずイタリア全土で報道され、５月28日に彼女が通っていたスポーツセンターで執り行われた葬儀には彼女の死を悼む数千人が参列したそうだ。

一方、警察は事件解明に絶対的な自信を持っていた。殺害されたヤーラの衣服に、彼女とは別の犯人らしき人物の血痕が残っていたからだ。そこで血痕から採取したＤＮＡを警察が保有する前歴者のデータと照合したものの、該当者はゼロ。さらにブレンバーテディソプラや付近の住民約１万６千人にＤＮＡ鑑定を実施したが、これまた空振りに終わる。もっとも、警察は最初からＤＮＡ鑑定に期待していなかった。鑑定はあくまで任意。犯人が協力するはずもなく、逆に鑑定に応じなかった者の中に真犯人がいるものと睨んだ。しかし、事件はそんな警察の思惑とは異なる予想外の展開をみせる。

遺体発見から8ヶ月後の２０１１年10月、ＤＮＡ鑑定を担ったパルマの科学捜査研究所から一つの情報がもたらされた。鑑定に協力した市民の中に、犯人のＤＮＡに酷似したＤＮＡを持つダミアーノという男性がいることが確認されたというのだ。にわかに色めきたった警察はすぐにダミアーノを取り調べるが、彼は事件との関与を全面否定。改めてＤＮＡ鑑定を行ったものの、その一致率は約90%で完全とは言えなかった。そもそも、ダミアーノが犯人であればＤＮＡ鑑定に応じるわけがない。いったい、これは何を意味するのか。

思案の結果、警察はダミアーノに近いＤＮＡを持つであろう血縁者に犯人がいるものと睨み、彼の両親や姉弟、従兄弟をＤＮＡ鑑定にかけたところ、99%の確率で一致する者が１人だけいた。ダミアーノの叔父であるジュゼッペ・ゲニノーニ。ところが、彼が殺人を犯すのは不可能だった。なぜなら、ジュゼッペはヤーラが殺害される12年前の１９９９年にこの世を去っていたからだ。警察

▲ヤーラの遺体発見現場（2011年2月26日）

は、ダミアーノの家に残されていたジュゼッペからの手紙に貼られた切手の唾液からDNAを検出していたのだが、彼が犯人ではないとなれば、怪しいのはやはりジュゼッペの近親者しかありえない。そこで、ジュゼッペの妻と3人の子供にDNA鑑定を実施するも、やはり結果はシロ。捜査は完全に行き詰まってしまう。

そんななか、ジュゼッペの過去を調べる1人の捜査官がいた。ジュゼッペは生前、ヤーラの遺体発見現場から10キロほど離れた街でバスの運転手として働いていたのだが、その街で3年以上地道に聞き込みを行った結果、2014年、ある住民からエステル・アルズッフィーなる老婆の存在を知らされる。なんでも、彼女は1967年に夫ジョバンニと結婚、3人の子供（2人は双子）や孫を授かり幸せに暮らしていたものの、ヤーラの殺害事件以降、極端に落ち込み続けているという。

大した話ではないように思えるが、その捜査官は〝刑事の勘〟を働かせる。もしかすると、エステルが笑顔を消したのはヤーラの殺害と関係があるのではないか。そこで、過去の大規模なDNA鑑定の結果を洗い直したところ、夫ジョバンニは鑑定に応じていたものの、エステルは拒否していたことが判明。なぜ、彼女は鑑定に応じなかったのか。疑惑を深めた捜査官は、エステルと3人の子供のDNA鑑定を実施し、驚愕の事実にたどり着く。彼女の双子の子供の

▼警遺体発見後、メディアの取材に応じるヤーラの両親

兄で煉《れん》瓦《が》工《こう》のマッシモ・ボセッティと、犯行現場に残されていたＤＮＡが完全に一致したのだ（劇中のとおり、マッシモのＤＮＡは警察が装った飲酒検問で採取された）。その答は一つしかない。マッシモは、エステルが過去にジュゼッペと不倫して産まれた子供。夫ジョバンニはその事実を全く知らず、一方でエステルは秘密が明かされないよう、ＤＮＡ鑑定を拒んでいたのである。

２０１４年６月16日、マッシモ（当時44歳）は殺人罪で警察に逮捕される。警察の見立ては、性的暴行の目的でヤーラを誘拐、車に拉致・監禁したものの激しく抵抗されたため殺害、死体を遺棄したというものだった。

マッシモは裁判で無罪を主張したが、２０１６年７月１日、ベルガモ地方裁判所が下した判決は終身刑。控訴審、上告審も一審判決を支持し、２０１８年10月12日に刑が確定する。マッシモはその後も無罪を訴え再審を請求するも２０２１年に正式に棄却。２０２４年６月現在、収監中の身にある。

▲犯人のマッシモ・ボセッティ。逮捕当時、3人の子供の父親だった。▼2016年7月1日、マッシモに終身刑の判決を言い渡した裁判所の前の様子。弁護士に群がるメディアの多さが事件の衝撃を物語っている

# 権力に告ぐ

## アメリカのファンドと官僚が5兆ウォンを食い逃げ

FILMS

# 韓国史上最大の金融スキャンダル、ローンスター事件の苦い結末

▶巨悪に立ち向かう主人公ヤン検事を演じたチョ・ジヌン。映画「権力に告ぐ」より

◀「ローンスター・コリア」の事務所が入居していたソウルのスター タワー

２００６年、アメリカ系大手投資ファンド「ローンスター」が不当な低価格で買収した韓国の政府系銀行を売却した容疑で、韓国の検察当局が家宅捜索に入る事件が発生した。２０１９年の映画「権力に告ぐ」はこの韓国史上最大の金融スキャンダルとも呼ばれる本事件を題材に巨大利権に立ち向かう熱血検事の奮闘を描いたサスペンスだが、現実の結末は映画以上に苦いものだった。

事の始まりは１９９７年。政府系の特殊銀行として設立された韓国外換銀行（ＫＥＢ）が、アジア通貨危機で資金繰りを悪化させたことにある。最初に応じたのはドイツのコメルツ銀行だったが、海外資本の流入に現代グループなど国内の大手企業が難色を示したことでコメルツ銀行は手を引き、２００３年、アメリカ・ダラスに本拠地を置く投資ファンドのローンスター・コリアが手を上げる。

外換銀行とローンスターの間を仲介したのが、キム＆ジャン法律事務所（映画ではＣＫ法律事務所として登場）と金融監督院である。規則上、銀行業ではないローンスターは銀行を買収できず、たとえ金融機関でも３分の１以上の株は取得できない。が、破綻寸前となれば例外。映画では、ソウル地検のヤン検事（演：チョ・ジヌン）にセクハラの

**権力に告ぐ**

2019／韓国／監督：チョン・ジヨン●韓国で実際に起きた、政界・財界を巻き込んだ巨大スキャンダル、“ローンスター事件”をモデルにした社会派ドラマ。ソウル地検の検事を主人公に、巨大利権の闇を暴こうとする様が描かれる。

濡れ衣を着せた銀行勤務の女性が、外換銀行の「ＢＩＳ」（自己資産比率）を不当に下げた報告書を金融監督局にファックスしている。この数字が低いほど破綻に近く、劇中では6・16％まで落ちると掲示。これが決め手になり、ローンスターが銀行を買収したことになっているが、実はＢＩＳを掲載した資料には複数のバージョンが存在し、２００３年6月16日付けの金融監督院報告書には「外資誘致に失敗した場合、単純自己資本比率が2・88％まで落ちる」という最悪のシナリオもあったという。あくまで予想に過ぎないＢＩＳの数字を鵜呑みにした金融監督院が買収を許可したのが本当のところだ。

劇中では、この報告書をファックスした女性が口封じのために殺されてしまうが、現実にも死人が出ている。２００６年の調査で、ファックスを送ったのは外換銀行の財務企画部次長だったと発表されており、その時点で次長は死んでいた。ただし死因はもともとの持病。つまりファックスを送った人が死んだのではなく、死んだ人間に責任を負わせたのだ。また、金融監督院にも死者がいる。ローンスターには外国為替銀行を買収する資格がないと論じた人物だ。ただし、こちらも死因は脳溢血と発表され真相はわからない。

そして、本作が事実と最も異なるのが、劇中で何度も語られる「資産価値70兆ウォン（当時の日本円で7兆円）の銀行がローンスターに1兆74億ウォンで売却された」という文脈だ。実際に２００３年6月末時点での外換銀行の資産総額は64兆7千２９９億ウォンあった。が、一方で負債総計が62兆4千９２４億ウォンあり、差し引きすれば2兆２３７５億ウォン。これが正しい資産価値だ。２００６年12月の検察調査は「資産を不当に低評価し、正常価格より少な

▲外換銀行を破綻寸前とみせるために「BIS（自己資本比率）」の数字を不正に操作した実際のファックス（右）。ローンスター・コリアの元代表、スティーブン・リー（左）。脱税容疑で逮捕されたが不起訴に

くとも３千４４３億ウォン、最大８千２５２億ウォンの低い価格で買収した」とし、外換銀行の企業価値は、どんなに高く見積もっても３兆５千億ウォン程度だったと結論づけている。

映画では、外国資本誘致といいながら、銀行に振り込まれた買収代金の半分がドルではなくウォンで入金されていることに気づいたヤン検事が、振込人として囚人や故人などの名義が使われたり、実際に投資したのは韓国の政府関係者や官僚だった事実を突き止める。それが元総理や金融監督院の部長などと具体的な肩書が出てくるため、本当の話のように思えるが、実際の検察の捜査では、ローンスターの諮問会社だったシティバンクが先物為替決済の代金12億２００万ドルを４つの外国系銀行を経て入金したことが確認できただけで、韓国人投資家については今も公表されていない。

さらに、劇中ではヤン検事が「ＩＣＩＪ」（国際調査報道ジャーナリスト協会）のホームページにアクセスし顧客リストを入手するシーンも創作である。確かに「ＩＣＩＪ」のサイトは実在し、世界中からリークされた情報にアクセスする

ことは可能ながら、顧客リストなどが流出した事実は確認されておらず、ローンスター側も顧客データを公開したことはない。

では、なぜ映画はローンスターが韓国国内で金を集めたというシナリオを用いたのか。実は検察の捜査過程で韓国の複数の政府関係者や大手製鉄所会長などが銀行売却に関与した疑いが浮上していた。が、彼らを含め事件関係者は全員が不起訴に。本作はそこに怒りを込めたのだ。

ローンスターが2003年10月、外換銀行の買収で新株を買収する際に使ったのが1兆750億ウォン、輸出入銀行などが保有していた6千万株を買うのに3千84億ウォンで、合計が2兆1千549億ウォン。対し収益は、2012年2月、ハナ金融に銀行の持株全部を4兆4059億ウォンで売り抜け、これに配当金の合計1兆7098億ウォンなどをプラスして総額7兆3千85億ウォン。純収益は5兆1千536億ウォンにも達する。さらにローンスターは、韓国政府を相手に、売却の手続きが遅れたことに対して約47億ドルの損害賠償を提訴。2022年8月31日、国際投資紛争解決センターの仲裁判定部は韓国政府に2億1千650万ドル（約300億円）の支払いを命じた。対して、韓国法務部は即日、判定の取り消しを求める意思を明らかにしている。

◀ローンスター事件の関係者を不起訴にしたメンバー。左から、ソウル中央地方裁判所刑事上級部長判事イ・サンフン、ソウル中央地方裁判所部長判事ミン・ビョンフン、大検察庁中央捜査部部長検査パク・ヨンス、大検察庁中央捜査部 捜査企画館チェ・ドンウク

映画は、真相を明らかにできなかったヤン検事が、やりきれない思いを抱えメディアに叫ぶシーンで終わる。

「現職の官僚が海外ファンドと組んで、外国に幽霊会社を作り、巨額の金を他人名義で投資していた。それを証明する確かな証拠がある。それにもかかわらず、調査を辞めろと言われた。法を順守すべき警察が不正に加担しています」

実際はヤン検事のように不正を暴露する検事は実在しない。が、映画の製作陣は政府や警察、大企業の幹部ら不正を行っている権力者に警告しているのだ。我々国民、そして世界はおまえたちの悪事を知っているぞ、と。

▲ローンスターの法定代理人役を演じたイ・ハニ。映画「権力に告ぐ」より

▲ローンスターと韓国政府の間の投資家と国家の紛争解決に関する議会公聴会を要求する市民運動家(2022年4月)

第5章

# 歴史の暗部

映画「アウシュヴィッツ・レポート」より

▶チェ・ヒソ（左）が文子を、イ・ジェフンが朴烈を演じた。映画「金子文子と朴烈」より



# 金子文子と朴烈

## 関東大震災における朝鮮人虐殺のスケープゴートに

▲知り合った当時の金子文子（右）と朴烈本人

## 政府のでっち上げの可能性が高い「朴烈大逆事件」の闇

２０１７年に公開された「金子文子と朴烈」は、関東大震災の混乱のなか、大正天皇の暗殺を企てたとして朝鮮の無政府主義者・朴烈《パクヨル》と、彼の愛人（内妻）である日本人女性思想家の金《かね》子《こ》文《ふみ》子《こ》が逮捕された「朴烈大逆事件」を描いた歴史映画である。２人がテロを働こうとした証拠は一切なく、事件は震災時に発生した朝鮮人虐殺の原因を彼らになすりつけようとした日本政府によるでっち上げの可能性が極めて高い。

映画は文子と朴烈の出会いから始まる。舞台は１９２２年（大正11年）の東京・有楽町。文子は雑誌『青年朝鮮』に載せられた、「犬ころ」という詩を読んで心を奪われた。その作者が朝鮮人の朴烈だ。

当時、文子は〝社会主義おでん〟として知られた「岩崎おでん」に勤務。店は無政府主義者（国家権力や宗教などの政治的権威と権力を否定し、個人の自由が重視される社会を理想とする思想）の若者たちで賑わっており、朴烈もそんな客のひとりだった。

作中で２人の生い立ちについて描かれておらず、なぜ日本人の文子が朝鮮語を話せ、朝鮮人に共鳴するのか。なぜ朴が日本へやってきたのかの説明はない。

金子文子は１９０３年（明治36年）、

**金子文子と朴烈**

2017／韓国／監督：イ・ジュニク●朝鮮と日本で活動した無政府主義者の朴烈と、彼に共鳴した日本人女性思想家・金子文子の愛と闘いの日々を描く。日本では2018年の第13回大阪アジアン映画祭で「朴烈　植民地からのアナキスト」のタイトルでオープニング作品として上映され、翌2019年に劇場公開された。

神奈川県横浜市に生まれた。家庭は複雑で、女性関係が激しい父親は家を出て義妹（文子の母の妹）と同居。母親が再婚すると文子は出生届も出されないまま叔父の元へ出された（後に自伝で「父に逃げられ、母には捨てられた」と記している）。

9歳のとき、実父の妹の嫁ぎ先である朝鮮へ渡り、養子として迎え入れられたが、ここで7年にわたって親族から自殺を考えるほどの虐待を受ける。この体験が権力への反逆心を目覚めさせ、それは1919年の「三・一運動」（日本統治時代の朝鮮半島で発生した大日本帝国からの独立運動）」を目撃し、確固たる信念に変わる。

日本に戻ったのは16歳。親類をたらい回しにされた挙げ句、娼家へ売られそうになったために17歳で上京。新聞販売を皮切りに、粉石鹸の夜店、女中奉公、印刷屋で住み込みの活字拾いなどの仕事を転々としながら社会主義やロシアのナロードニキ（帝政を倒して自由な農村共同体を基礎にした新社会建設を目指した社会運動家）に関する本を読み漁った。有楽町の「岩崎おでん屋」に女給として勤め始めたのは1921年の夏だ。

一方の朴烈（本名は朴準植＝パク・ジュンシク、朴烈はペンネーム）は1902年、朝鮮の東南部に位置する慶尚北道《キョンサムナムド》で貧しい農民の家に生まれる。父親は朴が幼い頃に亡くなり、母親は4人の子供を女手一つで育て上げた。幼少期から頭脳明秀だった朴は1910年、8歳のときに体験した「日韓併合」で被差別民族としての激しい怒りを覚え、その後、師範科の給費生になると夏目漱石や木下尚江（日本の社会運動家）などの本に熱中する。

そして、第一次世界大戦（1914－1918）後、アメリカのウイルソン大統領が掲げた

「民族自決」「民主主義」のスローガンが、日本帝国に虐げられてきた朝鮮人民、さらに朴の心に火をつけ、学校を辞め、民族独立を解くリーフレットを作製、街頭でバラまき、憲兵や警察から追われる身に。逃げるように日本にやってきたのは１９１９年、20歳のときだった。

映画で描かれているとおり、朴と文子のカップルは、文子がリーダーシップを取る側だった。告白も文子なら、同棲を決めたのも彼女。劇中にはないが、彼女は付き合う前に朴を問いただしている。

「私は日本人ですが、あなたは私に反感を持ってますか。そしてあなたは民族運動者ですか」

文子は、朴が日本人に偏見を持っていたり、独立運動を目指しているなら交際はできないと考えていた。果たして烈の答えはノー。１９２２年５月、２人は同棲を始める。その後、文子は朴が組織した朝鮮人の社会主義者の研究会「黒濤会」に加入するが、同会はメンバー間の方向性の違いで分裂。文子と朴は無政府主義団体である「不逞社《ふていしゃ》」を結成、同年７月に起きた「信濃川逃亡労働者殺害事件」（信濃川で水力発電所を建設する労働者数人が殺害された事件。中に朝鮮人が含まれていたため問題化）の事実解明などに尽力する。

神奈川県相模湾北西部を震源とするマグニチュード７・９の巨大地震が関東一円を襲うのは、翌１９２３年９月１日午前11時59分のこと。死者・行方不明者10万人以上を出した「関東大震災」は昼食時だったこともあり１００ヶ所以上から出火。被害が増大する。

映画では、災害の不安を鎮めるため、内務大臣の水野《みずの》錬太郎《れんたろう》（１８６８-１９４９）主導で朝鮮人が井戸に毒を入れ、火をつけ回っているとのデマが流布。その結果、自警団や官憲らによって6千人以上が虐殺されたと説明される。しかし、事実は微妙に異なる。

9割以上の住人が被災した震源地に近い横浜で、1日19時過ぎ、右翼団体・立憲労働党員らが税関倉庫の輸入食料を強奪した。これが「朝鮮人強盗団」と誤認され、2日午後には東京市全域に拡散。この噂を政府が利用し、内務大臣の名で「爆弾を携えたり放火・略奪する朝鮮人を手配せよ」の無電が警察の通信網を介して関東一円に流れたようだ。背景には前記した「三・一独立運動」がある。日本の新聞は当事件を「不逞鮮人」「陰謀」などの言葉を用いて国民の恐怖心と憎しみを煽っていた。が、治安の最高

◀▼1923年9月1日に発生した関東大震災（大正12年）の混乱のなか、警察の指示で結成された自警団が在日朝鮮人を虐殺

▲デマを流した張本人とされる
当時の内務大臣・水野錬太郎

責任者だった水野内臣は気の小さいことで知られた人物。自分たちが弾圧してきた朝鮮人や社会主義者による復讐を恐れ、彼らの身柄を無差別に拘束したらしい。

結果、朝鮮人（当時日本に8万人以上が暮らしていたとされる）が虐殺されることになるのだが、犠牲者の数は内務省の調べでは日本人や中国人を含め300人弱。当時の朝鮮羅災同胞慰問班の調査では、2千600人余りと報告されている。ちなみに、現日本政府や小池百合子都知事は、関東大震災時における朝鮮人虐殺は存在しなかったと正式に表明している。

虐殺はすぐに外国の大使館員らの知るところとなり、外務省に抗議文が届く。なぜこんな惨事が起きたのか、説明を求められた外務省が思いついたのが「不逞社」をスケープゴートにすることだ。

震災の前、朴が上海から爆弾を買おうとしてるとの噂が流れ、さらに大正天皇の写真を柱に張り、朴が短刀でメッタ刺しにしていたとの警官の目撃情報があった。つまり、〝天皇殺害を企て爆弾を入手しようとしていた〟朴が朝鮮人を扇動し計画を実行に移そうとしたため、その前に彼らを殺害したというシナリオである。

こうして、警察に連行された文子と朴は別々に尋問を受ける。この場面、映画では、朴が判事の誘導に乗るというより、自ら進んで「爆弾を手に入れようとした」「皇太子が目障りだった」などと証言し、文子がそれに不随する形で「大逆罪」（天皇家への危害を企てた罪）の首謀者に仕立て上げられたように描かれている。ところが実際は、直情的な文子の性格を見極めた判事が、文子と朴のことをまるで明治天皇を暗殺しようとして絞首台に消えた革命家・幸徳秋《こうとくしゅう》水《すい》（1871－1911）と管野スガ（1881－1911）のようだとおだて、文子に朴を説得させたらしい。どうせ死ぬなら、大逆罪を背負って英雄的な死を選ぼうと。対し、朴は警察が証拠を握っていないことは百も承知のうえで、「（関東大震災がなければ1923秋に予定されていた）皇太子裕仁親王《ひろひとしんのう》の御成婚の儀の際

大阪朝日新聞

號外

記事差止中　本日解禁

震災中の混亂に乗じ
帝都で大官の暗殺を企てた
不逞鮮人の祕密結社大検擧

隱匿せる爆
發見し

事件發覺の
文子

▶朴烈と金子文子の逮捕を報じた1923年9月4日の大阪朝日新聞

◀逮捕・勾留先の四谷警察署で撮影された文子

に、大正天皇と皇太子を襲撃する予定だった」と自供したそうだ。
1925年5月、大逆罪で起訴された2人は翌1926年3月に大審院から死刑判決を宣告されるも、4月に「天皇の慈悲」と言う名目で恩赦が出され、共に無期懲役に減刑された。このとき朴は恩赦を拒否し、文子も特赦状を刑務所長の面前で破り捨てたと言われている。
しかし、事件はまだ終わらない。同年7月29日、まだ予審中だった朴と文子が抱き合っている〝怪写真〟が政界や報道関係に公開されたのだ。裁判所は、もともと刑死を覚悟した朴烈が母に送るために撮らせたものと説明したが、後にこれは、写真の存在を知った軍人で思想家の西田《にしだ》税《みつぎ》（1901－1937。二・二六事件に加担したとして死刑）が第1次若槻内閣の転覆を計画する思想家の北一輝《きたいっき》（1883－1937。同じく二・

二六事件を起こした青年将校の理論的指導者として逮捕・死刑）の意向を受けて入手・公開したものと判明。この事実に世論は騒然とし、裁判を担当した東京地裁の判事が責任を取らされる形で罷免、司法大臣が暴漢によって汚物を投げつけられる事態に発展した。

判決後、文子は宇都宮刑務所栃木支所に服役するも、怪写真が流出する1週間前の1926年7月23日に首を吊って自殺（享年23）。5年後の1931年、獄中で著した自伝『何が私をかうさせたか』が発行され、さらに58年後の1989年、日本人の女性で初めて「建国勲章愛国章」（大韓民国建国への功労者を称える勲章）が贈られた。

一方、朴は千葉や秋田刑務所で22年を過ごし、第二次世界大戦後の1945年

▼「怪写真」と呼ばれる実際の文子と朴烈。通常ならありえない裁判中のツーショットは、判事の計略によって2人が一緒に取調室に呼ばれた際に撮られたもの。右は劇中の再現シーン。映画「金子文子と朴烈」より

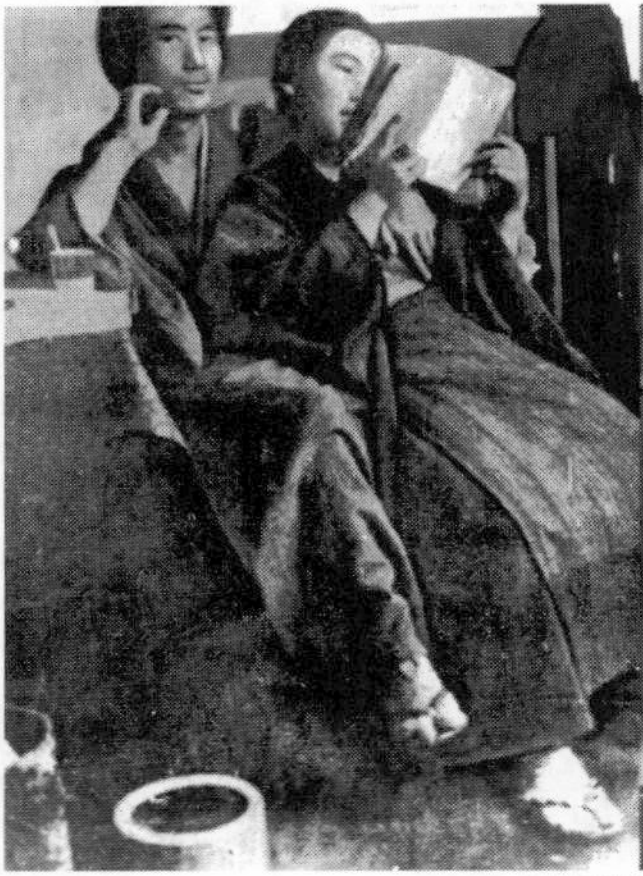

▲1945年10月、秋田刑務所を出所した朴烈（前列左から3人目）の歓迎会

▲北朝鮮のピョンヤンにある国立墓所「愛国烈士陵」にある朴烈の墓

10月27日に釈放されたが、無政府主義から反共主義、日本支持と転向に次ぐ転向で評判を落とし、１９４９年に帰国。朝鮮戦争中（１９５０－１９５３）に北朝鮮軍に捕えられ、北朝鮮で南北平和統一委員会などで働いていたが、最終的にはスパイ容疑をかけられ、１９７４年１月17日に処刑された（享年71）。

# イルザ ナチ女収容所 悪魔の生体実験

## 暇つぶしに囚人の肌を剥ぎ装飾品にしたモンスター

# ブーヘンヴァルトの魔女、イルゼ・コッホ

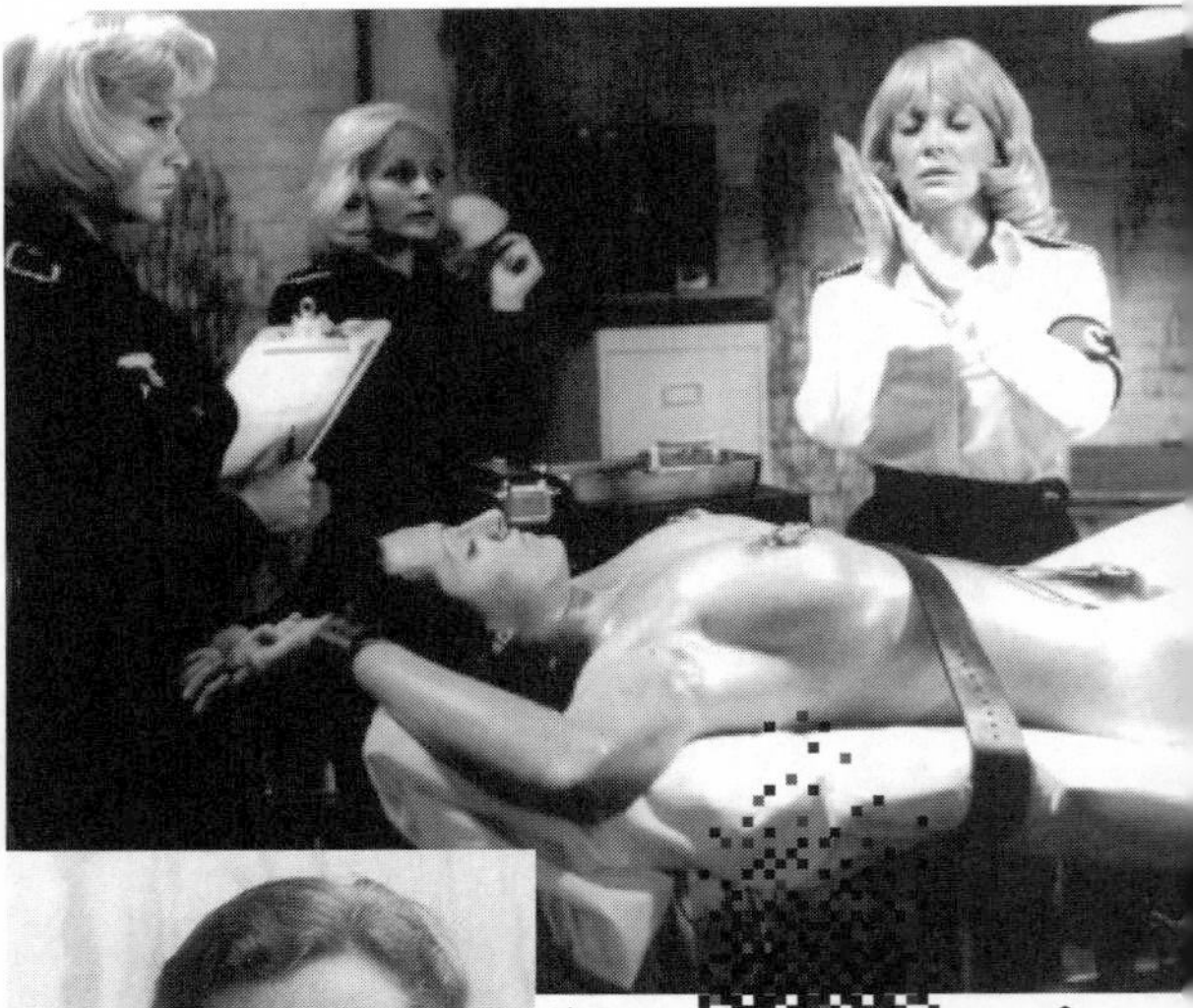

▶主人公イルザ(右。演:ダイアン・ソーン)の人物造形には、第二次世界大戦下、アウシュヴィッツ＝ビルケナウ強制収容所でユダヤ人に対し残虐な人体実験を行った医師ヨーゼフ・メンゲレにインスパイアされた部分もある。映画「イルザ ナチ女収容所 悪魔の生体実験」より

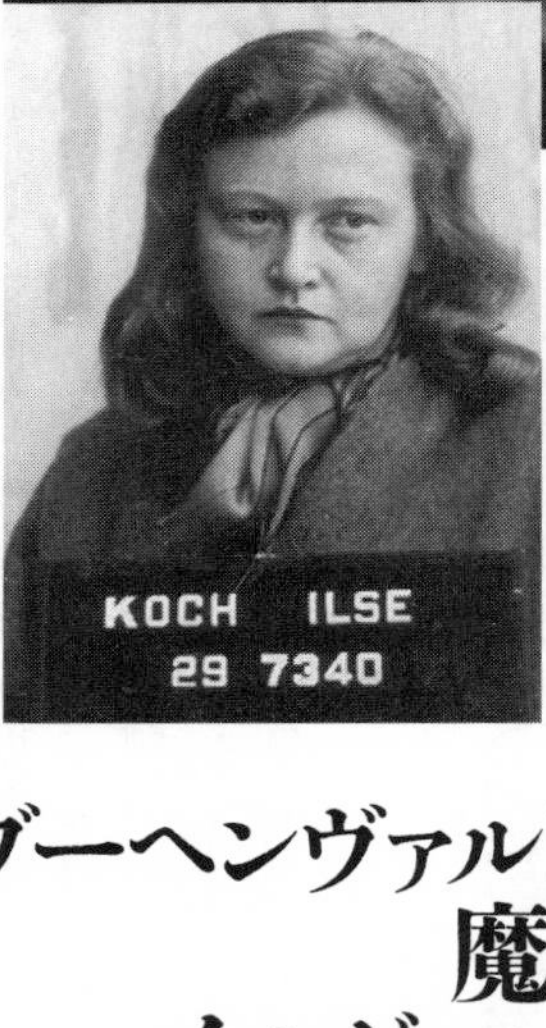


◀イルゼ・コッホ本人。写真は1945年6月30日、米軍に逮捕された際のマグショット

1974年、「イルザ ナチ女収容所 悪魔の生体実験」という映画が公開され、低予算ながら大ヒットを飛ばした。

舞台は1945年のナチス第9医療収容所。所長で医師でもあるイルザ（演：ダイアン・ソーン）は「苦痛への耐久性は男性より女性の方が優れている」という独自の見解を証明するため、日々送り込まれてくる囚人に生体実験を繰り返していた。女性たちは梅毒、チフス、狂犬病、破傷風の病原菌を植え付けられたうえで延命実験。男性はイルザの性欲のはけ口として夜な夜な寝室に呼ばれるが、満足させられない場合は去勢されてしまう。囚人男女は言葉を交わしただけで死刑。絶望のなかで、やがて女性たちは脱走を計画するが、ナチス将校たちが収容所の視察に訪れた際、イルザはパーティの余興として囚人を殺害する――。

物語自体は全くのフィクションだが、主人公イルザのモデルになった実在の女性がいる。第二次世界大戦下、ナチス・ドイツのブーヘンヴァルト強制収容所所長夫人として、サディスティックな拷問と好色さで〝ブーヘンヴァルトの魔女〟の異名をとったイルゼ・コッホ。単なる暇つぶしに囚人の皮膚で工芸品を作った彼女の非人道的行為は鬼畜と言うよりない。

イルゼは1906年、ドイツ東部の街ドレスデンに生まれた。農

A DIFFERENT KIND OF X
THE MOST DREADED NAZI OF THEM ALL!
She committed crimes so terrible ... even the SS feared her!
ILSA
She Wolf of the SS
DYANNE THORNE as ILSA
WARNING: SOME MEMBERS OF THE PUBLIC MAY FIND CERTAIN SCENES IN THIS FILM OFFENSIVE AND SHOCKING –the Management

**イルザ**
**ナチ女収容所**
**悪魔の生体実験**

1974／カナダ・アメリカ／監督：ドン・エドモンズ●冷酷無比かつサディスティックな拷問を繰り広げるナチスの女収容所長イルザを主人公にしたポルノ映画。後に量産される「ナチスプロイテーション映画」（収容所や刑務所で性犯罪を犯すナチスの獄吏を描いた低予算の作品）の先駆けとなった。

場経営者の父のもと、幼少期は穏やかで幸福な暮らしを送り、礼儀正しくフレンドリーなキャラクターで学校の人気者。後に現す残酷さの片鱗もなかった。

15歳で会計学校を卒業し工場で働き始めるも、当時のドイツは第一次世界大戦後の厳しい経済不況の真っ只中。そんな状況下、台頭してきたアドルフ・ヒトラー率いるナチスはドイツ民族の優秀さを説き、国民が失っていた自信と誇りを取り戻すための政策を打ち出していた。感銘を受けたイルザはナチスが政権を掌握した1933年、ザクセンハウゼン強制収容所で看守兼秘書として働き始める。

そこで出会ったのが、同収容所所長のカール・コッホ（1897年生）だ。カールは囚人を犬小屋に詰め込みボールから食事を摂らせ、反抗すれば背中を高温のタオルで焼くなどの残忍性を評価され、ナチス親衛隊の高官に上り詰めた人物である。ナチスに心酔しきっていたイルゼはそんなカールに恋をし、1936年に結婚する。翌1937年、カールは新設されたブッヘンヴァルト強制収容所の所長に就任。上層部か

▼ブーヘンヴァルト強制収容所所の女帝として君臨していた頃のイルゼ（左）。その隣が所長で夫のカール・コッホ。右の長男アルトウィン（1938年生）は戦後、両親の行いを恥じ、母イルゼが自殺した1967年に自ら命を絶った

◀イルゼが囚人の皮膚で作ったとされるランプシェイド

ら認められた名誉ある異動に2人は歓喜し、収容所の敷地内に豪華な自宅とプライベートで楽しめる動物園を建設した。そして収容された囚人が持っていた金品を全て奪い自分たちの財産にしたうえ、飢餓や病に苦しむ囚人を尻目に、贅沢三昧の日々を過ごすようになる。

が、贅沢が楽しかったのも最初だけ。イルゼはしだいに刺激のない毎日に退屈さを覚え、自分専用に作らせた乗馬場で音楽隊に演奏させながら優雅に乗馬を楽しむ。その建設費用は現在の日本円で実に約1億円。囚人やナチス党から横領した金を充てていた。

それもすぐに飽きたイルゼはある日、興味深い話を耳にする。収容所には囚人が指揮官の妻を少しでも見れば、ソク射殺されるルールがあるというのだ。暇を持て余していたイルゼはすぐにゲームを思いつく。夫が家を留守にしたとき、囚人の男たちを全裸にし、収容所の庭に整列するよう命令。彼らの前で下着姿となり挑発的なポーズをとった。一目でも彼女を見た囚人たちは看守らが容赦なく頭を撃ち抜き殺害。イルゼはこの遊びに大きな快感を覚える。絶対的権力を持ったことが人としての感覚を完全に狂わせていた。

イルゼの狂気はとどまることを知らず、次に囚人の皮膚で工芸品を作ることを考える。囚人たちを裸にして並ばせ、お気に入りの柄の刺青を入れた者を選別。彼らを殺害したうえ皮膚を加工し、ランプシェイド（電灯の笠）やナイフの鞘《さや》、ブックカバーなどを作成、他の収容所の親衛隊員や家族に配って回った。この忌々しい工芸品

▶ブーヘンヴァルト強制収容所では拷問・医学人体実験・飢餓により5万6千人以上が死亡したとされる。写真は解放後の1945年4月23日、山積みになった遺体を前に立ち尽くすアルバン・W・バークリー米国上院議員

作りに携わったのは全て囚人である。

劇中のイルゼはお気に入りだった男性囚人とSMプレイに興じている際、拳銃を奪われ、収容所に視察に訪れていたナチスの将官の命令で殺害されることになっている。が、史実は違う。

ナチスが囚人に対し多くの非人道的な人体実験を行ったことは有名である。しかし、それはあくまで思想や信条によるものだ。対して、イルゼの行為は自身の快楽が目的。さすがにナチス上層部もこれを見逃すことができず、1943年8月、イルゼと夫のカールを反抗行為及び横領などの罪で逮捕する。が、ナチスはイルゼの蛮行は所長カールの運営怠慢にあるとして彼のみを起訴。1945年4月、ブッヘンヴァルト強制収容所が米軍によって解放される1週間前、銃殺刑に処する。

一方、釈放されたイルゼは子供3人（息子1

人、娘2人）とドイツ郊外の街で暮らしていたが、ドイツ降伏後、元囚人たちの証言により収容所における残虐行為が発覚し、1947年6月、米軍によって逮捕・起訴され終身刑を言い渡される。しかし、彼女の犯罪を裏付ける物的証拠がなかったことに加え、1947年の判決当時41歳だったイルゼが収監中に元囚人のドイツ人男性との間にできた子供の妊娠を発表（カールは同性愛者で、3人の子供も収容所勤務の男性医師らとの性行為で生まれたとの噂あり）。懲役4年に減刑され、1949年に恩赦により釈放される。

だが、西ドイツの司法当局はこの処遇を許さず、ドイツ国民への犯罪行為として再度イルゼを逮捕。彼女はあくまで無罪を主張し、国際人権委員会に告発するも相手にされず、1951年に終身刑を宣告された。その後、西ドイツ・バイエルン州のアイヒャッハ女性刑務所に収容された彼女は、生き残った囚人が自分を虐待するのではないかという妄想に囚《とら》われ、1967年9月1日、独房で首を吊って自殺（享年60）。その遺体は刑務所の敷地内にある何の印もない手つかずの墓地に埋葬された。

◀戦後、米軍に逮捕・起訴され裁判に出廷、証言するイルゼ

# ホロコーストの罪人

## 国内のユダヤ人をナチス・ドイツの絶滅収容所へ

FILMS

▶主人公チャールズを演じたヤーコブ・オフテブロ。映画「ホロコーストの罪人」より



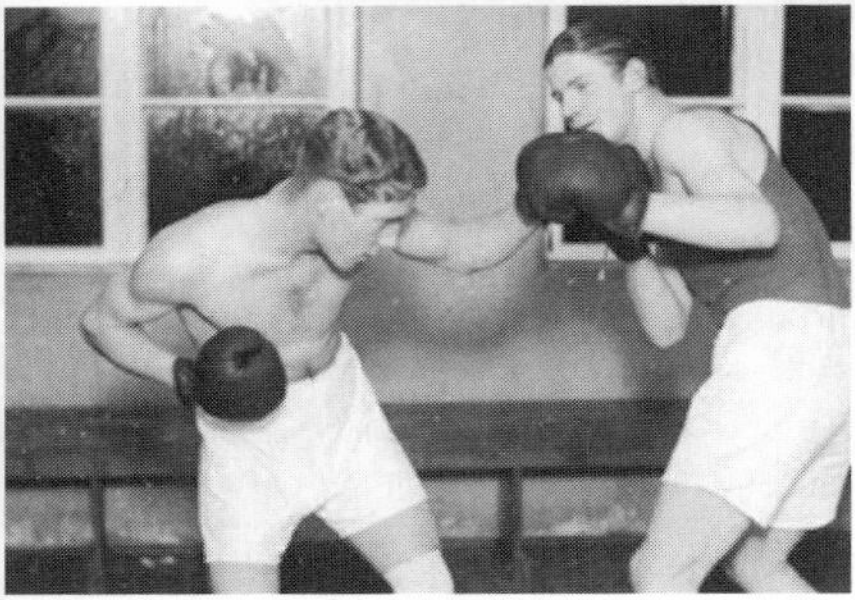

◀戦前、ノルウェーでは有名なボクサーだったチャールズ・ブラウデ本人（左）

## ホロコーストに加担したノルウェー国家の罪とブラウデ家の悲劇

ホロコーストとは、第二次世界大戦時におけるナチス・ドイツによるユダヤ人の組織的大量殺戮を意味し、絶滅収容所に送られ死亡した犠牲者は一説には６００万にものぼると言われる。この歴史的戦争犯罪を引き起こしたのは、アドルフ・ヒトラーを頂点とする親衛隊である。が、戦時、ドイツに占領された北欧の国ノルウェーもホロコーストに協力し、国内のユダヤ人を迫害、死が待つ収容所へ送りこんでいた。２０２０年公開の「ホロコーストの罪人」は、戦後の長きにわたり封印されてきたこの衝撃的な事実をほぼ史実どおりにドラマ化した作品である。映画の主人公、チャールズ・ブラウデも実在のユダヤ人で、彼の家族がたどった運命は悲劇としか言いようがない。

チャールズは１９１５年5月、ブラウデ家の次男としてノルウェーの首都オスロで生まれた。父ベンツェル、母サラは１９１０年頃にリトアニアから迫害を逃れてきたユダヤ人夫婦で、他に子供は長女のヘレーン（１９１２年生）、長男イサク（１９１４年生）、三男のハリー（１９１９年生）の計４人。一家６人はソーセージ店を営む父と裁縫師の母のささやかな稼ぎを頼りに、オスロの20平方メートルにも満たないアパート２部屋で貧しくも仲睦まじい暮ら

**ホロコーストの罪人**

2020／ノルウェー／監督：エイリーク・スヴェンソン●第二次世界大戦時、ノルウェーの秘密警察がホロコーストに加担していた事実を基に、あるユダヤ人家族の悲劇を描く。映画公開に際し、スヴェンソン監督は「たった数十年前に、自分の地元の街の近くで起きた出来事にもかかわらず、全く無知だったことに気づかされ、当時のノルウェー人がユダヤ人に対して行った行動に対する強い想いが沸き起こった」と語っている。

▶ブラウデ家の人々。上から父ベンツェル、母サラ、長女ヘレーン、長男イサク、次男チャールズ、三男ハリー

しを送っていた。

劇中でも描かれるように、チャールズは少年期からボクシングの才能に長け、１９３５年にノルウェーのフライ級王座のベルトを獲得。配管工として働いていた１９３７年にはベルギー・アントワープで開催された第3回労働者オリンピアードに出場し、さらに同年、以前から交際していた女性ラグンヒル・ボイセンと結婚する。共に21歳の若夫婦だった。

そんな充実した生活が一変するのは１９４０年4月9日。前年9月にポーランドに侵攻したドイツ軍が突如、（デンマークと）ノルウェーに侵攻したのだ。これはポーランド侵攻で即座にドイツに宣戦布告をしたものの、ただ事態を静観するだけにとどまっていたイギリス・フランスへの挑発を目的としていた。

ナルビク、トロニエム、その他の主要都市、港湾、空港があいついでドイツ軍の手に落ち、首都オスロの市中ではノルウェー・ナチス党員たちが「ノルウェーは今や新時代に入る！」と告げるビラをばら撒いた。国王、閣僚はロンドンに亡命しレジスタンス運動を呼びかけたものの、以降、ノルウェーはドイツの支配下に置かれる。このとき、すでに結婚していた長女ヘレーンは夫といち早くスウェーデンに亡命。家族にも行動を共にするよう促したが、一家はそこまで事態を深刻に考えずオスロに残る。

ユダヤ人への迫害が深刻化を増すなか、やがてノルウェー国内の15歳以上の全てのユダヤ人男性に逮捕命令が出て、1942年10月25日、ブラウデ家の父子4人はナチス・ドイツが建設したノルウェー・トンスベルグ郊外のベルク刑務所に収容される。ここで過酷な労働を強いられ1ヶ月が過ぎた11月26日、所内のユダヤ人は2つのグループに分けられる。即座に刑務所を出ていく者と残る者。劇中のとおり、父ベンツェル、兄イサク、弟ハリーは前者、チャールズだけが居残り組となった。刑務所の分割基準は「未婚者、あるいはアーリア人以外の女性との結婚者」と「ノルウェー人女性との既婚者」。チャールズの妻ラグンヒルはアーリア人だったのである。

この日、刑務所を出されたユダヤ人男性227人はオスロ港に移送される。同日、ノルウェーに住む全てのユダヤ人女性、子供にも逮捕命令が出て母サラも自宅で逮捕、同港へ連行された。ユダヤ人の一連の逮捕、拘留、移送を担っていたのが、ノルウェー秘密国家警察本部の副本部長であるクヌート・ロッド（1900年生）だ。ロッドは11月24日、上司から48時間以内にノルウェー国内のユダヤ人をリスト化し、全員をオスロ港に集めるよう指示を受け100の分隊を編成。各自宅はもちろん、病院、精神科施設、老人ホームまでも回り、2日間で300人強のユダヤ人を逮捕、タクシーで連行した。結果、オスロ港に集められたノルウェー系ユダヤ人はベルク刑務所を出た者を合わせ総勢532人（男性302人、女性188人、子供42人）。彼らは、港に待機していた囚人輸送船のドナウ号に乗せられ、ポーランド南部のアウシュビッツ絶滅収容所へ送られる。

劇中では描かれないが、この日、チャールズの妻ラグンヒルもオスロ港に足を運んでいた。義母のサラが連行されたことで、服役中だった夫も埠頭に姿を現すものと思ったからだ。しかし、彼女はそこで警察官から「ノルウェー人と結婚したユダヤ人は含まれていない」と教えられ、チャールズの無事を知る。その数日後、ラグンヒルはスウェーデンに逃亡したそうだ。

ドナウ号がオスロ港を出て5日後の1942年12月1日、ユダヤ人一向はアウシュビッツ絶滅収容所へ到着。ベンツェルとサラの夫婦は「シャワーを浴びろ」と告げられ、裸姿でその日のうちにガス室に送られた。長男イサクはそれから1年後の1943年1月6日、所内で病死。三男ハリーは時期は不明ながら、看守の暴力により命を落としたようだ。

1945年1月27日、ソ連軍によりアウシュビッツ収容所が解放されチャールズは自由の身

▶ノルウェー系ユダヤ人の逮捕・拘束・移送の指揮を執っていた国会秘密警察の副本部長、クヌート・ロッド。写真は逮捕時に撮影されたもの

▲1942年11月26日、536人のユダヤ人を乗せオスロ港を出港するドナウ号と、埠頭で見送る人々を捉えた貴重な1枚

となるが、両親と兄弟が虐殺されたことを知り驚愕する。その失意が影響したのか、戦後再会した妻ラグンヒルとの関係は修復されず、ほどなく離婚。その後、2度結婚し3人の子供をもうけ、1991年8月5日、76歳で亡くなった。ちなみに、チャールズの子供の1人は弟ハリーと同じ名前で、彼とその孫もボクシングの道に進んだという。

ユダヤ人連行を指揮したクヌート・ロッドは戦後逮捕され、1946年に反逆罪で起訴されたものの1948年に無罪判決を受けた。裁判では彼がユダヤ人を取り締まる一方で、戦時中、ドイツに対するノルウェー国民のレジスタンス運動を手助けしていたことが評価されたらしい。ロッドは1952年に警察に復帰し1965年に引退。1986年にこの世を去った。

第二次世界大戦中、ノルウェーからナチス・ドイツの絶滅収容所に送られたユダヤ人は、ドナウ号に乗せられた人々を含め全部で773人。そのうち生き残った者は38人。戦時下でノルウェーの警察がホロコーストに加担していたことは長らく秘密とされていたが、終戦から67年が過ぎた2012年になって、ノルウェー政府はようやく事実を認め、公式に謝罪を表明した。

# アウシュヴィッツ・レポート

## 地獄から脱出した2人のスロバキア系ユダヤ人が告発

FILMS

◀アウシュヴィッツ強制収容所の正門（上。ドイツ語で「働けば自由になる」と記されている）と、敷地内に山積みにされた遺体

## ナチス絶滅収容所の実態を記した「ヴルバ・ヴェッツラー報告書」の衝撃

▶映画「アウシュヴィッツ・レポート」より

前項「ホロコーストの罪人」で紹介したブラウデ家の４人が死亡したアウシュヴィッツ強制収容所は第二次世界大戦中、１００万人以上のユダヤ人が命を落としたナチス・ドイツ最大の虐殺施設である。収容所内には厳重な警備が敷かれ、脱出は事実上不可能とされていた。が、一方で囚人約９００人が脱出を図り、その多くが銃殺されるなか、１４４人が地獄から逃げ切った。２０２１年の映画「アウシュヴィッツ・リポート」は、そんなごく一部の脱走成功者である実在のスロバキア系ユダヤ人のルドルフ・ヴルバとアルフレッド・ヴェッツラーの体験を基に、彼らが収容所の実態を告発した「ヴルバ・ヴェッツラー報告書」（通称アウシュヴィッツ・レポート）なる文書を作成するまでの過程を描いた戦争ドラマだ。

正式名称「アウシュヴィッツ・ビルケナウ強制収容所」は１９４０年5月、ドイツ占領地のポーランド南部オシフィエンチム市（ドイツ名アウシュヴィッツ）郊外に第一収容所、同年10月には隣接するブジェジンカ村（ドイツ名ビルケナウ）に建設された第2収容所を合わせたユダヤ人収容施設である。

当初は隔離したユダヤ人に戦争遂行に欠かせない物資の生産を行わせることを主目的としていたが、〝ヨーロッパのユダヤ人問題の最終的解決〟が話し合われた１９４２年１月

**アウシュヴィッツ・レポート**

2021／スロバキア、チェコ、ドイツ、ポーランド／監督：ペテル・ベブヤク●第二次世界大戦末期、アウシュヴィッツ強制収容所から脱走した2人の若いユダヤ人が収容所の恐るべき実態を告白したレポートを提出した実話を映画化。第93回アカデミー賞国際長編映画賞スロバキアの代表作品。

の「ヴァンゼー会議」以降、ガス室での大量殺戮が開始。ピーク時の1943年には約14万人が収容され、1日に約3千人が死に追いやられていたそうだ。

主人公の1人、ルドルフ・ヴルバ（旧姓ウォルター・ローゼンバーグ）は1924年9月、チェコスロバキアのトポリュチャニでユダヤ人の両親のもとに生まれた。劇中では描かれないが、1939年、ナチス・ドイツによってチェコスロバキアが解体された後、イギリスに亡命中のチェコスロバキア軍に加わり抵抗運動に参加。17歳のとき、ナチス親衛隊（SS）にハンガリーの国境で逮捕され、1942年6月、ドイツ占領下のポーランドのルブリンにあるマイダネク強制収容所に強制送還された後、アウシュヴィッツ第1収容所を経て、同年8月ビルケナウ第二収容所へ送られる。そこで彼は遺体処理係（通称・ゾンダーコマンド）の任に就き、日々、ガス室で処刑された者の遺体の片付けを行う。1943年の初めには収容者の登録係の仕事を与えられ、毎日のように列車で送られてくるユダヤ人に面談し、その経歴を記録。この仕事により、ヴルバは収容所の実態を詳しく知ることになる。

一方で、ヴルバは収容所送りとなった当初から脱走を考え、収容所全体のレイアウトや警備システムを綿密に調べていた。警備の隙を見て脱走を図った者はその場で銃殺されるか、短期間の捜索後に拘束・殺害されていた。実際、彼が最初に計画を実行に移そうとした1941年1月、行動を共に予定するだったフランス陸軍大尉が先走って単独で逃走、銃殺されている。ヴルバは数日間、収容所内に潜伏し、警備が甘くなった頃合いを見て脱出するのが成功の鍵と睨んでいた。それに同調したのが、もう1人の主人公であるアルフレッド・ヴェッツラーだ。

1918年5月、オーストリア＝ハンガリー帝国のナギスゾンバット（現在のスロバキアのトルナヴァ）に生まれた彼もまたユダヤ人で、1942年4月にビルケナウに収容され、遺体安置所で働いていた。収容所の悲惨な実態についてはヴルバ以上に精通しており、それを母国に伝え連合国軍に空爆してもらおうという考えも一緒だった。

囚人仲間に手伝ってもらい、積み上げられた木材の下に掘った穴の中に隠れ、タイミングを見計らい収容所の外へ脱出する——。ヴェッツラーの立案した計画は1944年4月7日の昼間、実行に移された。当日夜の点検で脱走が発覚し、ゲシュタポや親衛隊員が血眼になって2人を捜す。映画で描かれるように同じ房にいた囚人も彼らの行方を厳しく追及された。が、口を割る者はおらず、ヴルバとヴェッツラーは潜伏3日目の10日夜9時、穴から這い出て無事に収容所を脱出、約130キロ離れたスロバキア国境を徒歩で目指す。

上／ルドルフ・ヴルバ。戦後、カナダのブリティッシュコロンビア大学薬理学准教授を務めるなど化学者として活躍。2006年3月、81歳でこの世を去った（写真は1946年に撮影されたもの）。下／アルフレッド・ヴェッツラー。戦後は農場などで働いていたが、1970年代に体を悪くし1988年2月、スロバキアの首都・ブラチスラバで亡くなった（享年69）

収容所から盗んだパンと小川の水で飢えと乾きを癒やしながら目的地まで歩みを進めていた彼らが1人のポーラ

ンド人女性と出会うのは4月13日のこと。事情を察した彼女の手助けで2人は8日後の21日、ようやくスロバキアの国境を越えた後、ある老夫婦に匿《かくま》われる。夫婦はナチスに対抗するパルチザンと通じており、彼らを介して赤十字社のスロバキア支部があるジリナへ移動。そこで、ヴルバとヴェッツラーは職員にアウシュヴィッツの実態を訴える。

しかし、赤十字は彼らの言葉をにわかに信じなかった。曰く、収容所には十分な物資を送っている。視察も行ったが何の問題もなかった（連合軍は1942年11月時点でポーランドの収容所で多くのユダヤ人が虐殺されていたことを把握、『ニューヨーク・タイムズ』も報じたが、その真偽が問われていた）。対して、2人は反論する。物資は囚人の誰にも届けられず、収容所側が隠している。視察も、そのときだけ遺体を焼く炉が止められ正常を装っていた。囚人の多くが、外部に自分たちは問題なく暮らしているとウソの手紙を書かされている。そして、彼らは証拠として密かにメモに記していた収容所での死者数や、ガス室で使われる毒薬チクロンBの存在を明らかにした。

詳細かつ具体的な証言に赤十字の職員は疑いを捨て、弁護士立ち会いのもと、より説得力に

◀ヴルバを演じたペテル・オンドレイチカ（左）とヴェッツラー役のノエル・ツツォル。映画「アウシュヴィッツ・リポート」より

▼「ヴルバ・ヴェッツラー報告書」に記されたアウシュヴィッツ強制収容所の焼却炉の構造

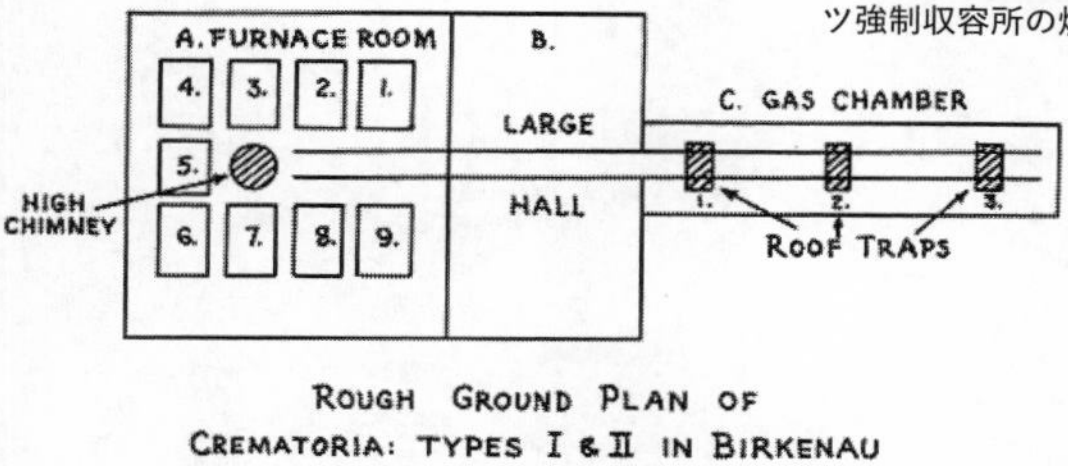


あるレポートを残すよう促す。

アウシュヴィッツとビルケナウの全体図、焼却炉の構造、収容所の警備体制、囚人番号システム、与えられる食事の内容と居住スペース、ガス室での処刑、死亡人数とその推移。後に「ヴルバ・ヴェッツラー報告書」と呼ばれるレポートは収容所にいた者でしかわからない情報で埋め尽くされ、3日間の執筆を経て4月27日に完成。劇中では説明されないが、その1ヶ月後にアウシュヴィッツを脱走した2人のユダヤ人の証言を合わせ最終的に33ページとなり、ドイツ語に翻訳された後、6月以降、欧米のメディアに公開された。

結果、2人が望んでいたアウシュヴィッツへの空爆が実行されることはなかった。ただ、このレポートにより、ドイツに支配されていたハンガリー政府が1944年5月以降実施していた、毎日1万2千人に及ぶ自国ユダヤ人の収容所移送を中止。その決断がなければ、少なくとも、あと12万人の命が奪われていたものと推測されている。アウシュヴィッツ・ビルケナウ強制収容所がソ連軍により解放されるのは、それから7ヶ月後、1945年1月27日のことだ。

# ソニア ナチスの女スパイ

## ナチス高官の愛人となり、スウェーデン諜報部に情報を伝達

FILMS

# 第二次大戦下のスパイ、女優ソニア・ビーゲットの知られざる真実

▶ソニアを演じたイングリッド・ボルゾ・ベルダル(左)と、戦時中、彼女を愛人にしたナチス・ドイツの大幹部テアボーフェン役のアレクサダー・シェアー。映画「ソニア　ナチスの女スパイ」より

◀ソニア・ビーゲット本人。その美貌でナチス・ドイツの高官を虜にした

◀ソニアがヒロインを演じた1937年の映画「ファント」

２０１９年のノルウェー映画「ソニア　ナチスの女スパイ」は、第二次世界大戦中に二重スパイとして暗躍した実在の女優ソニア・ビーゲットの半生を描いた伝記ドラマである。その美貌ゆえにナチス・ドイツのプロパガンダに利用されつつ、スウェーデン諜報部の命を受け二重スパイミッションをこなした彼女の人生とは。

ソニア・ビーゲットは１９１３年11月、ノルウェーの首都オスロ近くの上流家庭に生まれた。幼い頃からダンス学校でバレエを習い、将来はバレリーナかファッションデザイナーになることを夢見ていた。オスロの工芸美術産業学校を卒業後、貿易や言語、ダンスを学ぶためパリでフランス人宅に住み込みで乳母として働き、スイスの寄宿学校に入学。実業家を志し帰国したが、隣国スウェーデン出身のハリウッド女優グレタ・ガルボ（１９０５-１９９０）にあやかった『ノルウェーのガルボを探せ』コンテストに推薦され優勝したことで、女優の道へ。１９３４年、映画「ロンダーヌについての歌」の小さな役でスクリーンデビューする

**ソニア**
**ナチスの女スパイ**

2019／ノルウェー／監督:イェンス・ヨンソン●第二次世界大戦下、ナチス占領下のノルウェーで、スウェーデンとドイツの二重スパイとして活動した女優ソニア・ビーゲットの人生を描く。

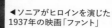

一方、伝統あるノルウェー劇場で舞台を踏み、以後、コンスタントに映画や舞台に出演。歌手としても評判が高かったが、ヒロインに抜擢された1937年の映画「ファント」で人気を不動のものとする。

1939年9月、ポーランド侵攻によって第二次世界大戦を始めたナチス・ドイツは、1940年4月にデンマーク・ノルウェーに侵攻。即日、降伏したデンマークに対し、ノルウェーの国王と政府はロンドンに亡命して抗戦を続けた。

ノルウェー国内は親独派のヴィドクン・クヴィスリング（1887－1945）が首相の座に就いたが、実態はドイツの傀儡《かいらい》政権。実権を握っていたのは国家弁務官として着任したヨーゼフ・テアボーフェン（1898－1945）である。

映画の冒頭で描かれる、ソニアがドイツ高官に誘われた晩餐会が行われたのは1940年の11月。テアボーフェンだけでなく、ナチスの宣伝大臣でアドルフ・ヒトラーの側近ヨーゼフ・ゲッベルス（1897－1945）も出席していた。劇中では、ソニアがこの晩餐会を欠席したために逮捕された父親を救うべくテアボーフェンに近づいたように描かれている。しか

▲国家弁務官としてノルェーに着任したナチス・ドイツの高官ヨーゼフ・テアボーフェン本人。1945年5月8日、ドイツの敗戦を知りダイナマイトで自爆した（享年46）

▲1940年4月9日、ナチス・ドイツがノルウェーとデンマークに侵攻した「ヴェーザー演習作戦」の様子を写した1枚

し、実際のところ、彼女の父親は対独のレジスタンス運動に参加しており、ノルウェー侵攻時点で逮捕、グリニ強制収容所に収監されていた。
ソニアの願いは、あくまで父親の解放と、家族のスウェーデンへの移住だった。そんな彼女がなぜスウェーデン諜報部のエージャントになったのか。劇中に説明はないが、実はソニアは1939年にスウェーデン人の脚本家と結婚（1941年に離婚）。同国の首都ストックホルムに住み、舞台や映画の仕事など、必要に応じてノルウェーに通う日々を送っていた。一方、スウェーデンは自国への侵攻を警戒し、ドイツの動きを探る必要があった。そこで白羽の矢が立ったのがソニアである。彼女はドイツの高官と交流があり、英語やフランス語など5ヶ国語を操る才女。そのうえ演技もできるのだから申し分ない。スウェーデン諜報部は、家族の移住を約束する代わりにドイツと内通しているスパイを探し出す任務をソニアに与えたのだ。
ソニアが「ビル」のコードネームで諜報活動を始めるのは1942年。北欧で人気の彼女を起用しプロパガンダ映画の製作を目論むドイツ高官のパーティに参加し、そこでの会話や観察記録をスウェーデン諜報部に送った。
ほどなくソニアはテアボーフェンの愛人に収まる。これにノルウェー国民は激怒する。当時、テアボーフェンはノルウェー皇太子の公邸に住み、国会議事堂をナチスの本部として使っていた。そんな国民の敵になぜ寄り添うのか。事情を知るよしもない国民は彼女を裏切り者となじった。

ソニアはテアボーフェンからスウェーデン側の情報を探るよう命令され、それに従う。といっても、伝えたのはスウェーデン諜報部から仕入れたさほど重要ではないネタばかり。それでもテアボーフェンは彼女を信用しきっており、交際3ヶ月後に父親を収容所から解放。同時に、テアボーフェンが気を許して口を滑らせた話から、スウェーデン諜報部はスウェーデンのドイツ大使館にいたドイツのスパイ数人の身元を特定する。こうした貢献により、1943年6月、ソニアの両親と末弟のスウェーデン移住が叶ったのは劇中で描かれるとおりだ。

一方、映画では省かれた事実もある。ソニアと交流があった時期、抵抗運動を鎮圧することに力を注いだテアボーフェンは、ノルウェー国民を徹底的に弾圧した。捕虜や難民を助けることなどを禁じ、これに背いた市民を強制収容所に連行。死刑や長期の重労働刑を宣告。中でも有名なのは、1942年の「テラボーグ（村）の悲劇」である。村民がレジスタンス集団「リンゲ社」のメンバーを匿っていたとして、村の建物は全て破壊したうえ、72人の村の男性のう

▶1942年の春、テアボーフェンはレジスタンスを匿ったとしてテラボーグ村を壊滅。村民男性72人のうち31人を処刑した

◀1969年、ソニアはノルェー公共放送NRKのインタビューを最後に表舞台から去った

ち31人を殺害し、41人を強制収容所へ連行した事件だ（女性と子供も2年間投獄）。さらに、テアボーフェンは他の強制収容所にいたノルウェー人収監者の中から18人を無作為に選び処刑している。

ちなみに、ソニアの2歳下の上の弟クヌート（戦後は俳優として活躍）も参加していたリンゲ社は、ヴェモルク重水《じゅうすい》工場の破壊工作で後世に名を残す。重水は原爆製造に欠かせない材料で、当時、世界で唯一製造できたのがこの工場。ノルウェーに侵攻したドイツ軍が工場を支配下に置いたため、原爆製造の可能性を少しでも遅らせようと決死の爆破作戦を決行、成功させた。もしこれが失敗していれば、アメリカより先にドイツが原爆を手にし、世界情勢は現在と大きく異なっていたかもしれない。

１９４３年9月、ソニアは出席した政治会議でドイツ高官から疑念を持たれ、ノルウェー国民に反感を買う噂を流されるが、ストックホルムのアメリカ大使館の協力を得て難を逃れる。戦後はストックホルムで芸能活動を再開、20本近い映画に出演し、演劇でも数々の賞を受賞。引退後はスペインに移り住み、１９８０年、66歳でこの世を去った。彼女が母国のために命がけの諜報活動を行っていたことは、２００５年にスウェーデン治安警察のアーカイブが公開したことにより初めて世間に明らかとなった。

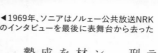

FILMS

# 復讐者たち

## ホロコーストの犠牲者と同じ人数を亡き者に

# ユダヤ人組織・ナカムのドイツ国民600万人殺害計画「プランA」

▶ナチスに妻子を殺された主人公マックスを演じたアウグスト・ディール。映画「復讐者たち」より

▲1945年夏に結成された「ナカム」のメンバー。後列中央がリーダーのアッバ・コヴナー。右端、立っている女性が後にコヴナーの妻となるヴィクタ・ケンプナー。みな20代前半で、家族をホロコーストで失っていた

２０２０年公開の「復讐者たち」は、第二次世界大戦時のナチス・ドイツによるホロコーストを生き延びたユダヤ人たちが戦後に企てた復讐計画の顛末を、史実を基に描いたサスペンスドラマである。彼らが組織した「ナカム」は、絶滅収容所のガス室などで虐殺されたとされるユダヤ人約６００万と同じ数のドイツ人を殺害すべく「プランＡ」（映画の原題）なる具体的な作戦を立てていた。

映画の舞台は１９４５年5月、ヒトラーが自殺し、連合国に無条件降伏した直後のドイツ。ナチスに妻子を殺された創作上のユダヤ人男性マックスの視点から、ユダヤ人の復讐計画が描かれていく。

マックスが最初に参加した「ユダヤ人旅団」はナチスに対抗するために１９４４年5月、イギリス陸軍内に実際に組織された約5千人のユダヤ人部隊である。劇中では説明されないが、彼らは同年10月からイタリア戦線に参加しドイツとの激烈な戦闘を展開。戦後は映画のとおり、ヨーロッパのユダヤ人に対する残虐行為に加担した元ＳＳ（親衛隊）とドイツ国防軍の将校を追跡し、次々に殺害した。

マックスは彼らと行動を共にした後、「ナカム」に加わる。劇中ではユ

**復讐者たち**

2020／ドイツ・イスラエル／監督：ドロン・パズ＆ヨアヴ・パズ●イスラエルの女性歴史学者ディナ・ポラットが「ナカム」の活動について言及した学術書『Vengeance and Retribution Are Mine』（2019年刊）を原作に、ホロコーストを生き延びたユダヤ人たちによる衝撃の復讐計画の全貌を描いたサスペンスドラマ。

ダヤ人旅団のリーダーが別に所属していた「ハガナー」（イスラエル国防軍の基礎となったユダヤ人軍事組織）が、ナカムがドイツ人の大量殺害を企てていることを知り、それを実行されるとユダヤ人が世界中から非難を浴びることを危険視、マックスをスパイとして組織に潜入させることになっているが、これもあくまで映画上の設定である。

ナカム（ヘブライ語で「復讐」の意）はドイツ降伏後の１９４５年夏、劇中にも登場するポーランド系ユダヤ人アッバ・コヴナー（１９１８年生）が組織した約50人からなるドイツ人報復集団だ。大学卒業後、詩人としても活躍していたコヴナーは戦時中、「アベンジャーズ」なるパルチザン組織を指揮し、ドイツに対する妨害工作とゲリラ攻撃に従事していたが、「ポナリの虐殺」（１９４１年7月から１９４４年8月にかけドイツ占領下のリトアニアで約10万人のユダヤ人が殺害された）を体験し、戦後、約36万人の命が奪われたマイダネク絶滅収容所を見学。さらにルーマニアでアウシュヴィッツの生存者と面会したことで復讐を誓い、組織を結成した。

ナカムのメンバーはナチス・ドイツの敗北がユダヤ人の安全を意味するわけではないと考え、特にコヴナーは「同害復讐」、すなわち約６００万人のドイツ人を殺害することが唯一ユダヤ人が救われる手段と信じていた。

そこで、彼らはニュルンベルク（ナチ党の本拠地があった都市）の水道施設に潜入し水道水に毒を流し込み、ドイツ国民を可能な限り死に至らしめる「プランＡ」を計画する。メンバーたちは偽造書類で身分を偽ったり賄賂を渡しニュルンベルクの公営水道会社に就職。給水系統や主な送水バルブの制御方法などを調べ、実行の時を待った。一方、コヴナーらは毒の調達に

▲ニュルンベルクの水道システムを記した図面を基に殺害計画を練る劇中シーン。映画「復讐者たち」より

奔走。１９４５年12月、ようやくパレスチナで入手に成功し、歯磨き粉とシェービングクリームのチューブに入った毒をバッグに入れ帰りの船に乗ったが、その途中でイギリスの警察に身分証明が偽造したものであることを突き止められ逮捕される。このときコヴナーが毒が入ったバッグを海に捨てたことは劇中にも描かれたとおりで、その後、彼は２ヶ月の拘束を経て、ナカムの活動から離れる。

プランＡは失敗に終わり、主人公マックスも故郷に帰ったところで映画はエンディングを迎える。しかし、現実にはナカムの報復計画は続行されていた。ナチス親衛隊を毒殺する計画「プランＢ」の実行である。

この計画はコヴナーが毒の入手に手こずっていた１９４５年10月に立てられ、ナカムの本部があったパリで研究が進められていた。メンバーは、味も匂いもなく遅効性を持つ毒を見つけるべく、様々な実験を繰り返し、パンに塗ることが可能なヒ素と添加剤の混合物を配合し、猫を使った治験でその致死性を証明。ドイツに18キログラムのヒ素を運んだ。

ターゲットは元ナチス親衛隊将校か有力なナチス党員を含む１万人以上が収容されていたニュルンベルク郊外の米軍管轄の

▲「プランB」実行のためナカムのメンバーが潜入したニュルンベルクの生活協同組合のパン屋（上）と、毒殺未遂事件後、その内部を捜索する米軍中尉（左）とドイツ人捜査官

ラングヴァッサー捕虜収容所に定められた。ナカムのメンバー6人は同収容所にパンを配給しているニュルンベルクの生活協同組合のパン屋に就職。密かに持ち込んだヒ素を数日間、床板の下に隠した後、パンの塊の底に塗ることに決め、1946年4月13日に実行に移す。当初の計画では1万4千個のパンに毒を盛る予定だった。が、実際は約3千個しか塗ることができず、メンバーは直後に国外に逃亡。結果、2千283人のドイツ人捕虜が体調を崩し、207人は重症で入院を余儀なくされたが、死者は1人もいなかった。

その後、復讐計画は急速に衰退し、1947年には大半のメンバーが組織を離脱。さらに1949年にドイツ連邦共和国（旧・西ドイツ）が成立すると違法な計画はより困難となり、最終的にナカムのメンバーはイスラエル（1948年に独立宣言）へ戻っていった。

リーダーのコウヴナーは1946年に同じナカムのメンバーで、プランBの実行部隊の1人だったヴィクタ・ケンプナー（1920年生）と結婚。逮捕・釈放後はイスラエルに居を定め2人の子供をもうけた。1947年から1953年にかけて自身のパルチザンやナカムでの活動に関する書物を発表。1959年、テルアビブのディアスポラ博物館を含むいくつかのホロコースト博物館の創設に寄与し、1961年には逃亡先のアルゼンチンで拘束されイスラエルに護送されたナチスの大物アドルフ・アイヒマンの裁判の法廷に立ち、自身の体験を証言している。その後、コウヴナーはイスラエル国内で数々の文学賞に輝き、1987年9月に喉頭がんで死去（享年69）。臨床心理士として活躍していた妻ヴィクタは2012年にこの世を去っている。

1999年、ナカムのメンバーだった2人がテレビのドキュメンタリーに出演し、自分たちの行動は道徳的なものであり、ユダヤ人には「ドイツ人に復讐する権利があった」と断言した。一方、ドイツの検察官は彼らに対して殺人未遂の容疑で捜査を開始したが、「異常な状況」を理由に2000年には捜査を断念。2019年11月時点で、ナカムのメンバーのうち4人が存命中と伝えられている。

◀1961年4月、イスラエルの首都エルサレムで開かれたアドルフ・アイヒマンの裁判で証言台に立つアッバ・コウヴナー

▲主人公の韓国軍カン中尉を演じたシン・ハギュン(手前)。映画「高地戦」より

▲北朝鮮軍の攻撃で焦土と化したソウル市内(1950年11月)

# 高地戦

## 両軍合わせて約1万7千500人が死傷

FILMS

# 映画の題材となった朝鮮戦争末期の死闘、「白馬高地の戦い」

２０１１年公開の韓国映画「高地戦」は、朝鮮戦争末期、南北境界線付近の高地をめぐる極限の戦いを描いた作品である。劇中に出てくる地名や人名、ストーリーは創作されたものだが、映画のモチーフになった戦闘がある。両軍合わせて約１万７千５００人の死傷者を出した「白馬高地《はくばこうち》の戦い」だ。

現在も続く朝鮮半島の民族紛争は、第二次世界大戦後の１９４５年8月、北緯38度線を境に半島の北部をソ連軍、南部をアメリカ軍に分割占領されたことに始まる。

アメリカを中心とした西側の資本主義陣営と、ソ連中心の東側・社会主義陣営の対立を背景に、半島の南部に大韓民国（韓国）が、北部に朝鮮民主主義人民共和国（北朝鮮）が建国されたのは１９４８年。当時の軍事力は韓国軍が10万人あまり。対する北側の人民軍は30万人を数え、戦車や戦闘機も豊富。韓国軍が１分間に投射できる弾量を１とするなら、北軍は10とする報告まである。

北朝鮮を率いる金日成《キムイルソン》は、「我が軍は2週間、長くても2ヶ月以内に朝鮮全土を制圧する」とソ連の最高指導者スターリンに働きかけ、武力による朝鮮半島の統一支配を策謀。１９５０年6月25日午前4時、人民軍約10万の兵力が38度線を越えて南に侵攻、朝鮮戦争が始まった。ソ連の要求に応じて韓国から撤退していたアメリカにとってはまさに寝耳に水で、日本にいた連合国軍総司令官マッカーサーが侵攻を知ったのは開始1時間後。さらに、当時の韓国大統領・李承晩《イスンマン》に報告が上がったのは6時間後だったという。

▲映画のモチーフとなった「白馬高地の戦い」の様子を撮った実際の写真。激しい砲撃で丸裸になり、空から見下ろすと白い馬が横になったように見えたので白馬高地と呼ばれるようになった

韓国軍は、ソ連から貸与された最新戦車で侵攻する人民軍に全く歯が立たずに各所で敗退し、首都ソウルは3日で陥落。これを受けて国連安保理は北の奇襲を侵略と認定し、アメリカを司令官とした国連軍（アメリカの他、イギリスやフィリピン、オーストラリア、カナダ、ベルギーやタイなど合計約１００万人の兵士で構成）を組織、大規模な反攻を開始すると、戦局は一変。陥落したソウルを取り戻した国連軍は勢いのまま38度線を越え平壌《ピョンヤン》へ。さらに中朝国境を目指したが、ここで立ちはだかったのが中国軍だ。真正面からアメリカと敵対し、自国領土まで戦線が拡大することを嫌った中国は「義勇軍」という形で80〜１００万人を派兵していた。

これで戦況は再び逆転。中国軍に攻め込まれた韓国・国連軍は、徐々に戦線を後退させ、１９５１年には38度線付近で膠着状態となる。１９５１年6月、国連大使が休戦協定の締結を提案し、アメリカの空爆に多数の戦死者を出した金日成はこれを受け入れるも、スターリン、中国の毛沢東は休戦には応じないと強硬に主張した。が、１９５３年1月、アメリカ大統領がトルーマンからアイゼンハワーに交代。同年3月にスターリンが死去し、戦争を牽引していた両陣営の指導者がトップから退くと、情勢を読んだ毛沢東は、ようやく態度を軟化。開戦から3年後の１９５３年7月27日、38

度線近辺の板門店で北朝鮮&中国軍と、国連軍の間で休戦協定が結ばれた。

映画の舞台は1953年、南北の境界線上にある架空の「エロック高地」（AEROK。逆さ読みするとコリア）。休戦協定がなかなか進まない膠着状態のなか、最前線で北軍に対する韓国軍兵士たちはギリギリの死闘を繰り広げていた。命を賭して高地を制圧しても、すぐに北側が奪い返す。その繰り返しが続き、劇中では「30回もこんなことをやっている」とのセリフが出てくる。

モデルとなった白馬高地の戦いも、韓国軍と北軍で高地を取り合う熾烈な戦闘となった。場所は朝鮮半島中部、軍事境界線が通る「395高地」とも呼ばれる高台で、広大な鉄原平野一帯とソウルに通じる主要路を掌握できる軍事上の要衝地である。

戦いの始まりは1952年に10月6日。395高地を占拠していた韓国軍第9師団は、この日の朝、中国空軍による集中射撃を浴びる。アメリカ軍が待機する後方支援を遮断するのが目的で、高原の北5キロにある蓬萊湖《ほうらいこ》の水門も破壊、山麓周辺をさせた。

執拗に空から攻撃した後、稜線《りょうせん》（山の尾根）に1個大

▼劇中では、丘を登るときはダッシュで、下るときは死体になって転がり落ちる戦争のリアルが描かれている。映画「高地戦」より

隊を投入した中国軍に対し、韓国軍は激しい攻防戦の末いったんは敵を撃退させるも、11日夜には水没したエリアに退去。だが、12日朝に攻勢をかけて高地を再奪回する。15日、勢いに乗った第29連隊が「395高地」北方の前哨陣地を奪還し、中国軍を完全に撃退。15日までの10日間に山頂をめぐる攻防戦が12回にわたって繰り広げられた。

この戦闘で使用された砲弾は、韓国軍と国連軍）が約22万発、中国軍は5万5千発。死傷者は、韓国軍が約3千500人、中国軍は約1万4千人が死傷（または捕虜になった）との記録が残っている。

映画には、高地を取り合う両軍の兵士が心を通わせる姿も描かれている。チョコレートや酒、マッチなどをやり取りし、南に住む家族宛ての手紙を韓国軍に託す北軍兵士。特に感動的なのが「戦線夜曲《チョンソンヤグゴク》」の合唱シーンである。韓国軍兵士が好きな歌の歌詞を陣地に残すと、北側の兵士たちにもあっと言う間に流行。最後の決戦前、両軍兵士が声を合わせて歌う場面では、なぜ同じ民族が戦うのか、心が痛くなるほどだ。

1952年に韓国で発売された「戦線夜曲」は、生と死のはざまを行き来する戦場で母親を懐かしむ兵士の心情が歌われ、実際に白馬高地の戦いに参加した韓国軍兵士が口ずさんでいた

▼「白馬高地の戦い」に勝利し、歓呼する韓国軍第9師団

◀1953年7月27日、板門店での休戦協定協議で信書を交わす国連軍側（左）と中朝軍側になった

という。対し、北軍の兵士がこの曲を歌った報告や体験談はない。

ただ興味深いのは、日本の基地から朝鮮へ飛び立って行ったアメリカ兵たちの一番の愛唱歌が「志那の夜」だったという話だ。当時、渡辺はま子（映画の中では李香蘭《りこうらん》）が歌ったこの曲が、下ネタの替え歌として流行。故郷にレコードを持ち帰ったり、自分の葬儀のときにはこの曲を流してほしいと遺言した人もいたそうだ。

さらに朝鮮戦争時かどうかは不明だが、南北の国境周辺を警備していたアメリカ兵が、北朝鮮側から流れてくる「志那の夜」を聞いたとの記録がある。その兵士によると、北側の狙いは自分たちの士気をくじくことにあったのだろうが、実際は逆効果だったらしい。

映画は、休戦施行前の総攻撃によってエロック高地で戦う両陣営の兵士が全滅。唯一生き残った主人公のカン中尉（演：シン・ハギュン）が、死体の転がる山中でさまよう姿でエンディングとなる。

朝鮮戦争での死者は、韓国・国連軍が約23万人、中国軍約20万人（北朝鮮の被害は不明）にのぼる。が、この戦争はいまだ休戦状態。2024年6月現在も戦時中であり、南北朝鮮の両国間、及び北朝鮮とアメリカ合衆国との間に平和条約は締結されていない。

©Netflix

# 最初に父が殺された

## 姉は餓死。父、母、妹は処刑

▲兵士としての訓練を受けるルオン・ウンを演じたサリウム・スレイモック。映画「最初に父が殺された」より。◀ルオン・ウン本人（1979年、脱出先のタイで撮影。当時9歳）

## カンボジア人少女、ルオン・ウンが見たクメール・ルージュの悪夢

FILMS

ウクライナのホロモドール（1932年〜1933年、スターリンによる計画的な飢餓で約330万人が死亡）、ナチスのホロコースト、ルワンダ虐殺（1994年の民族紛争で50万〜100万人が殺害）と並び称されるカンボジアの大虐殺。1970年代、ポル・ポト率いる「クメール・ルージュ」が150万〜200万人を殺害したジェノサイドだ。2017年、女優のアンジェリーナ・ジョリーが監督したネットフリックス配給・配信による「最初に父が殺された」はカンボジアにおける悪夢の時代を生き延びた実在の女性ルオン・ウンの壮絶な体験を映像化した歴史ドラマである。

映画に詳しい説明はないが、カンボジアは太平洋戦争時代、日本が占領、戦後はフランスの保護化に置かれていたが、1953年に「カンボジア王国」として独立、ノロドム・シハヌーク（1922-2012）が国王の座に就いた。しかし、2年後に隣国ベトナムで戦争が勃発。ソ連の支持する北ベトナム側についたカンボジアは、アジア圏の共産化を恐れ南ベトナムを支持したアメリカから空爆を受けるようになる。ベトコンの攻勢などでアメリカが窮地に追い込まれていた1970年3月、親米派の政治家ロン・ノ

**最初に父が殺された**

2017／アメリカ・カンボジア／監督:アンジェリーナ・ジョリー●社会活動家、映画監督としても活躍中のハリウッド女優アンジェリーナ・ジョリーが、クメール・ルージュ時代のカンボジアを生き抜いたルオン・ウンの回想録『最初に父が殺された　飢餓と虐殺の恐怖を越えて』をドラマ化。トロント国際映画祭などで上映された後、2017年9月よりNetflixで配信。第90回アカデミー賞外国語映画賞のカンボジア代表作。

上／一家の長イン・ウン。ロン・ノル政権下の高官で、1976年12月に処刑された。 下／1975年初頭のルオン一家。左から次男コイ、三女ルオン、母チョンと四女ギーク、次女ジュー、長女キーヴ、長男メン、三男キム

ル（1913-1985）が軍事クーデターを起こし、「クメール共和国」の樹立を宣言したものの、1973年3月に後ろ盾になっていたアメリカがベトナムから完全撤退したことに加え、深刻な食糧不足で、特に農村部は大規模な飢餓の危機に直面。1975年4月、ポル・ポト（1928-1998）率いるクメール・ルージュを主力としたカンプチア民族統一戦線がクーデターを起こし、首都プノンペンを占領したことで崩壊、新たに「民主カンプチア」が誕生する（映画はこの辺りから始まる）。

物語の主人公ルオン・ウンは

1970年11月にプノンペンに生まれ当時5歳だった。ロン・ノル政権で憲兵隊の大佐を務めていた父イン（当時43歳）のおかげで、一家は大きな家に住み、家政婦が家事を行い、日本車まで所有する裕福な暮らしを営んでいた。家族は他に幼い頃、中国から移住してきた母チョン（生年不明）。長兄メン（同18歳）、次兄コイ（同16歳）、長女キーヴ（同14歳）、三男キム（同10歳）、次女ジュー（同8歳）、末娘ギーク（同1歳）。農村部とは違いアメリカからの援助で食料にも困らず、ウン家は映画を楽しみ、室内には欧米のヒット曲が流れていたという。

しかし、クメール・ルージュによるプノンペン陥落で状況は一変する。劇中でも描かれるように、兵士たちは「米軍の空爆がある」と偽り、全プノンペン市民に街からの退避を命じた。

▲クメール・ルージュを率いたポル・ポト。「階級が消滅した完全な共産主義社会の創設」を名目に、多くの国民を粛清した

▲1975年4月、クーデターを成功させ首都プノンペンを凱旋するクメール・ルージュの兵士。▼ポル・ポトの政策で都市部に住む「新人民」の全てが農村へ強制移動させられた

3日間ほどの疎開。市民にはそう説明し、さらに「これからは貧富のない世の中になる」と安心させた。しかし、本当は都市部の市民を農村に追いやり「サハコー」と呼ばれる人民公社（収容所）で強制的に働かせるための策略だった。ポル・ポトは極左主義者で、あらゆる近代文明・科学・宗教を否定して、全員が自給自足生活をする「階級が消滅した完全な共産主義社会」の創設を目指していた。が、まだ物心もつかないルオンにそんな政治思想が理解できるはずもなく、両親や兄妹と一緒に街を出ていくしかなかった。

各地を転々としていた一家が最終的に送られたのが、ポーサット州にあるサハコーの一つ、ローリアップという村だ。村長は都会からやって来た人々に平等を与えると説明する。しかし、実態は彼らを革命以前から農村に暮らしていた「旧人民」と都市部などで暮らしていた「新人民」に分類し、新人民を徹底的に弾圧することを目的にしていた。村の広場に集められた新人民は持ち物検査をされ、ぜいたく品は全て没収。ルオンが大切にしていた母の手縫いの赤いドレスも没収され目の前で焼かれるのも劇中で描かれるとおりだ。

こうして地獄の日々が始まる。実は、ルオンたちが送りこまれたローリアップを仕切るクメール・ルージュの兵士たちは国内でも指折りの残酷な集団だった。強制労働の時間は1日15時間ほどにもなり、食事は酷いときには数粒のお米が浮いているだけのお粥。一家は見る見る内に痩せ細り、ルオンや末娘のギークはあばら骨が浮き出るほど痩せこけ、お腹だけがパンパンに膨らんでいった。

やがて兄弟のうち上の3人、メン、コイ、キーヴは青少年のみを集めた労働キャンプに徴収される。が、1976年8月、キーヴは労働キャンプで赤痢にかかり命を落とす。劇中では描かれないが、家族の中で最も美人であった彼女は死の寸前、目がくぼみ、髪の毛も抜け落ち、自分の排泄物にまみれながら看病されることもなく1人で死んでいったそうだ。

3ヶ月後の同年12月、今度は父インが処刑される。劇中、プノンペンから移動の際に、インが家族に自分たちの身分を絶対明かさないよう厳しく言い聞かす場面がある。

◀クメール・ルージュに参加した少年兵と、人民の処刑を捉えた1枚

クメール・ルージュがロン・ノル政権下の知識人や富裕層を反乱の可能性ありとみなし、粛清する危険があると知っていたからだ。ゆえに、インは労働階級と偽り、家族を守った。しかし、何かのきっかけでインの正体が元高級将官とバレたのだろう。劇中のとおり、その日、クメール・ルージュの兵士が父のもとを訪れ、「移送中の牛車が壊れたので手伝いに来てほしい。1日ほどで帰れる」と説明した。インはもちろん、妻チョンもそれが何を意味するか即座に理解する。兵士に連れて行かれ戻ってきた者は誰一人いない。チョンは永遠の別れを覚悟し、連行される夫を見送り泣き崩れた。インが具体的に、どこでどんな手段で殺害されたかは不明である。

ポーサットでは収容された人々の飢餓死が増加する一方、いきなりクメール・ルージュの兵士に連行されそのまま全員が姿を消す一家も現れていた。そこで母チョンは、子供たちを村から逃がし、孤児を装わせ、他の労働キャンプに紛れ込ませることを決断する。

1977年7月、キム、ジュン、ルオンの3人は母チョンと末娘ギークを残しポーサットを無断で離れ、それぞれ1人で行き場所を探す。当時6歳のルオンがたどり着いたのはクメール・ルージュが支配するキャンプ地で、彼女はそこで強制労働と同時に、地雷を埋めたり、兵士としての訓練を受ける。クメール・ルージュと敵対関係にあるベトナム軍の戦いに挑むためだ。当然ながらルオンは姉を餓死させ父を殺したクメール・ルージュを憎んでいた。が、命令に逆らえば自分の身を危険に晒すだけ。同じような思いで部隊に加わっていた少年少女たちが他にも大勢いた。

ルオンは結局、そこでクメール・ルージュの少女兵士として17ヶ月間を過ごす。直接戦闘に参加することはなかったが、アメリカに勝利したベトナム軍の力は圧倒的で、彼女がいたキャンプ地も彼らの攻撃を受けあえなく壊滅。劇中描写にはないが、ルオンは命からがら逃走し、1978年11月、ポーサットに戻り母とギークを探すも、暮らしていた小屋に母親の着物を見つけただけで、その姿がどこにもない。他の住民によれば、ほんの2ヶ月前にクメール・ルージュが母と妹を連れ去ったという。処刑されたのは明らかだった。

1979年1月、ベトナム軍がプノンペンを制圧し、その混乱の中でルオンは長兄メン、次兄コイ、三男キム、姉ジューと再会する。1980年2月、兄妹5人は叔父と叔母の協力を得てタイへ脱出。難民キャンプに保護された後、アメリカのカトリック教会の支援を受け同年6月、バンコク国際空港から渡米した。兄妹5人はバーモント州エセックスにアパートを与えられ、レオンは地元の小学校3年生に編入した。その後、中学・高校へと進み16歳のときアメリカの国籍を取得。1989年に高校を卒業した後は全額奨学金の資金援助を受けて、バーモント州のセントマイケルズ・カレッジに入学。在学中に社会活動家になる思いを強め、卒業後にはベトナム退役軍人アメリカ基金のプログラム「地雷廃絶キャンペーン」のスポークスパーソンを務める一方、2000年に映画の原作となる自伝ノンフィクション『最初に父が殺された飢餓と虐殺の恐怖を越えて』を出版した。2年後の2002年、大学の同級生だった男性と結婚し、オハイオ州クリーブランドに居住。現在はアメリカと母国カンボジアを行き来しながら精力的に地雷廃絶、人権、差別などをテーマにした社会活動に取り組んでいるそうだ。

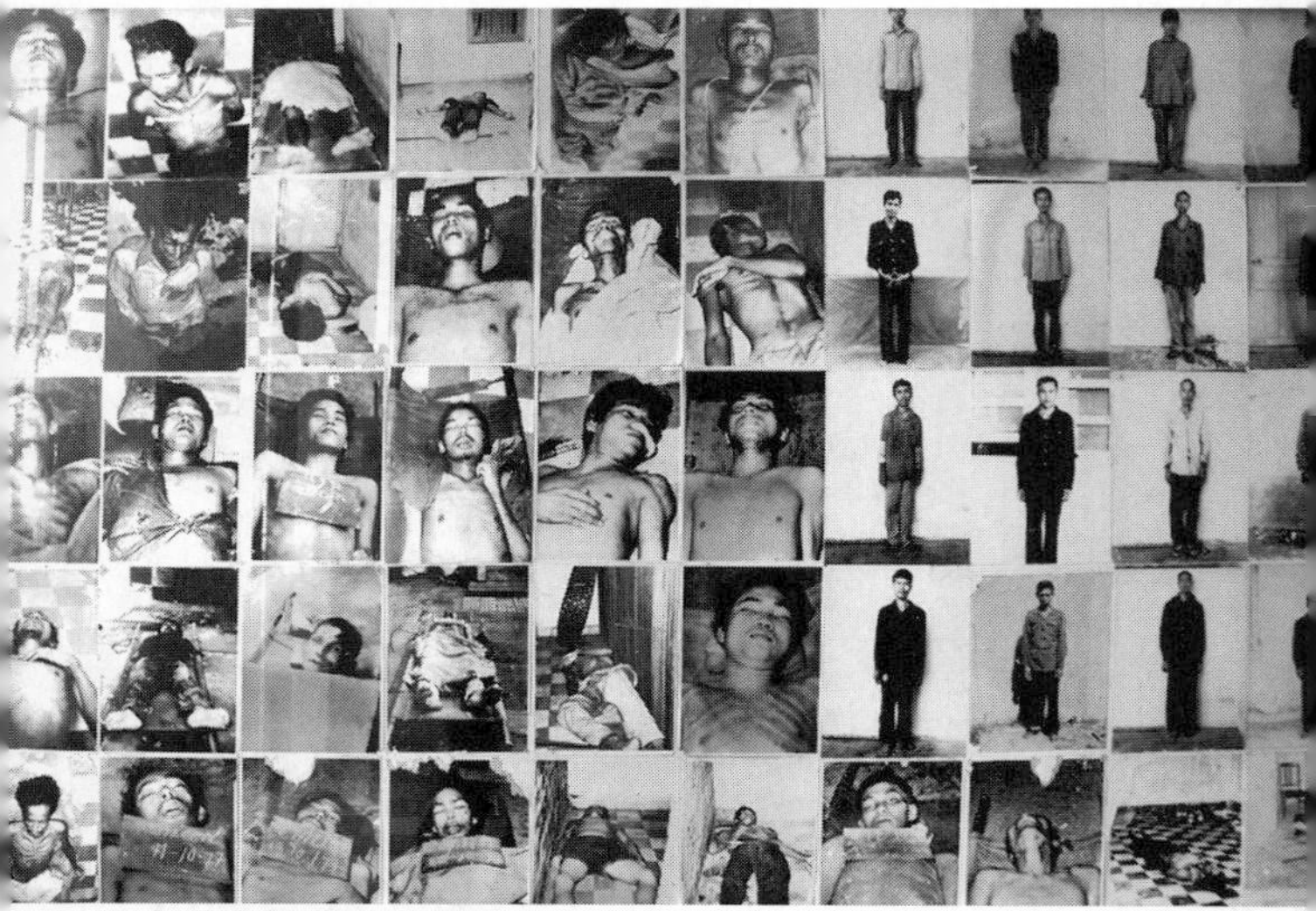

▲「S-1」で処刑された政治犯の写真。
国立のトゥール・スレン虐殺犯罪博物館に展示されている

映画では直接描かれていないが、ポル・ポトとクメール・ルージュは1979年1月、ベトナム軍がプノンペンを陥落するまでにカンボジア各地に「キリング・フィールド」と呼ばれる大量殺戮のための刑場を作り、都市部のカンボジア国民を中心に、20万人から30万人の中国系カンボジア人、9万人のイスラム教徒、2万人のベトナム系カンボジア人を含む150万人〜200万人を虐殺した。その中でも特筆すべきは、政治犯を収容した「トゥール・スレン」の存在である。「S21」の暗号名で呼ばれた同収容所には2年9ヶ月の間に1万4千人〜2万人が入れられ、生存者はたったの8人だけだった。ポル・ポトをはじめとするクメール・ルージュ幹部のは革命が成功したのに飢餓が進むのは反革命分子がいるからに違いないという妄想に囚われ、囚人たちは看守たちから徹底的な尋問と拷問を受けた後に処刑された。ちなみに、看守には10代の少年少女が選ばれ、秘密保持のため彼らの多くも殺害されたという。

クメール・ルージュとベトナム軍の戦いはプノンペン陥落後も続き、最終的に戦闘が終わったのは1989年のこと。その後もクメール・ルージュの精神的支柱であり続けたポル・ポトは1998年4月、69歳でこの世を去った。

▼監督アンジェリーナ・ジョリー（右）と原作者ルオン・ウン（2017年撮影）。映画の脚本は2人の共同で執筆された

▲主人公のウソク弁護士を演じた名優ソン・ガンホ。映画「弁護人」より

▲主人公のモデルになった、弁護士時代のノ・ムヒョン

# 弁護人

## 後の大統領、ノ・ムヒョンが弁護を担当

FILMS

## 軍事政権下の韓国で22人が不当逮捕された冤罪・釜林事件

光州《こうしゅう》事件を題材にした「タクシー運転手　約束は海を越えて」（2017）やソウル大生拷問死事件を扱った「1987、ある闘いの真実」（2017）など、韓国映画には軍事政権時代の弾圧に対する市民の闘いを描いた傑作が多い。2016年に公開された「弁護人」もその一つで、本作は国家によって捏造された釜林《ふりん》事件を題材としたヒューマンドラマだ。不当に逮捕され拷問で自白を強要された学生や社会活動家22人を弁護したソン・ガンホ演じる主人公ウソクのモデルは後の韓国大統領、ノ・ムヒョン（1946年生）である。

韓国の1980年代は民主化に揺れた時代だ。1979年10月にパク・チョンヒ大統領（当時61歳）が暗殺され、クーデターで軍を掌握したチョン・ドゥファン（1931－2021）がそのまま大統領に就任すると軍事独裁がスタート。民主化を求める国民たちへの激しい弾圧が行われた。

映画はそんな時代、主人公のソンが苦労して弁護士になるところから始まり、モデルとなったノム・ヒョンも貧しさのために商業高校を卒業後に就職、独学で弁護士を目指した。念願が叶って判事になったのは1977年。翌年、登記業務・不動産・租税関連の訴訟専門の弁護士事務所を開業し、釜山《プサン》でも腕利きの弁護士として知られるようになる。

**弁護人**

2013／韓国／監督:ヤン・ウソク●1981年に軍事政権下の韓国で実際に起きた冤罪事件である釜林事件を題材にした社会派ドラマ。韓国で観客動員数は1,137万人を突破する大ヒット作となった。

映画の題材となった釜林事件は1981年9月に釜山で起きた（事件名は同時期にソウルで起きた同様の捏造弾圧事件である学林《がくりん》事件を踏まえた「釜山学林事件」を意味する）。釜山の警察当局が「釜山読書連合会」のメンバー22人を「赤色分子」（共産主義分子）とみなし、逮捕令状もないまま不当に拘束したのだ。ノ・ムヒョンがこの事件の弁護を請け負ったのは映画と違い、別の弁護士の代理だったが、逮捕された中の1人、釜山大学の法大生ソン・ビョンゴン（劇中でイム・シワン演じるパク・ジヌのモデル）と面会し、明らかに拷問を受けた彼の様子に驚愕する。

警察による拷問シーンは劇中でも描かれているが、公安当局が、警察署とは別の「対共分室」と名づけられた拷問室に被疑者を監禁し、体中が真っ青になるほど殴り、寝かせず食べさせず、水責めや〝鳥の丸焼き〟のように手足を縛って吊るした挙げ句、偽の自供書を書かせたのは全て本当の話だ。

映画では、後の裁判で孤軍奮闘するウソク弁護士のもとに、拷問を受けた被害者たちの応急

▼事実に基いて描かれる劇中の拷問シーン。映画「弁護人」より

処置をした軍医が名乗り出ることになっている。しかし、このエピソードはまったくのフィクション。被害者の話によると、確かに拷問の後に体調を崩すと警察病院の若い医師が治療に訪れたそうだが、実際に証言しようとした医師は1人もいなかったという。

また、劇中、当局の独善的判断を回避するため、ウソク弁護士が外信記者たちを法廷取材に呼ぶ場面も創作で、当時、外信の記者たちが直接、法廷で取材を行うことはなかった。ただ、このエピソードは、被疑者の1人の奥さんが、韓国アムネスティ（国際人権NGO）に『〝鶏の丸焼き〟が作った共産主義者』と題し、事件の概要を書き記して寄稿し、これが英訳されて海外の雑誌に載ったことをモチーフにしているらしい。

▲拷問を受けた大学生ジヌのモデルとされる当時釜山大学の学生だったソン・ビョンゴン。出所後、ノ・ムヒョンの法律事務所に入り事務長を務めた

そもそも読書会のメンバー22人が逮捕されたのは、有害書籍を回覧、不法集会を組織したとして「国家保安法の違反」に問われたことだった。ただ、警察が有害書籍としたのはイギリスの歴史家、E・H・カー（1892－1982）著の『歴史とは何か』など高校の教科書に載っており、誰でも自由に書店で買えるものが大半。明らかな言いがかりである。当局の理不尽な嫌疑に、ノ・ムヒョンは英国大使館からE・H・カーが共産主義者ではないとの証明書をもらい、法廷で読み上げたのは映画で描かれているとおりだ。

また、ウソク弁護士が「(プロボクサーの) モハメド・アリの試合で、もし金日成《キムイルソン》がアリを応援していて、同じように被告人がアリを応援したら、その行為も北朝鮮に利益を与えるというのか？」と問いかけると、検察が「北朝鮮を称賛する発言を自制してください！」と叫ぶ劇中シーンも史実のまま。ノ・ムヒョンは、とうてい理解不能な当局の主張をこうして次々と論破していった。

ノ・ムヒョンは学生たちが拷問によって自白を強いられる状況で罪を認めたことや、公安当局による証拠が偽造であることを証拠を示し彼らの無罪を主張する。しかし、法廷は１９８２年、被告22人中、19人に1年から7年の懲役を言い渡す。

それから17年後の１９９９年、事件の被告人のうち11人が求めた再審の裁判では、国家保安法違反容疑を除く戒厳法違反などの容疑についてのみ無罪を宣告(２００９年)。さらに２０１2年、元被告5人が釜山地方裁判所に再審請求を提出した結果、２０１４年2月、同裁判所は33年ぶりに釜林事件に対する再審を行い、5人の被告人に無罪を言い渡す。判決文には、かつての法廷は被告人たちが告発に対して包み隠さず自供したものと考えていたが、調査の結果、

◀大統領時代のノ・ムヒョン(上)。第19代大統領ムン・ジェイン(下)も弁護士時代、釜林事件の弁護を担当していた

▲2014年1月、国家保安法違反を含め、全ての容疑に関して無罪判決を勝ち取ったことをノ・ムヒョン元大統領の墓前に報告する釜林事件の元被告たち

被告人たちが警察に長期間拘禁されるなかで仕方なく罪を認めたことが明らかになったこと、当時の法廷は被告人たちが国家保安法に違反したと判断したが、国家の安全や、自由と民主の秩序に対して危害をもたらしたことはなかったと記されていた。

一方、弁護を担当したノ・ムヒョンは、この事件をきっかけに民主化運動に関わり始め、1988年4月の国会議員選挙に当選し政界入り。2003年2月には大韓民国第16代大統領に就任し2008年2月まで任期を務めたが、退任後に不正献金疑惑が取り沙汰され、2009年5月23日、飛び降り自殺を図り命を絶った（享年62）。

ちなみに、劇中では描かれていないが、2017年に第19代大統領に就任したムン・ジェイン（1953年生）も大学卒業後、弁護士となりノ・ムヒョンとともに釜林事件の弁護を担当。ノ・ムヒョンが大統領を務めていた時代は側近として彼を支えた。

# モーリタニアン 黒塗りの記録

## 無実の罪で14年以上、獄中に

▶主人公モハメドゥ・スラヒを演じたタハール・ラヒム。映画「モーリタニアン 黒塗りの記録」より

◀同時多発テロの容疑者として拘束されたスラヒ本人

## 米同時多発テロの容疑者、モハメドゥ・スラヒがグアンタナモ収容所で体験した戦慄の尋問プログラム

FILMS

▲2001年9月11日午前9時過ぎ、ハイジャックされたユナイテッド航空175便がワールド・トレード・センター南棟に激突する寸前の様子を捉えた1枚

２０２１年の映画「モーリタニアン　黒塗りの記録」はアメリカ同時多発テロに関与したとされ逮捕された無実の青年と、彼を救うべく尽力する女性弁護士の闘いを描いた社会派ドラマである。作品は、米軍のグアンタナモ基地収容所に勾留され続けていた実在のモーリタニア人男性モハメドゥ・スラヒ（１９７０年生）の手記に基づいているが、彼がそこで受けた壮絶な拷問はアメリカが当初ひた隠しにしていた「強化尋問プログラム」と呼ばれるものだった。

映画は２００１年11月、当時30歳のスラヒ（演：タハール・ラヒム）がアフリカ北西部の母国モーリタニアの首都ヌアクショットで、アメリカからの命を受けたモーリタニア警察当局に逮捕されるシーンから始まる。容疑は２ヶ月前の９月11日に起きた米同時多発テロへの関与。具体的には、ウサマ・ビンラディン（１９５７－２０１１）率いるテロ実行組織「アルカイダ」の戦闘員らを勧誘したり、彼らへの資金調達を担った疑いが持たれていた。その証拠として当局は、彼が１９９７年12月、義理の従兄

**モーリタニアン**
**黒塗りの記録**

2021／イギリス・アメリカ／監督：ケヴィン・マクドナルド●2001年のアメリカ同時多発テロ事件の直後にテロリストとして疑われ、その後、米軍のグアンタナモ基地に収容され続けた実在の人物モハメドゥ・スラヒの手記を映画化。敏腕弁護士を演じたジョディ・フォスターが第78回ゴールデングローブ賞で助演女優賞を受賞した。

弟でアルカイダの協力者であるアル・ワリド（1975年生）と、当時ビンラディンが使っていた衛星電話で会話し、ワリドに資金供与していたことをCIA（アメリカ中央情報局）が掴んでいる事実を挙げる。確かに、スラヒは従兄弟と電話し金を振り込んでいた。が、それは生活に困窮していたワリドの家族に対する個人的な援助で、アルカイダの活動とは全く無関係。逮捕は完全に濡れ衣だった。

遊牧民の家庭で生まれ育ったスラヒは幼少期から頭脳明晰で高校を卒業した1988年、奨学金を受けドイツ（当時は西ドイツ）に留学、デュイスブルク大学で電気工学の学位を取得した。一方、ソ連のアフガニスタン侵攻（1979年）に端を発するアフガニスタン紛争終結後の1989年、同国で発生した内戦で、共産主義政府と対抗するアルカイダが主導するゲリラ軍に共鳴。アルカイダのメンバーとして数週間軍事訓練を受けたものの、1992年に共産主義政権が崩壊した後にイスラム戦士同士で戦いが始まったことに嫌気がさしアルカイダを脱退、ドイツに戻りエンジニアになった。

1999年11月、カナダ・モントリオールに移住した後、2001年1月にモーリタニアに帰国。劇中では描かれないが、ここでスラヒは「プミレニアム計画」（アルカイダが、ヨルダンの観光地や米ロサンゼルス国際空港への攻撃を企てていた事件。2000年に発覚）への関与を疑われ、FBI（連邦捜査局）に逮捕、尋問を受けている。結果、証拠が見つからず3週間で釈放。こうしたことから、彼は2011年11月に拘束された際も、すぐに身の潔白が証明されるものと思っていた。アメリカは法を遵守《じゅんしゅ》する民主主義国家だ、と。

ところが、ニューヨークがテロに遭い約3千人が死亡するという前代未聞の事態に、米ブッシュ政権は〝正義の鉄槌〟を加えるとして同年10月、テロの首謀者ビンラディンを匿っている疑いのあったアフガニスタンを攻撃。同時に、多発テロに関与していた可能性のあるイスラム系の男性を片っ端から逮捕していく。スラヒもその1人で、彼は身柄をモーリタニア警察当局からCIA（中央情報局）に預けられた後、ヨルダンの刑務所に8ヶ月間、アフガニスタンの米軍施設に数週間、そして2002年8月、グアンタナモ基地収容所に勾留される。この間、本来必要な司法手続きが行われることは一度たりともなかった。

グアンタナモ収容所（正式名称：グアンタナモ湾収容キャンプ）は、米同時多発テロ以降、アメリカ政府が世界各地に密かに設置したテロ容疑者収容所の一つで、2002年1月、キューバ東南部にあるグアンタナモ湾米海軍基地内に建設された。当初、収容されたのは15人の子供を含む約780人。大半がアフガニスタンなど南西アジア、中東やアフリカから連行され、アメリカが出す懸賞金目当てに売られたり、通訳の能力不足などで誤解を受け拘束された人々だった。

スラヒはアルカイダの最重要人物と誤認され、徹底的な取り調べを受ける。ここでCIAが使ったのが劇中でも描かれる「強化尋問プログラム」という名の拷問である。

これはアメリカの心理学者のジェームズ・ミッチェル（1952年生）がCIAの依頼で考案した尋問手法で、具体的には音楽を大音量で流しての睡眠剥奪、激しい照明による視覚刺激、

▲悪名高きグアンタナモ収容所は現在も運営が続いている

▲到着間際の収監者たち（2002年1月11日撮影）

▲所内で撮影された、犬で収監者を威嚇する実際の写真

水責め、顔の殴打、手を頭の上または体の後ろで縛られた状態での長時間の起立強要、犬による威嚇、小さなコンテナへの独居拘禁などを組み合わせ、かつ繰り返し行うというもので、被疑者の自供を得るというものだ。これらが米国法やアメリカが批准《ひじゅん》した拷問禁止条約、ジュネーブ条約に違反する拷問に該当することは明らかだったが、大統領在任中にテロに遭ったジョージ・ブッシュはＣＩＡの残虐行為を黙認していた。

映画のとおり、被拘禁者ＩＤ番号の「７６０」と呼ばれたスラヒは「食べること」「トイレに行くこと」「眠ること」など、人として生きる全ての活動を24時間監視された状態で、この拷問を70日間、連続で受け続ける。劇中で描かれるように、手錠をかけて宙づりにされたり、冷たい部屋で20時間以上も同じ姿勢を強要されたり、時には女性兵士による強制的な性的虐待も受けたこともあるという。

さらに、CIAの取調官はスラヒに対し、故郷の母親に逮捕命令が出てグアンタナモ収容所送りが決定したと偽り、「男ばかりの刑務所に女が来たらどうなると思う?」と脅迫。すでに肉体的にも精神的にも限界に達していたスラヒは、朦朧《もうろう》とした意識の中でついに米政府が用意した自白調書に署名する。2003年5月のことだ。

絶望の日々に光が差すのは、それから2年後の2005年。スラヒの身を案じる家族がモーリタニアの弁護士を介して、アメリカ人権派弁護士と知られていたナンシー・ホランダー（1944年生。演：ジョディ・フォスター）を彼の弁護人に任命したのだ。彼女は学生時代、ベトナム戦争反対

◀CIAが考案した「強化尋問プログラム」の内容。2009年、米司法省が公開

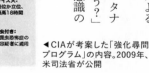

運動などで3度の逮捕経験を持ち、ニューメキシコ大学ロースクールを卒業後、弁護士の資格を取得。当時はニューメキシコの法律事務所に勤務していた。

弁護要請を受けた彼女は同じ事務所に所属する若手女性弁護士テリー・ダンカン（生年不明。演：シャイリーン・ウッドリー）を伴いグアンタナモ収容所でスラヒと面会する。そこで彼が主張したのは無罪。劇中では後で判明することになっているが、自白は拷問による強要だったことを、この時点で告白している。まだ半信半疑だったホランダーは尋問の状況を記録するようスラヒに指示。同時に拷問や自白の捏造を明らかにするため、アメリカ政府にスラヒの供述調書の開示請求を行う。が、開示された調書の多くは黒塗りされており、これを不都合な事実を隠すための工作と確信したホランダーはアメリカ政府を提訴し、２００９年、裁判所から勝

◀スラヒの弁護を担当したナンシー・ホランダー（上。演：ジョディ・フォスター）。現在も人権派弁護士として活躍中

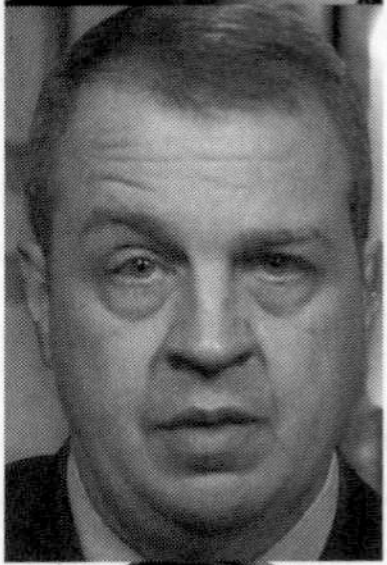
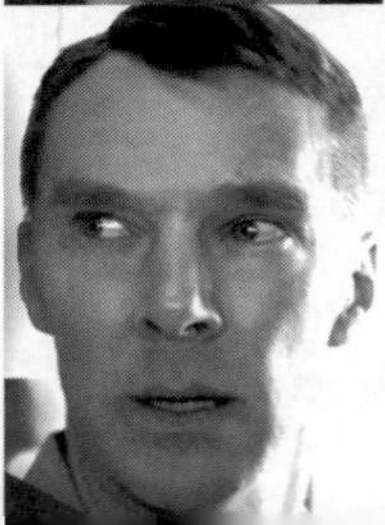

◀スラヒを起訴する予定だったスチュアート・カウチ検事（上。演：ベネディクト・カンバーバッチ）。彼の英断は2007年3月『ウォール・ストリート・ジャーナル』紙に「大佐の良心」と題された記事で紹介されている

訴を勝ち取る。果たして公開された公式な文書には、スラヒの供述はもちろん、CIAが行った非人道的行為がつぶさに記されていた。

映画は、スラヒを起訴し死刑に持ち込もうとするアメリカ海兵隊の中佐（後に大佐）で検事のスチュアート・カウチ（1965年生。演：ベネディクト・カンバーバッチ）の姿も描き出す。彼は1998年にイタリアのカヴァレーゼで軍用ジェット機がスキーのゴンドラに衝突し、20人のヨーロッパ人観光客が死亡した事件など担当したやり手で、スラヒが自供した4ヶ月後の2003年9月、彼の起訴準備を任された。劇中描写ではホランダーの行動と時期を同じくしている印象を受けるが、翌

▼CIAがグアンタナモ収容所で被疑者を尋問した際に記録した実際の供述調書。当初は大半に黒塗りが施されていた

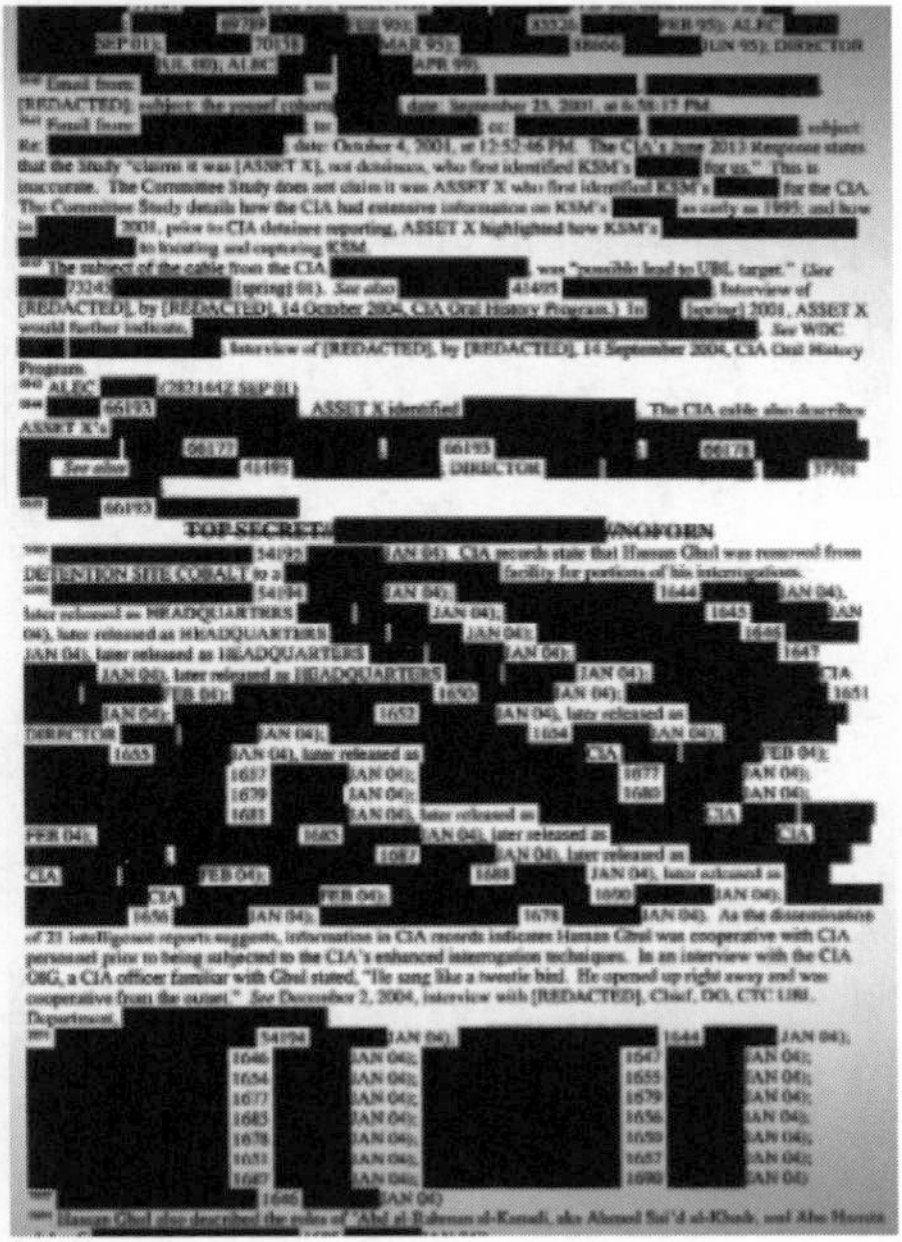
[redacted] 69789 [redacted] FEB 95); [redacted] 85526 [redacted] FEB 95); ALEC [redacted] SEP 01); [redacted] 70158 [redacted] MAR 95); [redacted] 18666 [redacted] JUN 95); DIRECTOR [redacted] JUL 00); ALEC [redacted] APR 99).

Email from: [redacted] to: [redacted] [REDACTED]; subject: [redacted] date: September 25, 2001, at 6:58:17 PM.

Email from: [redacted] to: [redacted] cc: [redacted] subject: Re: [redacted] date: October 4, 2001, at 12:52:46 PM. The CIA's June 2013 Response states that the Study "claims it was [ASSET X], not detainees, who first identified KSM's [redacted] for us." This is inaccurate. The Committee Study does not claim it was ASSET X who first identified KSM's [redacted] for the CIA. The Committee Study details how the CIA had extensive information on KSM's [redacted] as early as 1995; and how in [redacted] 2001, prior to CIA detainee reporting, ASSET X highlighted how KSM's [redacted] to locating and capturing KSM.

The subject of the cable from the CIA [redacted] was "possible lead to UBL target." (See [redacted] 73245 [redacted] (spring) 01). See also [redacted] 41405 [redacted] Interview of [REDACTED], by [REDACTED], 14 October 2004, CIA Oral History Program.) In [redacted] (spring) 2001, ASSET X would further indicate, [redacted] See WDC [redacted] Interview of [REDACTED], by [REDACTED], 14 September 2004, CIA Oral History Program.

ALEC [redacted] (282164Z SEP 01)

[redacted] 66193 [redacted] ASSET X identified [redacted] The CIA cable also describes ASSET X's [redacted] 66177 [redacted] 66193 [redacted] 66178 [redacted] See also [redacted] 41495 [redacted] DIRECTOR [redacted] 37701 [redacted]

[redacted] 66193 [redacted]

TOP SECRET// [redacted] //NOFORN

[redacted] 54195 [redacted] JAN 04). CIA records state that Hassan Ghul was removed from DETENTION SITE COBALT to a [redacted] facility for portions of his interrogations.

[redacted] 54194 [redacted] JAN 04); [redacted] 1644 [redacted] JAN 04), later released as HEADQUARTERS [redacted] JAN 04); [redacted] 1645 [redacted] JAN 04), later released as HEADQUARTERS [redacted] JAN 04); [redacted] 1646 [redacted] JAN 04), later released as HEADQUARTERS [redacted] JAN 04); [redacted] 1647 [redacted] JAN 04), later released as HEADQUARTERS [redacted] JAN 04); [redacted] CIA [redacted] FEB 04); [redacted] 1650 [redacted] JAN 04); [redacted] 1651 [redacted] JAN 04); [redacted] 1652 [redacted] JAN 04), later released as DIRECTOR [redacted] JAN 04); [redacted] 1654 [redacted] JAN 04); [redacted] 1655 [redacted] JAN 04), later released as [redacted] CIA [redacted] FEB 04); [redacted] 1657 [redacted] JAN 04); [redacted] 1677 [redacted] JAN 04); [redacted] 1679 [redacted] JAN 04); [redacted] 1680 [redacted] JAN 04); [redacted] 1681 [redacted] JAN 04), later released as [redacted] CIA [redacted] FEB 04); [redacted] 1685 [redacted] JAN 04), later released as [redacted] CIA [redacted] 1687 [redacted] JAN 04), later released as CIA [redacted] FEB 04); [redacted] 1688 [redacted] JAN 04), later released as [redacted] CIA [redacted] FEB 04); [redacted] 1690 [redacted] JAN 04); [redacted] 1656 [redacted] JAN 04); [redacted] 1678 [redacted] JAN 04). As the dissemination of 21 intelligence reports suggests, information in CIA records indicates Hassan Ghul was cooperative with CIA personnel prior to being subjected to the CIA's enhanced interrogation techniques. In an interview with the CIA OIG, a CIA officer familiar with Ghul stated, "He sang like a tweetie bird. He opened up right away and was cooperative from the outset." See December 2, 2004, interview with [REDACTED], Chief, DO, CTC UBL Department.

[redacted] 54194 [redacted] JAN 04); [redacted] 1644 [redacted] JAN 04); [redacted] 1646 [redacted] JAN 04); [redacted] 1647 [redacted] JAN 04); [redacted] 1654 [redacted] JAN 04); [redacted] 1655 [redacted] JAN 04); [redacted] 1677 [redacted] JAN 04); [redacted] 1679 [redacted] JAN 04); [redacted] 1683 [redacted] JAN 04); [redacted] 1656 [redacted] JAN 04); [redacted] 1678 [redacted] JAN 04); [redacted] 1650 [redacted] JAN 04); [redacted] 1651 [redacted] JAN 04); [redacted] 1657 [redacted] JAN 04); [redacted] 1687 [redacted] JAN 04); [redacted] 1690 [redacted] JAN 04)

[redacted] 1680 [redacted] JAN 04)

Hassan Ghul also described the roles of 'Abd al-Rahman al-Kanadi, aka Ahmad Sa'id al-Khadr, and Abu Hamza

10月にはグアンタナモ収容所に赴き、スラヒとは別の被疑者が床に鎖でつながれ、ヘビーメタルの音楽を大音量で流されながら尋問を受けている様子を偶然目撃。後にスラヒも同様の拷問が加えられていることを知り、2004年には自ら検察チームを外れている。ちなみに、彼が同時多発テロの際、ワールド・トレード・センターに追突した2機目の飛行機、ユナイテッド航空175便の副操縦士マイケル・ホロックス（1963年生）や彼の家族と知り合いで、上官から175便のハイジャック犯をスカウトしたのはスラヒだと聞かされていたとする劇中描写は事実。カウチのテロリストを憎む気持ちは人一倍だったが、正義に著しく反する被疑者の扱いを、彼はどうしても容認することができなかった。

「グアンタナモ収容所が違法監禁と拷問を許可している」

スラヒの代理人として国を告発したホランダーとダンカンの提訴は2009年12月14日、裁判所が「アルカイダの一部との政府の主張は根拠がなく、スラヒの拘束は不当」と釈放を命令したことで解決を迎えるかと思われた（このとき、劇中で描かれるようにスラヒ自身もグアンタナモ収容所から中継で裁判に参加、所内の実態を証言している）。が、検察側が控訴したことで釈放は見送られ、最終的に彼が獄中から出たのは、最愛の母親が亡くなった3年後の2016年10月16日。それを後押ししたのが、スラヒが収容所で書き、2015年1月に出版された『グアンタナモ収容所　地獄からの手記』である。これは、ホランダー弁護士らの勧めで書き進めていたもので、2012年に初版が発行されたが、軍事検閲により多くの文言が黒塗りとなった。それを再編集し検閲なしで発行したのが2015年版。アメリカが誇ってきた民主主義の原則とは正反対の収容所の過酷な実態を知った国民の多くが怒りの声をあげた。

グアンタナモ収容所における拘禁や拷問での死亡者、自殺者の数は明確ではないが、被拘禁者のうち有罪とされた者は8人だけ。このうち3人が控訴審で無罪となった。対し、アメリカ政府やCIAは一切、謝罪の弁を述べていない。

2021年2月、バイデン米大統領は任期内でのグアンタナモ収容所の閉鎖を発表したが、2024年6月現在、公約は実現されておらず、未だ30〜40人が拘束されているという。

◀映画の原作本となったスラヒの著書『グアンタナモ収容所　地獄からの手記』。25万部を超えるベストセラーに

▲スラヒは釈放後の2018年にアメリカ人の女性弁護士と結婚、長男を授かった

# ボクらを見る目

## 黒人少年5人逮捕13年後に別の服役囚が犯行を自供

▲逮捕された少年の1人、アントロン・マクレイを演じたカリール・ハリス。ドラマ「ボクらを見る目」より。

◀ジョギング中に襲われたトリシャ・マイリ(上)。頭蓋骨を含め21ヶ所を骨折、血液の75~80%を喪失した出血性ショックと重度の脳損傷などで12日間昏睡状態に陥ったが、奇跡的に回復した。下は劇中で彼女を演じたアレクサンドラ・テンプラー

## 「セントラルパーク・ジョガーレイプ事件」の劇中では描かれない事実

２０１９年にネットフリックスで配信された「ボクらを見る目」は、１９８９年に米ニューヨークのセントラルパークでジョギングしていた白人女性がレイプされ、当時14～16歳の黒人（ヒスパニック系含む）少年5人が逮捕された事件を描いたドラマである。13年後に別の殺人犯が犯行を自供したことで冤罪と判明した本事件には、作品に描かれていない別の事実がある。

物語は１９８９年4月19日、後に〝セントラルパーク5〟と呼ばれる5人の容疑者少年、ケビン・リチャードソン（当時14歳）、アントロン・マクレイ（同15歳）、レイモンド・サンタナ（同14歳）、コーリー・ワイズ（同16歳）、ユセフ・サラーム（同15歳）の5人が学校の帰り、セントラルパークに向かうところから始まる。当時、同公園には30人以上の少年がたむろしていた。

異変が起きるのは21時を過ぎた頃だった。少年たちの一部が暴徒化し、自転車に乗った人に暴行を働いたり、タクシーに石を投げ始めたのだ。通報を受けた警察が出動し少年たちを検挙している間にも園内をジョギングしていた複数の男女が襲われ、深夜1時、白人女性トリシャ・マイリ（同28歳）が瀕死の状態で発見される。

劇中で描かれるとおり、警察は公園にいた少年を片っ端

**ボクらを見る目**

2019／アメリカ／監督:エイヴァ・デュヴァーネイ●1989年4月19日に発生したセントラルパークにおけるジョガー性的暴行事件において、冤罪で起訴された5人の少年と彼らの家族たちの運命を描いたNetflixオリジナルドラマ(全4話)。第71回プライムタイム・エミー賞の11部門にノミネートされ、逮捕された少年コーリー・ワイズを演じたジャレル・ジェロームが主演男優賞を受賞した。

から連行し強引な取り調べを行い、最終的に彼女をレイプし頭蓋骨骨折を負うほどの暴行を加えた容疑で〝セントラルパーク5〟を逮捕する。事件の目撃者はおらず、体液のDNAも5人と一致しない。にもかかわらず検挙された何十人もの中からなぜ5人が特定されたのか。答えは単純。警察の「正直に話せば家に帰れる」というなだめすかしや脅し、暴力に屈して自白したのが彼らだったからだ。

聞くだにお粗末な捜査と言わざるをえないが、1980年～1990代にかけてのニューヨークは、経済の低迷とともに治安が極度に悪化、銃やヘイトクライムによる殺人や暴行事件が日常茶飯事だった。当時、ニューヨークの黒人やヒスパニックの少年たちの間で「ワイルディング（何かワイルドなことをすること）」が流行っていたことも一因かもしれない。集まって騒ぐだけでなく、行きずりの人に対する無法な集団暴力行為などが問題になり、警察が彼らの取り締まりにやっきになっていたのだ。

世間は、逮捕された5人を容赦なく糾弾した。当時、不動産王と呼ばれていたドナルド・トランプ（後の大統領）などは、1千万円以上をかけて新聞4紙に「死刑を復活させよ。警察を復権させよ！」との意見広告を掲載。メディアも寄ってたかって少年たちを叩き、1990年8月～10月、裁判所は少年たちに6年から12年の懲役刑を宣告する。

ところが、2002年にどんでん返しが起こる。別の殺人事件で服役中の連続レイプ魔で殺

▼新聞に意見広告を出し少年たちを糾弾したドナルド・トランプ。冤罪が判明しても謝罪はしていない

人犯のマティアス・レイズ（1971年生）が、自分が事件の犯人であると供述、5人の冤罪が明らかとなった。と、世間もメディアも手の平を返し、今度は警察を徹底的に非難した。

▲1989年、逮捕時の〝セントラルパーク5〟。上段左から、コーリー・ワイズ、アントロン・マクレイ、ケビン・リチャードソン。下段左から、レイモンド・サンタナ、ユセフ・サラーム。2003年、5人は不当な有罪判決を受けたとして、ニューヨーク市を相手取り訴訟を起こし、2014年に和解した

　ドラマは、世間の目やメディアに翻弄される少年たちや警察を克明に描き出す。が、必要以上に当局の非道ぶりを演出した部分も少なくない。例えば〝セントラルパーク5〟の1人、ケビンが公園で検挙される際、警官にヘルメットで殴りつけられ左目の周りに大きなアザができたような描写がある。しかし当夜、警察に護送される実際のケビンの写真には目を引くような傷はない。

　また、アメリカでは16歳未満の場合、親が同席しなければ事情聴取ができないよう法律で定められているものの、映画では事件の一報を聞いてユセフの母親が警察に着いたとき、すでに聴取されていたことになっている。し

かし、このときユセフ本人は自分が16歳だと主張し、偽造されたバスの定期券を提示していた。

さらに劇中では5人に前科がないことが強調されている。が、彼らはただの良い子ではない。ユセフは偽造身分証を持っていただけでなく、ナイフなどの武器所持で停学になった過去があり、レイモンドも傷害で高校を停学処分、コーリーは麻薬常習犯の兄の影響を受けて高校を中退していた。

そして最大の脚色が、彼らを完全に無実の少年として描いている点だ。ドラマはマイリへの犯行だけに重点を置いているが、実際は当日、彼女の他10人ほどの被害者が出ている。実は5人の少年は最初から暴れる気満々で、公園に入る時点で通行中の車に投石。園内の至る所で通行者に襲いかかった。劇中ではサイクリストをからかうシーンがある程度で、それもどちらかといえば相手が少年たちにちょっかいを出すようなニュアンスで描かれている。しかし、実際の彼らは凶悪だった。例えば40歳の学校の教師はパイプで頭を殴られ意識をなくし、公園近くを歩いていた52歳の男性は地面に倒されて何度も殴る蹴るの暴行を受けている。事実、ユセフがパイプを持っていたと複数人が証言。レイモンドは犯行を起こしたグループに所属し、学校教師の強盗と他3人の男性への襲撃に参加した

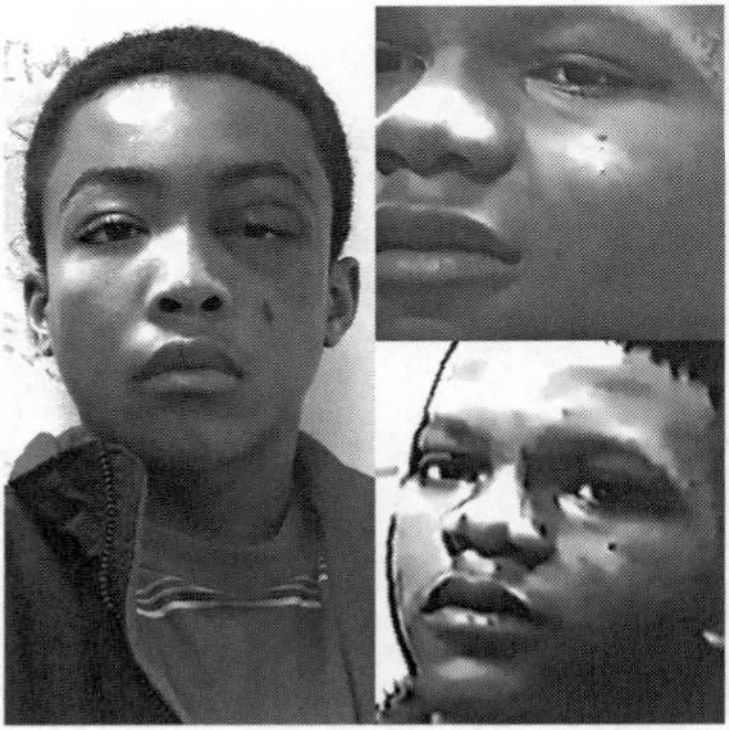
▲劇中では、ケビン・リチャードソンが逮捕された際には顔の左側に殴られたような大きな痣が広がりむくんでいる。しかし、実際のケビンの写真(右の2枚)にはそんな痕跡はない

ことを自供、またケビンも何件かの襲撃事件に関与していたことを認め、アントロンも、マイリ事件だけでなく他の暴行&強盗事件で有罪になっている。

また、ドラマは白人女性を襲ったのが黒人やヒスパニック系の少年で、彼らを冤罪に導いたのが実在の白人女性検事、リンダ・フェスタインだったことをことさら強調。一連の事件を、完全に人種差別に基づいたものとして描いている。しかし、当夜に襲われた中には黒人やヒスパニック系の被害者もおり、実際には〝セントラルパーク5〟が警察に疑われるだけの証拠もあった。自白を強要されたのは事実だが、ケビンやレイモンドの下着には精液、レイモンドとユセフの靴や服に血痕が残り、コーリーとケビンは警察がマイリさんを発見する前に「レイプした」と友人に話していた。

また、本作はフェアスタイン検事が、黒人少年たちを「動物」と呼ぶ人種差別者として描いているが、これもまったくのフィクションだ。にもかかわらず、実名で登場する彼女に視聴者から批判が殺到、書店でフェアスタインの著作を売らないよう署名運動まで巻き起こったそうだ。

▼真犯人の服役囚(終身刑)
マティアス・レイズ

◀リンダ・フェアスタイン元検事。1996年に検事を退き、現在は犯罪小説家として活躍。ドラマが自身のキャリアを侮辱したとしてNetflixを名誉棄損で提訴した

鉄人文庫

# 映画になった恐怖の実話Ⅱ

2024年6月24日　第1刷発行

編　者　　鉄人ノンフィクション編集部
発行人　　尾形誠規
発行所　　株式会社 鉄人社
〒162-0801 東京都新宿区山吹町332 オフィス87ビル3F
TEL 03-3528-9801　FAX 03-3528-9802
http://tetsujinsya.co.jp

デザイン　細工場
印刷・製本　株式会社シナノ

主な参考サイト

HISTORY HOLLYWOOD　映画.com
Wikipedia　LIFE INSIDER　IMDb
世界の猟奇殺人者　Amazon　allcinema
AFPBB News 映画の時間　YAHOO!ニュース
ichi.pro moviecollection　Filmarks　exciteニュース
カラパイア　殺人博物館　バズニュース　アクアジャーナル
朝鮮日報　朝日新聞デジタル　THE Sun
東洋経済オンライン　Newsweek

ISBN978-4-86537-276-2　C0176 

**本書へのご意見、お問い合わせは直接、小社までお寄せくださるようお願いします。**